# 证券投资学教程
## (慕课版)

董雪梅　姜　睿　主编

李　莹　汤　洋　杜学军
苏兴源　张月娥　副主编

清华大学出版社
北　京

## 内 容 简 介

经过 30 多年的发展，中国证券市场体系逐步完善、品种日益丰富、法律法规不断健全，证券投资理论与实践不断深化。本书围绕证券投资品种、证券市场、证券投资方法三大主题，分别探讨了证券与证券投资、股票、债券、证券投资基金、金融衍生工具、证券市场、证券投资基本分析、证券投资技术分析等内容。本书知识体系完整、编写体例新颖，注重对学生基本金融理论、基本投资技能的培养，也关注学生投资能力的训练和实际操作。每章设有"学习要点""核心概念""引导案例""案例导学""本章小结""翻转话题""课程思政案例""实训课堂"等专题内容。本书还配有 PPT 课件和测试题，并提供相关网络视频，增进师生互动。

本书注重理论联系实际，突出投资能力的提升，适合高等院校投资学、保险学、会计学、金融学、财务管理、经济学、国际经济与贸易等经济管理类专业学生使用。

本书封面贴有清华大学出版社防伪标签，无标签者不得销售。
版权所有，侵权必究。举报：010-62782989，beiqinquan@tup.tsinghua.edu.cn。

图书在版编目(CIP)数据

证券投资学教程：慕课版/董雪梅，姜睿主编. —北京：清华大学出版社，2021.1
ISBN 978-7-302-56981-7

Ⅰ.①证… Ⅱ.①董… ②姜… Ⅲ.①证券投资—高等学校—教材 Ⅳ.①F830.91

中国版本图书馆 CIP 数据核字(2020)第 231953 号

责任编辑：陈冬梅
封面设计：李 坤
责任校对：吴春华
责任印制：吴佳雯

出版发行：清华大学出版社
网　　址：http://www.tup.com.cn, http://www.wqbook.com
地　　址：北京清华大学学研大厦 A 座　　邮　编：100084
社 总 机：010-62770175　　邮　购：010-62786544
投稿与读者服务：010-62776969, c-service@tup.tsinghua.edu.cn
质量反馈：010-62772015, zhiliang@tup.tsinghua.edu.cn
课件下载：http://www.tup.com.cn, 010-62791865

印 装 者：北京鑫海金澳胶印有限公司
经　　销：全国新华书店
开　　本：185mm×260mm　　印　张：17.25　　字　数：416 千字
版　　次：2021 年 1 月第 1 版　　印　次：2021 年 1 月第 1 次印刷
定　　价：49.80 元

产品编号：088379-01

# 前　　言

本书是基于慕课建设成果、按照高等学校经济管理类专业的教学要求编写的，主要介绍了证券投资的基本知识、基本理论和基本方法，深入分析了证券市场的运行过程和运行规则，全面阐释了证券投资的现代理念和应掌握的重要方法，探讨了证券投资的策略等问题，适合各级各类高等院校经济管理类专业的学生在课堂教学与慕课中使用。本书具有以下特点。

(1) 理论与实践相统一。本书在选取内容时，参阅了大量相关文献和最新研究成果，力争与国内外最新教学内容基本保持同步。在理论知识之外，精选多个案例详尽分析，案例不仅紧贴教学内容，还紧扣经济社会热点。

(2) 体例安排新颖合理。本书创新性地融入了翻转课堂、课程思政、实训课堂等教学元素，强调理论与实践相结合，突出实用性，图文并茂、层次清晰。

(3) 教学资源丰富。除出版纸质教材外，还配有PPT课件和测试题。同时，我们还建设了本书的慕课资源，提供网络视频，增进师生互动。

本书共8章。第一章介绍了证券、投资和证券投资的概念、投资的要素和特点以及有价证券的分类；第二章介绍了股票的概念、特点、类型及投资策略；第三章介绍了债券的概念、特点、类型及投资策略；第四章介绍了证券投资基金的概念、特点、类型及投资策略；第五章介绍了金融衍生工具的概念、特点、类型及投资策略；第六章介绍了证券市场的概念、特点、类型，证券发行市场、证券交易市场和股票价格指数；第七章介绍了宏观分析、中观分析、微观分析等基本分析方法；第八章介绍了量价关系分析、K线分析、切线分析、形态分析、技术指标分析等技术分析方法。

本书由哈尔滨金融学院董雪梅、姜睿主持编写并负责全书的修改定稿，由哈尔滨金融学院王立志教授主审。本书编写分工如下：第一章、第二章由哈尔滨金融学院汤洋编写；第三章、第四章由哈尔滨金融学院杜学军编写；第五章第一节由哈尔滨金融学院董雪梅编写；第五章第二节由哈尔滨金融学院张晓鹏、韩海燕、李春丽共同编写；第五章第三节、第七章由哈尔滨金融学院姜睿编写；第六章、第八章第二～六节由哈尔滨金融学院李莹编写；第八章第一节由哈尔滨金融学院赵学增编写。江海证券有限公司总经理助理张月娥、黑龙江证监局一级调研员苏兴源对本书案例与法规内容进行了指导和把关，哈尔滨金融学院的领导给了大力支持，在此一并表示衷心的感谢。

本书可作为高等学校投资学、保险学、会计学、金融学、财务管理、经济学、国际经济与贸易等经济管理类专业"投资学"课程教材，也可作为各级各类教师投资学课程教材，还可作为金融机构从业人员的参考读物。

本书虽然有一定的编写基础，但仍难免有疏漏之处，恳请各界专家、学者批评指正，以使其日臻完善。

编　者

说课.mp4

# 目 录

## 第一章 证券与证券投资 .................. 1

### 第一节 证券 .................. 1
一、证券概述 .................. 1
二、有价证券的分类 .................. 2

### 第二节 投资 .................. 3
一、投资概述 .................. 3
二、投资的特点 .................. 5
三、投机 .................. 5
四、投资与投机的联系和区别 .................. 5
五、证券投资 .................. 6
六、证券市场投资者 .................. 7
七、证券投资的分析方法 .................. 10

### 第三节 投资过程 .................. 12
一、投资目标的设定 .................. 12
二、投资策略的选择 .................. 13
三、资产的价值分析 .................. 13
四、投资组合的构建 .................. 14
五、投资组合的业绩评价 .................. 14

本章小结 .................. 15
复习思考题 .................. 17
阅读推荐与网络链接 .................. 18

## 第二章 股票 .................. 19

### 第一节 股票概述 .................. 20
一、股份和股票 .................. 20
二、股票的性质 .................. 21
三、股票的特征 .................. 22

### 第二节 股票的类型 .................. 22
一、普通股股票和优先股股票 .................. 22
二、记名股票和无记名股票 .................. 26
三、面额股票和无面额股票 .................. 27
四、实物股票和无实物股票 .................. 27

五、我国特定股票称谓 .................. 28
六、行情表中的特殊股票称谓 .................. 30
七、投资者常用股票称谓 .................. 31
八、沪港通和深港通 .................. 34

### 第三节 股票的红利分配 .................. 35
一、股息、红利 .................. 35
二、股利的支付形式 .................. 36
三、股息、红利的分配原则 .................. 37
四、股息、红利的分配程序 .................. 37
五、股份变动 .................. 39

### 第四节 股票投资策略 .................. 40
一、股票的价值与价格 .................. 40
二、权益价值的概念 .................. 42
三、权益价值的计量 .................. 42
四、权益价值的理论 .................. 44

本章小结 .................. 50
复习思考题 .................. 52
阅读推荐与网络链接 .................. 53

## 第三章 债券 .................. 55

### 第一节 债券概述 .................. 56
一、债券的概念 .................. 56
二、债券的基本要素 .................. 56
三、债券的其他条款 .................. 60
四、债券的特点 .................. 62
五、债券与股票的区别 .................. 62

### 第二节 债券的种类 .................. 63
一、美国的债券品种和债券市场 .................. 63
二、我国债券品种 .................. 65

### 第三节 债券的投资策略 .................. 71
一、债券的估值 .................. 71
二、债券的风险与收益 .................. 75

本章小结 ........................................ 80
复习思考题 .................................... 84
阅读推荐与网络链接 ...................... 85

## 第四章　证券投资基金 ........................ 86

### 第一节　证券投资基金概述 ........ 87
一、证券投资基金的含义 ........ 87
二、证券投资基金的特点 ........ 87
三、证券投资基金的参与主体 ........ 88
四、证券投资基金与股票、
债券的比较 ........................ 92
五、证券投资基金的起源与发展 ........ 92

### 第二节　证券投资基金的类型 ........ 93
一、按组织形式进行分类 ........ 93
二、按运作方式进行分类 ........ 94
三、按投资对象进行分类 ........ 96
四、按投资目标进行分类 ........ 97
五、按投资策略进行分类 ........ 98
六、特殊类型基金 .................... 98

### 第三节　证券投资基金的交易 ........ 101
一、开放式基金交易 ................ 101
二、封闭式基金交易 ................ 105

### 第四节　证券投资基金的投资策略和
资产配置及投资效果评价 ...... 106
一、证券投资基金的投资策略 ...... 106
二、证券投资基金的资产配置 ...... 108
三、证券投资基金的投资效果
评价 .................................... 109
本章小结 ...................................... 111
复习思考题 .................................. 114
阅读推荐与网络链接 .................... 116

## 第五章　金融衍生工具 ...................... 117

### 第一节　金融衍生工具概述 ........ 118
一、金融衍生工具的概念 ........ 118
二、金融衍生工具的基本特征 ...... 118

### 第二节　金融衍生工具的类型 ...... 119

一、按照产品形态分类 ............ 119
二、按照交易场所分类 ............ 119
三、按照基础工具种类分类 ...... 120
四、按照金融衍生工具自身交易的
方法及特点分类 ................ 120
五、可转换债券与可交换债券 ...... 133

### 第三节　金融衍生工具的投资策略 ...... 135
一、期货投资策略 .................... 135
二、期权投资策略 .................... 145
本章小结 ...................................... 148
复习思考题 .................................. 151
阅读推荐与网络链接 .................... 153

## 第六章　证券市场 .............................. 154

### 第一节　证券市场概述 ................ 155
一、证券市场的概念 ................ 155
二、证券市场的分类 ................ 156
三、我国证券市场现状 ............ 158

### 第二节　证券发行市场 ................ 159
一、证券发行市场概述 ............ 159
二、股票发行 ............................ 161
三、债券发行 ............................ 170

### 第三节　证券交易市场 ................ 172
一、证券交易的原则 ................ 172
二、证券交易市场的种类 ........ 172
三、证券交易方式 .................... 173
四、证券账户 ............................ 174
五、证券交易的程序 ................ 176
六、委托指令 ............................ 178
七、竞价过程 ............................ 180
八、证券交易成本 .................... 181

### 第四节　股价指数 ........................ 183
一、股价指数的概念及作用 ...... 183
二、股价指数的计算 ................ 184
三、我国的股价指数体系 ........ 186
四、国外著名的股价指数 ........ 188
本章小结 ...................................... 189

复习思考题 ………………………………… 191
阅读推荐与网络链接 ……………………… 192

## 第七章　证券投资基本分析 ……………… 193

### 第一节　证券投资基本分析概述 ………… 194
一、证券投资基本分析的概念和意义 …………………………………… 194
二、证券投资基本分析的前提与依据 …………………………………… 195
三、证券投资基本分析的研究内容 ……………………………………… 195

### 第二节　宏观分析 ………………………… 196
一、宏观经济分析概述 …………………… 196
二、宏观经济指标 ………………………… 197
三、宏观经济政策 ………………………… 203
四、经济周期 ……………………………… 208

### 第三节　中观分析 ………………………… 209
一、证券投资中观分析概述 ……………… 209
二、行业发展与经济周期变化的关系分析 ……………………………… 210
三、行业的竞争结构分析 ………………… 211
四、行业生命周期分析 …………………… 212
五、影响行业兴衰的因素 ………………… 214

### 第四节　微观分析 ………………………… 214
一、微观分析的概念 ……………………… 214
二、公司经营能力分析 …………………… 215
三、公司财务分析 ………………………… 215

本章小结 …………………………………… 227
复习思考题 ………………………………… 229
阅读推荐与网络链接 ……………………… 230

## 第八章　证券投资技术分析 ……………… 231

### 第一节　证券投资技术分析概述 ………… 232
一、技术分析的定义 ……………………… 232
二、技术分析的基本假设 ………………… 232
三、道氏理论 ……………………………… 233
四、缺口理论 ……………………………… 234
五、波浪理论 ……………………………… 235

### 第二节　量价关系分析 …………………… 236
一、技术分析四要素 ……………………… 236
二、量价关系理论 ………………………… 237

### 第三节　K 线分析 ………………………… 238
一、认识 K 线 …………………………… 238
二、单根 K 线分析 ……………………… 240
三、K 线组合分析 ………………………… 241
四、应用 K 线时注意的问题 …………… 243

### 第四节　切线分析 ………………………… 243
一、趋势分析 ……………………………… 243
二、黄金分割线和百分比线 ……………… 245

### 第五节　形态分析 ………………………… 246
一、理解形态分析的内涵 ………………… 246
二、掌握逆转形态分析方法 ……………… 246
三、持续整理形态分析方法 ……………… 251

### 第六节　技术指标分析 …………………… 255
一、趋势追随指标 ………………………… 255
二、摆动指标 ……………………………… 258
三、能量指标 ……………………………… 260

本章小结 …………………………………… 261
复习思考题 ………………………………… 264
阅读推荐与网络链接 ……………………… 265

# 第一章　证券与证券投资

**学习要点**
- 掌握证券、投资和证券投资的概念。
- 理解投资的要素和特点。
- 了解有价证券的分类。

**核心概念**

有价证券　投资

**引导案例**

上年末，张先生手头有一笔资金想要投资。但是考虑房地产市场未来升值空间有限，存银行收益率太低，买理财产品和信托产品变现又不够灵活，于是张先生咨询理财规划师，还有哪些投资渠道可供选择。理财规划师告诉张先生，目前张先生可以有以下投资渠道：第一，到银行去购买基金；第二，购买债券；第三，到证券公司开户购买股票；第四，购买黄金和外汇资产。经过权衡，张先生用一部分资金到银行购买了证券投资基金，另一部分资金安排到证券公司开立证券账户，开始炒股。

**案例导学**

从张先生的选择来看，不论到银行去购买基金还是到证券公司开户炒股都属于证券投资的范畴，那么到底什么是证券投资呢？下面一一进行讲解。

## 第一节　证　　券

### 一、证券的概念

证券是指各类记载并代表一定权利的法律凭证。它表明证券持有人或第三者有权取得该证券拥有的特定权益，或证明其曾发生过的行为。从这个角度来说，股票、国债、证券投资基金是证券，提单、保险单、存款单也是证券。

通常所说的证券指的是有价证券。有价证券是指标有票面金额，用于证明持有人或该证券指定的特殊主体对特定财产拥有所有权或债权的凭证。有价证券不是劳动产品，所以本身没有价值。但由于它代表一定量的财产权利，持有人可凭该证券直接取得一定量的商品、货币或是利息、股息等收入，因而可以在证券市场上买卖，客观上具有交易价格。

## 二、有价证券的分类

### 1. 广义和狭义的界定

广义的有价证券包括商品证券、货币证券和资本证券。

(1) 商品证券是指证明持有人拥有商品所有权或使用权的凭证，取得这种证券就等于取得该商品的所有权，持有人对这种证券所代表的商品所有权受法律保护。属于商品证券的有提货单、运货单和仓库栈单等。

(2) 货币证券是指本身能使持有人或第三者取得货币索取权的有价证券。它可以代替货币使用，主要用于单位之间商品交易、劳务报酬的支付以及债权债务的清算等经济往来，是商业信用工具。货币证券主要包括两大类：一类是商业证券，主要包括商业汇票和商业本票；另一类是银行证券，主要包括银行汇票、银行本票和支票。

(3) 资本证券是指由金融投资或与金融投资有直接联系的活动而产生的证券。持有人有一定的收入请求权。

狭义的有价证券指的就是资本证券。在日常生活中，人们通常把资本证券直接称为有价证券或证券，本书后面涉及的有价证券即指资本证券。

### 2. 按照证券代表的权利性质分类

按照证券代表的权利性质，有价证券划分为股票、债券和其他证券。股票和债券是证券市场的两个最基本和最主要的品种。其他证券衍生品如金融期货、可转换债券、金融期权等。

### 3. 按照证券的发行主体分类

按照证券的发行主体，有价证券划分为政府证券、政府机构证券和公司(企业)证券。

政府证券是指由中央政府或地方政府发行的债券，是政府凭借其信誉，采用信用方式，筹措财政资金或建设资金的债务凭证。公司(企业)证券是公司(企业)为筹措资金而发行的有价证券。公司(企业)证券包括的范围比较广泛，主要有股票、公司(企业)债券及商业票据等。此外，在公司(企业)证券中，通常将银行及非银行金融机构发行的证券称为金融证券，主要包括金融债券、大额可转让定期存单等，其中又以金融债券最为常见。

### 4. 按照上市与否分类

按照上市与否，有价证券划分为上市证券和非上市证券。这种划分一般只适用于股票和债券。

上市证券是指经过证券主管机关核准发行，并经证券交易所依法审核同意，允许在证券交易所内公开买卖的证券。非上市证券是指未申请上市或不符合证券交易所上市条件的证券。非上市证券不允许在证券交易所内交易，但可以在其他证券交易市场交易。凭证式国债和普通开放式基金属于非上市证券。

**5. 按照募集方式分类**

按照募集方式，有价证券划分为公募证券和私募证券。

公募证券是指发行人通过中介机构向不特定的社会公众投资者公开发行的证券。公募证券审核较严格，并且采取公示制度。私募证券是指向少数特定的投资者发行的证券。私募证券审查条件相对宽松，投资者相对较少，所以不采取公示制度。目前我国信托投资公司发行的集合资金信托计划以及商业银行和证券公司发行的理财计划均属于私募基金。

# 第二节 投 资

知己知彼 投资不殆.mp4

## 一、投资概述

**1. 投资的定义**

投资作为一种经济行为，有许多含义。当一个人在证券市场上购买股票和债券时，他是在投资；当一个人在外汇和黄金市场上购买除了当期消费目的之外的外汇和黄金时，他是在投资；在产品和要素市场上，当企业决定利用未分配利润扩大生产能力时，企业的产权所有者是在投资；在房地产市场上，当一对新婚夫妇一次性付款或者以按揭等方式购买住房时，他们是在投资；在古董和邮票市场上，当一个人购买自己喜欢的古玩和邮票时，他是在投资；甚至，当期望成为经理人的学子们为自己安排 MBA 学习计划，或者父母为孩子们安排诸如音乐修养、礼仪训练和素质教育时，他们也是在投资。

纵观人类经济行为中的诸多投资现象，我们可以从中观察到一种在本质上相同的经济行为，那就是人们在时间跨度上根据自身的偏好来安排现在和将来的消费结构，并使这种消费结构安排下的当期和预期效用最大化，所以投资在本质上是一种对当期消费的延迟行为。本教材将用这种更加广义的表述方式，将投资定义为"消费的延迟行为"。我们可从以下几个方面加深对投资概念的理解。

从典型的经济人的角度来看，国家、家庭、个人都在进行不同种类但是本质相同的投资。例如，从国家的经常账户和资本账户的结构及两者之间的关系来看，外汇储备实质上是一国放弃当期消费，而以某些外币资产形式持有的一种投资品。家庭的储蓄，本质上是家庭通过跨期消费结构的合理安排，从而保证耐用消费品、家庭医疗计划以及子女教育等多期支出的一种经济活动。个人的学习计划，从经济资源角度上说是放弃当期消费而对人力资本的投资，从而期望将来获得更多的效用满足；从时间预算决策角度上说，学习是放弃当期的闲暇，以期望将来获得更高品质的闲暇和选择的自由。

从投资产品来看，我们可以看到这些投资产品延迟消费的本质。例如，养老基金就是一种典型的延迟消费行为。人们留存一部分收入到他们退休时再支取，这是典型的延迟消费决策。与此同时，当投资者购买债券、股票或其他金融资产时，他们同样是在延迟当期消费。

从一般性的人类行为中，我们也可以看到许多经济行为中延迟消费进行投资的现象。例如，Gary Becker 曾经指出，人类的繁衍本身都可以看作家庭中夫妇双方通过放弃当期的经济资源和闲暇的消费，从而获得养儿育女的成就感和满足感。所以，养儿育女可以看作是一种耐用消费品投资行为。中国的民谚"养儿防老"，从延期消费的行为看，也是一种典型的投资行为。

综上所述，一旦把投资定义为消费的延迟行为，我们就可以从更一般的意义上理解投资的内涵。在商品经济社会中，投资是普遍存在的经济现象，很多情况下，人们往往把能够带来报酬的支出行为称为投资。一般来说，投资是指预先投入货币或实物，以形成实物资产或金融资产，借以获取未来收益的经济行为。投资本质上是一种基于获取未来收益为目的而提前进行的财富预付行为。

### 2. 投资收益率的决定因素

为了吸引人们通过延迟消费进行投资，潜在的投资机会必须提供一个正的回报率，以使得投资者将来可以获得更多的财富，使将来的消费机会大于现在的消费机会，从而对延迟消费的投资者构成一种激励。

在分析投资收益率时，我们必须考虑通货膨胀和投资风险等因素。一般来说，投资收益率由三部分组成：其一是无风险的实际利率；其二是预期的通货膨胀率；其三是投资的风险报酬率。前两部分相加可以看作正常的投资报酬率，即市场基准的报酬率，具有相对的确定性，并且影响所有投资项目的收益率。在进行投资分析时，无风险的实际利率通常是根据市场上的名义利率减去预期通货膨胀率计算的。名义利率主要取决于资金的机会成本。而资金的机会成本通常以政府发行的国库券利率作为参考依据，所以称为无风险报酬率。投资的风险报酬率则与具体的投资机会相关，其高低主要取决于具体投资项目的风险大小，风险大的投资要求的风险报酬率也就高，反之则低。由于投资的风险报酬率取决于具体的投资项目，所以是一种具有个体属性的风险报酬率，并且具有内在的不确定性。因而，我们可以得出以下公式：

$$投资收益率 = 无风险的实际利率 + 预期的通货膨胀率 + 投资的风险报酬率$$

当利用投资收益贴现法进行投资决策分析时，我们可以根据上面公式得出的投资收益率(作为折现率)，对未来预计的投资收益进行贴现。所以，投资收益率作为折现率，也可以看作对延迟消费的一种补偿。

由于投资收益率中第三部分的个体性和不确定性，所以投资收益率的确定本身也具有明显的投资者行为属性。这种行为属性与具体的投资项目相关联，因而具有一定的内生性。

### 3. 投资学的概念

投资学学科着重介绍证券投资方面的基本理论和相关知识，主要涉及证券投资工具、证券市场及其运行、证券交易的程序和方式、证券投资的风险与收益、证券投资的分析方法和证券投资管理与评价等内容。其中，证券投资分析方法的内容最为复杂和深奥，共有如下三种：基本分析、技术分析和演化分析，所涉及的学术领域相当广泛，包括经济学、金融学、心理学、行为学、生物学、认知科学、应用数学等。

## 二、投资的特点

投资是当前支出一定财富的经济活动。从静态的角度来说,投资是现在垫支一定量的资金。从动态的角度来说,投资是为了获得未来的报酬而采取的经济行为。从动态和静态两方面看,投资具有以下特点。

(1) 投资具有时间性。从资金的投入到资金的收回需要一段时间间隔,是一个过程。
(2) 投资具有收益性。一项投资从其终极目标来看都是为了收益。
(3) 投资具有风险性。由于投资需要一定的时间间隔,在此期间将会有很多不确定的因素发生,导致收益和本金都具有不确定性。

## 三、投机

投机是指利用市场出现的价差进行买卖,从中获得利润的交易行为。投机可分为实体经济投机和虚拟经济投机两大领域,其中内涵最为丰富、原理最为复杂的是证券投机。

## 四、投资与投机的联系和区别

### 1. 投资与投机的相同之处

第一,两者都是以获得未来货币的增值或收益为目的而预先投入货币的行为,即本质上没有区别;第二,两者的未来收益都带有不确定性,都要承担本金损失的风险。

### 2. 投资与投机的不同之处

第一,两者行为期限的长短不同。一般认为,投资的期限较长,投资者愿意进行实物投资或长期持有证券,而投机的期限较短,投机者热衷于频繁地快速买卖。第二,两者的利益着眼点不同。投资者着眼于长期的利益,而投机活动只着眼于短期的价格涨跌,以谋取短期利益。第三,两者承担的风险不同。一般认为,投资的风险较小,本金相对安全,而投机所包含的风险则可能很大,本金有损失的危险,因此,投机被称为"高风险的投资"。第四,两者的交易方式不同。投资一般是一种实物交割的交易行为,而投机往往是一种信用交易。

### 3. 证券投机的作用

1) 正面的积极作用

(1) 增加有价证券的流动性。正是由于市场中大量投机行为的存在,证券交易才能得以持续,证券价格才能保持连续,证券市场也才能得以存在和发展。假如投资者都是"理性人",这些人只有在价格低于价值时才肯买进证券,而在价格高于价值时才卖出证券,最终将会使市场中所有证券的价格与价值相一致,而没有超额利润可赚,投资者和投资也就不复存在了;假如人们都只对红利感兴趣,投资者买股票都是为了等待分红派息,市场就不会有如此魅力。

(2) 平衡证券价格。通过大量投资者追逐差价的频繁交易活动,在一定程度上可抑制过高的证券价格，并支撑过低的证券价格，使不同市场、不同品种、不同时点上的证券供求状况随其价格的不断变化得到相应的调整，进而使证券价格能常常保持在一定的"箱体"中运行，上下震荡，不断形成动态平衡。

(3) 分散价格变动风险。为追求短期的差价收入，投机者可以无视投资者利用套期保值机制导致的价格变动风险，特别是市场低迷、无人问津时，投机者甘愿冒险，勇于接盘，追涨杀跌，从而有效地分散了证券价格变动的风险。

在证券市场中，投机者是通过承担业务风险而获取利益的，因而，其投机行为对资源的优化配置和优化重组，对经济的发展和社会的稳定，有着积极的促进作用。

2) 负面的消极作用

投机过程的初期可以活跃市场，让价值回归，但是到了中后期，投机就会产生大量泡沫，直至泡沫破灭，最终使财富发生转移消灭，甚至经济衰退、社会动荡(如东南亚金融危机、美国次贷危机和欧债危机等)。

在证券市场中，搏消息、撞大运、盲目跟风、追涨杀跌等非理性投机和垄断、欺诈、内幕交易等非法投机都会严重扭曲市场信息，无端加大证券价格的波动幅度，严重干扰正常的交易秩序，使市场价格涨跌失控，从而造成投资者的恐慌，最终破坏证券市场的基本功能。

## 五、证券投资

### (一)证券投资的概念

证券投资是指经济主体投入资本，通过购买股票、债券等有价证券以获取股权和预期投资收益的投资活动。

### (二)证券投资的要素

#### 1. 证券投资的目的

通常，投资者进行证券投资的目的主要有以下几个方面：①获取预期收益；②分散风险；③提高资产的流动性；④充分利用闲置资金；⑤取得公司实际控制经营权。

#### 2. 证券投资的方式

证券投资的方式多种多样，投资者可以针对某种特定证券进行投资，也可以选择几种证券组合投资；可以长期持有，也可以短线操作；可以定期投资，也可以一次性投入。证券投资方式没有一定之规，投资者可以根据自己的资金实力、预期收益和风险承受能力来选择适合的投资方式。

#### 3. 证券投资的风险

证券投资的风险指的是证券投资收益的不确定性。由于证券市场瞬息万变，导致投资者的实际收益有可能比预期收益高，也可能比预期收益低。实际收益与预期收益的差额越大，说明证券投资风险越大。根据风险的影响范围和是否能通过一定手段分散为标准，证券投资风险可分为系统风险与非系统风险。

## 六、证券市场投资者

### (一)证券市场投资者的概念及特点

证券市场投资者,是指以取得利息、股息或资本收益为目的,购买并持有有价证券,承担证券投资风险并行使证券权利的主体。

证券市场投资者是证券市场的资金供给者。证券市场投资者的种类较多,既有个人投资者,也有机构投资者。各类投资者的目的也各不相同,有些偏重长期投资,以获取高于银行利息的收益或意在参与股份公司的经营管理;有些则偏重短线投机,通过买卖证券实际的选择,以赚取市场差价。众多的证券市场投资者保证了证券发行和交易的连续性,是推动证券市场价格形成和流动性的根本动力。

### (二)证券市场投资者的分类

证券市场投资者按照不同标准可以进行不同的分类。

根据投资者的身份,可以将证券投资者分为机构投资者和个人投资者,前者主要包括政府机构类投资者、金融机构类投资者、合格境外机构类投资者(QFII)、合格境内机构类投资者(QDII)、企业和事业法人类机构投资者以及基金类投资者。个人投资者是证券市场最广泛的投资者。

根据持有证券时间的长短,可以将证券市场投资者分为短线投资者、中线投资者和长线投资者。

根据投资者的心理因素,可以将证券市场投资者分为稳健型、冒险型和中庸型三类。

### (三)我国证券市场投资者的结构及演化

我国证券市场发展初期,投资以个人投资者为主,市场投机炒作盛行,价格波动较大,股票价格与上市公司绩效缺乏内在联系。机构投资者在中国的发展较晚,截至 1997 年年底,我国证券市场机构投资者的开户数占总开户数的比例不到 1%。与成熟市场相比,我国证券市场上机构投资者整体规模偏小,投资者结构不合理、不平衡的现象十分突出。

培育和发展机构投资者一直是中国证券监督管理部门关注的工作重点。从 2001 年开始,证券监管部门提出"超常规、创造性地培育和发展机构投资者"的口号;2004 年,国务院在《国务院关于推进资本市场改革开放和稳定发展的若干意见》中指出,"要培养一批诚信、守法、专业的机构投资者,使基金管理公司和保险公司为主的机构投资者成为资本市场的主导力量";2014 年,国务院在《国务院关于进一步促进资本市场健康发展的若干意见》中提出"壮大专业机构投资者"。经过十几年的发展,我国证券市场初步形成了包括证券投资基金、风险资金、社会保障资金、企业年金、合格境外机构投资者、私募基金、风险投资基金、信托基金等多元化的专业机构投资者队伍,合格境外机构投资者的额度也不断上升。

以股票市场为例,近年来专业投资机构持股市值占比有所提高。根据上海证券交易所 2017 年的统计年鉴披露:从持股市值占比来看,专业机构投资者持股市值占比为 15.58%,而自然人投资者持股市值占比为 23.7%,产业资本持股市值占比高达 60%。

从交易金额占比来看，个人投资者的成交占比明显更为活跃，近几年自然人投资者交易额占比均在 80%以上。以 2017 年为例，自然人投资者交易额占比为 85.62%，而专业机构交易额占比仅为 12.21%，其中证券投资基金交易额占比为 3.52%。近年来，虽然机构交易占比呈现上升态势，但从总量上看，专业机构投资者的力量仍然较小。因此，我国证券市场投资者结构仍然存在较大改善空间。

### (四)机构投资者

**1. 机构投资者的概念**

机构投资者，是指用自有资金或者从分散的公众手中筹集的资金，以获得证券投资收益为主要经营目的的专业团队机构或企业。发达国家的机构投资者主要是以有价证券投资收益为其重要收入来源的投资银行、投资公司、共同基金、养老基金、保险公司、对冲基金、各类福利基金及金融财团等。美国最典型的机构投资者是专门从事有价证券投资的共同基金。我国将机构投资者限定为与个人投资者相对应的一类投资者，只要是在证券市场上从事投资及相关活动的法人机构，均是一般意义上的机构投资者。

**2. 机构投资者的特点**

与个人投资者相比，机构投资者具有以下特点。

(1) 投资资金规模化。机构投资者的资金实力雄厚，与个人投资者相比，无论是自有资金还是外部筹集的资金，机构投资者的资金都达到了一定的规模。在成熟资本市场，机构投资者往往在证券市场中居于主导地位，他们在证券市场上的交易活动往往对市场整体的运行态势产生影响。

(2) 投资管理专业化。机构投资者在投资决策与资本运作、信息搜集分析、投资工具研究、资金运作方式、大类资产配置等方面都配备有专门部门，统一由证券投资专业人员进行管理。因此，一般来说，机构投资者的投资行为相对理性化，投资成功率及收益水平较个人投资者通常会更高。

(3) 投资结构组合化。利用雄厚的资金实力、专业化管理和多方位的市场研判，通过合理有效的投资组合分散投资风险，是机构投资者的另一特点。证券市场是一个风险较高的市场，机构投资者入市资金越多，承受的风险就越大，而合理的投资组合能够有效分散非系统性风险，这也是机构投资者相对于个人投资者的一个突出优势。

(4) 投资行为规范化。机构投资者是具有独立法人地位的经济实体，一方面，他们要受到一系列法律法规的约束和政府监管部门、行业自律组织的监管；另一方面，其内部通常也设有董事会、监事会和股东会等组织形式，通过严格的程序对其投资行为进行相应的管理和风险控制。这些约束就使得其投资运作过程相对规范。

**3. 机构投资者的分类**

机构投资者按不同的标准可进行以下分类。

(1) 按政策标准，机构投资者可分为一般机构投资者和战略机构投资者。战略机构投资者是因机构投资者与股票一级市场的配售关系演化而来的，2000 年 8 月，中国证监会颁布的《法人配售发行方式指引》中第五条明确规定："发行人在招股意向书中必须细化和明确战略投资者的定义，使之充分体现出战略投资的意义。战略投资者的家数原则上不超过 2 家，特大型公司发行时，可适当增加战略投资者的家数。"在法人配售中，发行人对战略投资者的定义不尽相同，但一般是指符合国家法律、法规和规定要求，与发行人具有合作关系或合作意向和潜力，并愿意按照发行人配售要求与发行人签署战略投资配售协议的法人，是与发行公司业务联系紧密，且欲长期持有发行公司股票的法人。与战略投资者相比，一般机构投资者的条件显然更为宽松。

(2) 按机构投资者业务与资本市场的关系，可分为金融机构投资者和非金融机构投资者。为保证金融安全，对投资于高风险证券市场的机构投资者按其业务范围和专业程度进行分类管理，有利于制定投资比例和限制投资方向。基金管理公司、证券公司、保险公司、商业银行等属于金融机构投资者，我国对此类机构投资者的监管较为严格。

(3) 按投资者所在国家和地区，机构投资者可分为境内机构投资者和境外机构投资者。

(4) 按投资者身份或组织结构，可将机构投资者限定为与个人相对应的一类投资者即法人，具体体现是开设股票账户的法人，包括以下三种类型。

① 按照《证券法》和相关法规，有明确的法律规定的从事股票交易权利的证券公司和证券投资基金管理公司。

② 按照《证券法》和相关法规，可以参加股票交易但操作受到限制的"三类企业"，即国有企业、国有控股公司和上市公司。

③ 在能否参与股票交易及参与股票交易的方式上，缺乏明显法律规定或权利义务不具体的法人，如"三资"企业、私营企业、未上市的非国有控股的股份制企业、社团法人等。

### (五)个人投资者

**1. 个人投资者的概念**

个人投资者是指从事证券投资的社会自然人，他们是证券市场上最广泛的投资主体，具有分散性和流动性。个人进行证券投资应具备一些基本条件，这些条件包括国家有关法律、法规关于个人投资者投资资格的规定和个人投资者必须具备一定的经济实力。为保护个人投资者利益，对于部分高风险证券产品的投资(如衍生品)，监管法规还要求相关个人具有一定的产品知识，并签署书面知情同意书。

个人投资者的特点包括以下四个方面。

(1) 资金规模有限。作为个体参与者，他们用于投资的资金主要来源于自有资金。即使在允许进行信用交易的证券市场中，他们可以按一定的保证金比率向证券商融入资金，数量通常也不会太大。

(2) 专业知识相对匮乏。个人投资者大多数是在业余时间参与投资，与职业投资机构相比，其在信息渠道、信息搜集处理能力、投资分析与操作能力、交易成本与效率等诸多方面均处于劣势。

(3) 投资行为具有随意性、分散性和短期性。这使得他们的投资行为往往缺乏战略考虑，投资运作过程中较易出现非理性的操作行为。

(4) 投资的灵活性强。个人投资者由于投资规模相对较小，进退较职业投资机构更为容易，在投资决策和实施的时滞上比较短，仅从这个意义上讲，他们较机构投资者有更多的短期投资获利机会。

#### 2. 个人投资者的风险特征与投资者适当性

不同的投资者对于风险的态度各不相同，个人投资者风险特征由以下三方面构成：风险偏好、风险认知度、实际风险承受能力。根据个人投资者对待投资中风险和收益的态度，理论上可分为风险偏好型、风险中立型和风险规避型三种。风险偏好型的投资者愿意承担较大的市场风险以求获得较高的回报，其风险承受能力较强。风险中立型的投资者对于同样的收益水平愿意承担的风险水平较低，而风险规避型的投资者愿意承担的风险水平更低。实践中，金融机构通常采用客户调查问卷、产品风险评估与充分披露等方法，根据客户分级和资产分级匹配原则，避免误导投资者和错误销售。

根据国际清算银行、国际证监会组织、国际保险监管协会 2008 年联合发布的《金融产品和服务零售领域的客户适当性》给出的定义：投资者适当性是指"中间人(金融中介机构)所提供的金融产品或服务于客户的财务状况、投资目标、风险承受水平、财务需求、知识和经验之间的契合程度"。国际证监会组织《关于复杂金融产品销售的适当性要求(最终报告)》指出，适当性是指金融机构在销售金融产品的过程中应当遵守的标准和规定，并据此评估所出售的产品是否符合客户的财务状况和需求。销售行为包括向客户提供投资建议、管理个人投资组合和推荐公开发行的证券，评估项目既包括客户的投资知识、投资经验、投资目标、风险承受能力、投资期限等，也包括客户定期追加投资、提供额外抵押以及理解复杂金融产品的能力。而投资者适当性管理就是通过一系列措施，让"适合的投资者购买恰当的产品"，避免在金融产品销售过程中，将金融产品提供给风险并不匹配的投资群体，导致投资者由于误解而发生较大风险。

根据上述规定，投资者适当性管理工作主要是以经营机构适当性义务为主线展开的，应当包括三类：一是以判断投资者风险承受能力为目标的投资者分类义务；二是以判断产品风险等级为目标的产品分级义务；三是以"将适当的产品销售给适当的投资者"为目标的销售匹配任务。

### 七、证券投资的分析方法

证券投资的分析方法主要有基本分析法、技术分析法、行为分析法和组合分析法四种。其中基本分析法主要应用于投资标的物的价值判断和选择上，技术分析法和行为分析法则主要应用于具体投资操作的时间和空间判断上，组合分析法主要运用于大资金运作管理上，作为提高证券投资分析有效性和可靠性的重要补充。

#### (一)基本分析法

基本分析法是根据经济学、金融学、会计学及投资学等基本原理，对决定证券价值和价格的基本要素进行分析，从而评估证券的投资价值，判断证券的合理价位，最终提出相应的投资建议的一种分析方法。

任何资产都有其内在价值,当市场价格与其内在价值不相等时就会出现"定价错误"。基本分析方法的主要内容就是对能够影响证券价格的因素,如宏观经济、行业因素和公司具体因素三个层次进行分析。基本分析方法的优点主要是能够比较全面地把握证券价格的基本走势,适用于波动周期比较长的证券价格预测;缺点是对短线投资者的指导作用比较弱,预测的精度比较低。这些基本走势若能够预测出来,便不能够被轻易左右,可见基本分析方法适合长线投资。

### (二)技术分析法

技术分析法是以证券市场过去和现在的市场行为为分析对象,运用图表形态、逻辑和数学的方法,探索证券市场已有的一些典型变化规律,并据此预测证券市场的未来变化趋势的技术方法。

该方法的基本假定是"历史会重演"。它以证券市场已有的价、量为基础,运用图示分析法,如 K 线类、切线类、波浪类;指标分析法,如趋向指标(DMI)、能量潮(OBV,又称平衡成交量法,是由格兰维尔于 1963 年提出的。能量潮是将成交量数量化,制成趋势线,配合股价趋势线,从价格的变动及成交量的增减关系推测市场气氛)及乖离率(BIAS,是测量股价偏离均线大小程度的指标)等;量价关系分析法,如古典量价关系理论、葛兰碧量价关系理论等。技术分析方法的优点是以市场数据为基础,对市场的反应比较直接,其结果也更接近市场实际,分析的结论时效性强,对短线投资有很强的指导意义。其缺点是考虑问题的范围较窄,对市场的长远趋势不能进行有效判断。

### (三)行为分析法

20 世纪 80 年代,证券市场上不断出现与经典理论相悖而经典理论无法解释的"异象"问题,如周末现象(一些下个周一的信息提前反映到本周五的股票价格上)、假日现象等,一些投资者利用这些"异象"进行投资进而获得超常收益。行为分析法就是以这些"异象"为研究对象,从对标准金融理论的质疑开始,以行为科学为基础研究投资者的心理行为,进行投资决策的分析方法。

该方法以古典金融理论的严格假定与现实市场相悖为出发点,如市场无摩擦、投资者是完全理性的,而在证券市场中并不是每一个投资者都会用投资理论中的复杂数学方法来推导所谓的理性与均衡价格来指导自己的投资行为,投资者并不总是根据基本面来进行投资决策,有时会根据噪声来决策,成为所谓的噪声交易者(noise traders)。行为分析方法的优点是能够使投资者在证券投资过程中保证正确的观察视角,特别是在市场重大转折点的心理分析上,往往具有很好的效果;缺点是该方法基于人的不同理性行为和心理假设,很难得到一个统一的结论用于指导投资者的行为。

当前,行为分析已成为投资学的热门边缘交叉学科,对传统投资理论的创新发展具有重要意义。

### (四)组合分析法

证券组合分析法是根据不同的证券具有不同的风险收益特征,通过构建多种证券的组合投资以达到投资收益和投资风险平衡的分析方法。在处理上,它通过求解在特定的风险条件下实现收益的最大化或在特定的收益条件下使得风险最低,来求得组合内各个证券的组合系数,进而进行组合投资的分析方法。

组合分析法可以分为传统的证券组合分析方法和现代证券组合分析方法。传统分析方法是根据不同证券对相同的系统性风险的不同反应,来降低非系统性风险;而现代组合分析方法是一种数量化的组合管理方法,以实现投资收益和风险的最佳平衡,如马克维茨(Markowitz)的均值方差模型、夏普和林特纳的资本资产定价模型以及罗斯的套利定价理论。

投资组合分析法的优点是在投资分析中对风险进行分类和定量化描述,寻求收益和风险的制衡(trade-off),在理论上证明了组合投资可以有效降低非系统风险的同时,还能够运用定量化的方法来求解证券组合中各个证券的最佳比例关系,这样就克服了传统证券组合方法在确定各组合证券比例中的盲目性,从而实现投资收益和风险的最佳平衡。缺点是需要计算复杂模型;对证券市场的假定条件过于苛刻,甚至这些条件与实际市场存在很大差距,如果证券市场的发展不是很成熟的话,一些条件不可能满足;计算组合比例需要大量的数据支撑,而且模型没有考虑到有的证券之间根本无法构建投资组合。投资组合分析方法由于受到市场条件的限制,如交易成本的存在、对信息的了解度等,因此该方法比较适合于大资金投资者,并且在配合基本面分析的情况下进行。由于考虑到风险和收益的制衡,使证券组合的收益有时较低,但收益较稳定,比较适合基金公司和社保公司资本的运作。

总之,以上四种分析方法的使用都是有条件的,并且各有优缺点,要想在证券市场中获得稳定的利润,只靠一种分析方法来指导投资决策是不行的,甚至是要冒很大风险的,必须把上述几种方法结合起来使用。随着证券市场的不断发展,投资者会变得越来越成熟,对市场的洞察力也会越来越强,进而娴熟地综合运用各种分析方法,以最小的损失获取更大的收益。

# 第三节 投资过程

一般来说,一个完整的投资过程可以分为五个步骤:投资目标的设定、投资策略的选择、资产的价值分析、投资组合的构建以及投资组合的业绩评价。我们将以证券投资分析为例,介绍投资过程。

股市与赌场.mp4

## 一、投资目标的设定

投资目标的设定作为投资过程的第一阶段,确定了投资的路径和投资的风格。

在投资目标的确定过程中,有两个因素非常重要:投资者行为偏好,以及对风险和收益的衡量。投资者的行为偏好通过选择过程,把不同偏好的投资者区分开来,并在不同的金融市场中进行投资。在既定的投资者行为偏好下,投资者展开对风险和收益的衡量,并通过对可选择的投资项目的风险和收益的权衡,进行投资决策,同时确定投资目标。所以，投资目标的设定事实上是对投资机会的一个认识过程。在这个认识过程中，投资者行为偏好以及对风险和收益的权衡这两个因素相互影响，并最终决定投资目标。

为了理解投资者行为偏好，有必要对比传统经济学的理性概念和行为金融学的理性概念。两者的差别，关键表现在认识维度上的完全理性与有限理性，以及整体理性和个体理性之间的差异。

## 二、投资策略的选择

投资目标设定以后，接下来就是选择投资策略。投资策略的选择与市场的属性、投资者具备的条件和其他投资者的状况密切关联，所以只有在理解这三个条件的基础上，才能作出最优的投资策略选择。

从市场属性的角度看，对市场的认识构成了对投资环境的基本认识。对市场来说，其微观结构由五个关键的部分组成：技术、规则、信息、市场参与者和金融工具。市场的属性和市场的特征是客观存在的，并随上述五个因素的变化而变化。但是，人们对市场的认识是有差别的。在不同的市场认识理论中，最优的投资策略是不一样的。例如有效市场理论认为，从长久来看，投资者不可能击败市场，其隐含的投资策略是被动投资策略。然而，当市场并非有效时，价格行为就具有某种可预测性，那么就应该选择主动投资策略。所以，对市场的认识决定投资策略的选择。

从投资者对自己和其他投资者认识的角度看，其知己知彼的程度对投资策略的选择有着重要影响。在一定的投资市场环境下，由于一项交易事实上是作为市场参与者的交易双方之间的博弈，所以投资策略的选择是一种动态调整的过程，并且随着交易的进行而彼此互动。这种策略互动的过程中，投资者需要不断地获取信息，并通过贝叶斯(Bayes)学习过程调整投资策略。市场微观结构理论认为，由于存在信息对价格的重要影响，知情交易者将利用自身的信息垄断优势而在交易中获取最大收益，同时未知情交易者，一方面要尽量避免信息劣势导致的交易损失；另一方面要尽可能达到自己的交易目的，所以两者的投资策略存在显著差异。

此外，根据人类行为模式的一些共同特性，人们总结出了一些具有共性的投资策略。例如，行为金融学分析了许多与投资策略相关的行为投资模式，如噪声交易者风险、投资者情绪模型、正反馈投资策略、行为套利策略等，对这些行为投资策略的分析，有利于更全面地理解投资策略的选择和实施。

## 三、资产的价值分析

投资过程的第三个阶段是资产价值的分析，反映到证券投资中就是证券价值的分析。即对具体的可供选择的投资产品进行精确的价值计算，从而为投资品的选择奠定基础。

以证券投资为例，证券价值的分析主要包括债券价值分析、股票价值分析以及衍生证券价值分析。从原理上看，证券价值分析方法与投资收益分析方法，都以预期收益的折现为基础。在时间价值分析方法中，证券价值分析的关键是确定预期收益和折现率。在本质上，证券价值的分析是一种预测行为，并且是用对未来现金流的预测去分析资产的未来价值，这种价值分析的预测行为，通过指导交易反映到市场供求上，就形成了证券的价格。在有关证券价值分析的各种理论中，一直存在关于价格的可预测性以及可预测性的时间属性等的争论。尽管如此，对于具体的投资实践来说，仍然需要进行与投资目标和投资策略相匹配的证券投资价值分析，否则就属于"不选择也是一种选择"的投资。

## 四、投资组合的构建

上述三个步骤之后，就需要进行投资组合的构建，以实现投资收益—风险的最优匹配。构建投资组合之前，首先需要进行投资组合的价值分析。与第三步骤中资产价值分析不同的是，因为组合中各种资产在收益和风险方面的不同相关性，使得投资组合的价值有别于各种资产价值的简单加总。所以，有必要对各种资产的相关性进行分析，并在此基础上，以实现最大组合价值为目标进行投资组合构建。

以证券投资组合的构建为例，投资组合的理论一直处于发展状态，并指导着不同阶段的投资实践。在理论发展脉络中，经典的投资组合理论主要包括：托宾(Tobin)的资产组合理论、马克维茨的证券组合理论、资本资产定价模型和套利定价模型。这四种理论都在不同程度上把有效市场假设和投资者理性作为两项基础的理论假设。这之后，投资组合理论又有了许多新的发展，其中包括跨时资本资产定价模型(ICAPM)、消费资本资产定价模型(CCAPM)以及在批判性的审视有效市场和投资者理性假设基础上发展起来的行为资产定价模型(BAPM)。

在广义的投资组合构建过程中，应该首先考虑消费与投资的最优组合。在离散时间和连续时间两种模型中，如何实现单期的静态最优组合构建及跨期的动态自由组合构建，都是最优组合构建的研究内容。

## 五、投资组合的业绩评价

为了检验投资的业绩是否与预期的投资目标相吻合，有必要进行投资过程的第五个步骤——业绩的评价。从时间上看，业绩评价可以分为过程评价和事后评价两种。过程评价是一种阶段性的评价，为投资过程的动态调整提供了必要的信息。事后评价是一种检验性和总结性评价，为以后的投资提供了必需的经验性信息。事实上，两种业绩评价在投资过程中是不断交替进行的。业绩评价最重要的作用是为投资者的投资组合调整提供指导。在现代投资实践中，由于品种繁多、市场复杂且专业分工细密，绝大多数投资是由职业投资经理通过委托—代理关系代表投资者进行的。如何评价职业投资者的职业经验和投资业绩，不仅成为投资者选择投资代理的必要参考信息，也是约束和激励职业投资者的重要手段。所以，业绩评价为投资过程的良性循环提供必要的检验和支持。

投资组合的业绩评价，着重讨论组合业绩评价基准的选择，以及如何通过跟踪投资收益与评价基准之间的误差来分析导致这些误差的原因，并总结经验为下一阶段的投资过程提供指导。

当业绩评价完成后，一个完整的投资过程就结束了。需要强调的是，在投资实践中，投资过程五个步骤的工作并不是机械地进行的,而是应该根据投资实践的动态变化而不断地做出适应性调整,上述五个步骤之间的关系是一种动态反馈—调整的关系,而投资过程就在这种反馈—调整循环中不断地进行着。

（1）证券是指各类记载并代表一定权利的法律凭证。它表明证券持有人或第三者有权取得该证券拥有的特定权益,或证明其曾发生过的行为。从这个角度来说,股票、国债、证券投资基金是证券,提单、保险单、存款单也是证券。

（2）有价证券是指标有票面金额,用于证明持有人或该证券指定的特殊主体对特定财产拥有所有权或债权的凭证。广义的有价证券包括商品证券、货币证券和资本证券。狭义的有价证券指的就是资本证券。按照证券代表的权利性质,有价证券划分为股票、债券和其他证券。按照证券的发行主体,有价证券划分为政府证券、政府机构证券和公司(企业)证券。按照上市与否,有价证券划分为上市证券和非上市证券。这种划分一般只适用于股票和债券。按照募集方式,有价证券划分为公募证券和私募证券。

（3）一般来说,投资是指预先投入货币或实物,以形成实物资产或金融资产,借以获取未来收益的经济行为。投资本质上是一种以获取未来收益为目的而提前进行的财富预付行为。投资具有时间性、收益性和风险性特点。投资与投机既有联系,又有区别。

（4）证券投资是指经济主体投入资本,通过购买股票、债券等有价证券以获取股权和预期投资收益的投资活动。证券投资的要素包括证券投资主体、证券投资客体、证券投资目的、证券投资方式和证券投资风险。证券投资的分析方法主要有基本分析法、技术分析法、行为分析法和组合分析法四种。

针对下列情况,谈谈对投资方法的理解。

一些学者做了统计分析,结果是股票持有时间越长,赚钱概率越高,投资时间为 1 年,赚钱概率为 74%,赔钱概率为 26%；投资时间为 5 年,赚钱概率为 83%,赔钱概率为 17%；投资时间为 10 年,赚钱概率为 94%,赔钱概率为 6%；投资时间为 15 年,赚钱概率为 100%,赔钱概率为 0%。

他们还有一个有趣的发现,如果每分钟检视股票的表现,一天观察 4 个小时,每天会有 121 分钟心情愉快,119 分钟不愉快,一年分别是 30 250 分钟愉快和 29 750 分钟不愉快。假设只是每个月才看一次股票的表现,一年只会心疼 4 次,快乐的次数则有 8 次。而如果每年看一次股票,那么在 20 年的时间里,将体验到 19 次惊喜,而只有 1 次不愉快。

### 闯关成功！MSCI 决定将中国 A 股纳入 MSCI 新兴市场指数

2017 年 6 月 21 日，明晟公司宣布将 A 股纳入 MSCI 新兴市场指数，预计纳入中国 A 股的 222 只大盘股。基于 5%的纳入因子，这些 A 股约占 MSCI 新兴市场指数 0.73%的权重。MSCI 计划分两步实施这个初始纳入计划，以缓冲沪股通和深股通当前尚存的每日额度限制。第一步预定在 2018 年 5 月半年度指数评审时实施，第二步在 2018 年 8 月季度指数评审时实施。倘若在此预定的纳入日期之前沪股通和深股通的每日额度被取消或者大幅度提高，MSCI 不排除将此纳入计划修改为一次性实施方案。

MSCI 董事总经理和全球研究主管 Remy Briand 称，国际投资者广泛认可了中国 A 股市场准入状况在过去几年里的显著改善。如今 MSCI 迈出纳入中国 A 股第一步的时机已然成熟；中国内地与香港互联互通机制的发展完善为中国 A 股市场的对外开放带来了革命性的积极变化。

(资料来源：闯关成功！MSCI 决定把中国 A 股纳入 MSCI 新兴市场指数[EB/OL]. 智通财经，https://www.zhitongcaijing.com/content/detail/63642.html)

**案例点评**

由此可见中国作为资本市场大国的实力，A 股纳入 MSCI，证明中国资本市场在世界资本市场中起到越来越重要的作用，这正是中国经济发展、经济实力增强的有力体现。

1990 年 12 月和 1991 年 7 月，沪、深证券交易所相继挂牌营业，股票集中交易市场正式宣布成立。从此开始了制造股神和绞杀一切大小投资者的市场猎艳。

1. 1990 年 12 月至 1992 年 5 月，出现第一次牛市，沪指从 95 点上涨到 1429 点。

"8·10"事件后，股票认购证诱发了沪深股市的暴跌，新中国成立后的首次熊市出现了，1992 年 5 月至 1992 年 11 月，沪指从 1429 点下跌到 385 点。

2. 1992 年邓小平南方视察，该年 11 月第二次牛市启动，到 1993 年 2 月，沪指从 385 点上涨到 1558 点。

1993 年国家对宏观经济进行调控及对股市扩容，1993 年 2 月至 1994 年 8 月，第二次熊市，沪指从 1558 点下跌到 325 点。

3. 1994 年 8 月至 1994 年 9 月，沪指从 325 点上涨到 1052 点，只有一个月！

导火索：a.证券交易印花税单边征收；b.汇金将购入工、中、建三银行股票；c.国资委支持央企增持上市公司股份。发行国债导致资金短缺，股市大量失血，1994 年 8 月至 1995 年 5 月，沪指从 1052 点下跌到 582 点。

4. 关闭国债期货，1995 年 5 月，仅仅三个交易日，沪指就从 582 点上涨到 926 点。废除"T+0"制度，实行"T+1"，股市扩容，1995 年 5 月至 1996 年 1 月，沪指从 926 点下跌到512点。

5. 第五次牛市，1996年1月至1997年5月，沪指从512点上涨到1510点。由于股市扩容和印花税调整，1997年5月至1999年5月，沪指从1510点下跌到1047点。

6. 互联网概念，第六次牛市，1999年5月至2001年6月。沪指从1047点上涨到2245点。国有股减持，2001年6月至2005年5月，历时4年，沪指从2245点下跌到998点。

7. 股权分置改革，人民币升值，牛市，2005年5月至2007年10月，沪指从998点一路冲高至6124点。美国次贷危机引发全球经济衰退，大小非减持，2007年10月至2008年11月一年时间，沪指从6124点下跌到1664点。

8. 四万亿元投资，2008年11月至2009年7月，沪指从1664点上涨到3478点。扩容、紧缩政策、欧债危机，2009年7月至2010年7月，沪指从3478点下跌到2319点。

9. 宽松货币政策，2010年7月至2010年11月，沪指从2319点上涨到3186点。大量扩容，2010年11月至2011年6月，沪指从3186点下跌到2661点。

10. 深化体制改革全面启动，2014年7月至2015年6月，沪指从2054点上涨到5178点。扩容和清理场外配资，沪指从5178.19点下跌到2638.30点。

根据以上中国股市发展过程及重要时间，分析：
1. 中国股市涨跌的影响因素。
2. 绘图描述上证综合指数与我国GDP之间的关系。

# 复习思考题

## 一、选择题

1. 证券是指各类记载并代表一定权利的(　　)凭证。它表明证券持有人或第三者有权取得该证券拥有的特定权益，或证明其曾发生过的行为。
   A. 股票　　　　B. 债券　　　　C. 法律　　　　D. 基金

2. 广义的有价证券包括(　　)。(多选)
   A. 商品证券　　　　　　　　B. 货币证券
   C. 无价证券　　　　　　　　D. 资本证券

3. 按照证券代表的权利性质，有价证券划分为(　　)。(多选)
   A. 其他证券　　B. 股票　　　　C. 债券　　　　D. 政府

4. 按照上市与否，有价证券划分为上市证券和非上市证券。这种划分一般只适用于股票和(　　)。
   A. 证券　　　　B. 有价证券　　C. 基金　　　　D. 债券

5. 按照募集方式，有价证券划分为(　　)证券和(　　)证券。(多选)
   A. 公募　　　　B. 私募　　　　C. 上市　　　　D. 非上市

## 二、判断题

1. 上市证券是指经过证券主管机构核准发行，并经交易所依法审核同意，允许在证券交易所内公开买卖的证券。
(　　)

2. 私募证券审核较严格，并且采取公示制度。 （  ）
3. 实际收益与预期收益的差额越大，说明证券投资风险越大。 （  ）
4. 股票和基金是证券市场的两个最基本和最主要的品种。 （  ）
5. 我国目前信托公司发行的集合资金信托计划属于公募基金。 （  ）

三、简答题

1. 投资与投机的联系和区别。
2. 证券投资的分析方法。

# 阅读推荐与网络链接

1. 吴晓求. 证券投资学[M]. 北京：中国人民大学出版社，2014.
2. 曹凤岐，刘力，姚长辉. 证券投资学[M]. 北京：北京大学出版社，2013.
3. 中国证券业协会. 证券投资分析[M]. 北京：中国金融出版社，2012.
4. 樊玉红. 证券投资[M]. 北京：机械工业出版社，2013.
5. 闯关成功！MSCI 决定把中国 A 股纳入 MSCI 新兴市场指数[EB/OL]. 智通财经，https://www.zhitongcaijing.com/content/detail/63642.html.

# 第二章 股 票

## 学习要点

- 掌握股票的定义、特征、基本分类和红利分配。
- 了解股份的基本知识和股票的性质。
- 运用红利分配的基本知识分析上市公司红利分配政策和对股票价格的影响。
- 掌握除权除息价格的计算,明确区分分红与派息。
- 对市场上的股票进行分类。

## 核心概念

股票　股份　除权除息

### 新中国第一股——飞乐音响

1986年11月10日至13日,中国人民银行在北京举行了中美金融市场研讨会。会后,邓小平在11月14日会见参会的纽约证交所董事长约翰·范尔霖,并同他作了长时间的谈话。在会见时范尔霖向邓小平赠送了纽约证券交易所的证章,邓小平回赠给他的是一张中国公司——飞乐音响的股票。

就这样,范尔霖成为第一位拥有中国股票的美国金融家,从而享有上海飞乐音响公司的股份权,这也是中国当时中央最高层第一次用具体的行动肯定了企业发行股票这件事的正当性。

实际上,那时候的中国股市还处在起步状态。在上海开设的全国第一个股票营业柜台上只有飞乐音响和延中实业两只股票在交易。交易场所没有电脑,没有行情显示屏,成交价由客户口头协商,然后写在黑板上。交割、登记卡号、盖章、过户,所有的程序都是手工完成,每天的平均交易量只有数十笔。

邓小平的这一举动无疑给了正在蹒跚学步的中国股市以莫大的鼓励和肯定。

30多年前中国的股票市场刚刚起步,那么,现在中国股票市场发展到什么规模?达到什么水平了呢?读完本章内容你会有清晰的认识。

## 第一节 股票概述

### 一、股份和股票

#### (一)股份

**1. 股份的含义**

天才的发明
--股票.mp4

股份是股份公司全部资本的平均单位,或总资本额的平均最小单位。例如,在我国,某公司注册资本一亿元,那么就会有一亿个股份,通常称该公司有一亿股本。股份代表一种所有权,即拥有股份就拥有公司的所有权,投资者所有权的多寡根据其所持股份占公司总股份的比例来确定。所以持有股份的投资者就被称为公司股东。一般来说,股份有以下三层含义:①股份是股份有限公司资本的构成成分;②股份代表了股份有限公司股东的权利与义务;③股份可以通过股票价格的形式表现其价值。

**2. 股份的特点**

为了更好地理解股份的含义,我们看一下股份的特点。

(1) 股份的金额性。股份有限公司的资本划分为股份,每一股的金额相等,即股份是一定价值的反映,并可以用货币度量。

(2) 股份的平等性。即同种类的每一股份应当具有同等权利。

(3) 股份的不可分性。即股份是公司资本最基本的构成单位,每个股份不可再分。

(4) 股份的可转让性。即股东持有的股份可以依法转让。

我国《公司法》第一百四十二条规定,公司董事、监事、高级管理人员应当向公司申报所持有的本公司的股份及其变动情况,在任职期间每年转让的股份不得超过其所持有本公司股份总数的百分之二十五;所持本公司股份自公司股票上市交易之日起一年内不得转让。公司董事、监事、高级管理人员离职后半年内,不得转让其所持有的本公司股份。

#### (二)股票

什么是股票?简单来说,所谓股票是指股份的外在表现形式,即我们能看到的是股票,但在公司账目上体现的是股份。

股票是一种有价证券,它是股份有限公司发行的用以证明投资者的股东身份、所持股份,据以获得股息和红利并承担义务的凭证。股票是虚拟资产,即股票本身没有价值,其代表的股份却是有价值的。可从以下两方面来理解股票的定义:①股票是股份有限公司发行的;②股票是投资者投资入股的凭证。

持有股票(实际上是持有公司的股份)代表股东对股份公司的所有权。这种所有权为一种综合权利,如参加股东大会、投票表决、参与公司的重大决策、收取股息或分享红利等,但也要共同承担公司运作错误所带来的风险。

## 二、股票的性质

股票具有有价证券、要式证券、证权证券、资本证券和综合权利证券等性质。

### (一)股票是有价证券

有价证券是财产价值和财产权利的统一表现形式。持有有价证券,一方面表示拥有一定价值量的财产;另一方面也表示有价证券的持有人可以行使该证券所代表的权利。因此,股票的转让是有价的。

### (二)股票是要式证券

所谓要式是指具备法律规定且必须采取一定形式、具备一定要素的要件。股票作为一种所有权凭证,应具备法律规定的要件,否则就不具备法律效力。我国《公司法》规定,股票采用纸面形式或国务院证券监督管理机构规定的其他形式。股票应载明的事项主要有公司名称、公司成立的日期、股票种类、票面金额及代表的股份数、股票的编号。股票由法定代表人签名,公司盖章。我国股票的制作和发行实行核准制,任何个人或者团体不得擅自印制、发行股票。

### (三)股票是证权证券

证券可以分为设权证券和证权证券。设权证券是指证券所代表的权利,原本不存在,随着证券的制作而产生,以证券的存在为条件。股票代表的是股东的权利,它的发行以股份的存在为条件,股票只是把已存在的股东权利表现为证券的形式。股东权利不会随股票的毁损、遗失而消失,这也是股票无纸化发行得以推广的原因。

### (四)股票是资本证券

股份有限公司发行股票是筹措公司自有资本的手段,对于认购股票的人来说,购买股票就是一种投资行为。因此,股票是投入股份有限公司资本份额的证券化,属于资本证券。但是,股票又不是一种现实的资本。股份有限公司通过发行股票筹措的资金,是公司用于营运的真实资本。股票独立于真实资本之外,在股票市场上进行独立的价值运动,是一种虚拟资本。虚拟资本虽然也有价格,但自身却没有价值,形成的价格只是资本化了的收入。资本证券与实际资本在量上也不相同。一般情况下,资本证券的价格总额总是大于实际资本额,所以它的变化并不能真实地反映实际资本额的变化。形象地说,所谓的虚拟资本就是指不参与实际生产,却可以参与税后利润分配的资本。

### (五)股票是综合权利证券

股票既不属于物权证券,也不属于债权证券,而是一种综合权利证券。物权证券是指证券持有者对公司的财产有直接支配处理权的证券。债权证券是指证券持有者为公司债权人的证券。股票持有者作为股份有限公司的股东,享有独立的股东权利。换言之,当公司股东将出资交给公司后,股东对其出资财产的所有权就转化为股权了。股东权是一种综合权利，股东在性质上是公司内部的构成分子，依法享有资产收益、重大决策、选择管理者等权利，但对于公司的财产不能直接支配处理。

## 三、股票的特征

股票具有以下特征。

### (一)不可偿还性与流通性

股票是一种无偿还期限的有价证券。投资者认购股票后，不能要求发行人退还其投资入股的资金。从期限看，股票的期限等于公司的存续期限。同理，股票所载权利的有效性是始终不变的。因此，不可偿还性也称作永久性。

股票虽然是一种无期限的有价证券，但并不意味着投资者一旦购买就不能变现，股本的无期限性决定股票必须能够自由转让。

### (二)收益性与风险性

收益性既是股票认购者向公司投资的目的，也是公司发行股票的必备条件。股票的收益来源可分为两类：一是来自股份有限公司的利润分配；二是来自股票流通。股票持有者可以通过低进高出赚取差价利润。这种差价收益称为资本利得。其他收益形式如在货币贬值时，股票会因为公司资产的增值而升值。

股票的风险性与收益性是相对应的。风险性是指持有股票获取的收益具有很大的不确定性。由于多种不确定因素的影响，股东能否获得预期的股息红利收益，完全取决于公司的盈利情况。如果股价下跌，股票持有者会因股票贬值而蒙受损失。由此可见，股票的风险性与收益性是并存的，股东的收益在很大程度上是对其所担风险的补偿。

### (三)参与性

参与性是指股票持有人有权参与公司重大决策的特性。股票持有人作为股份有限公司的股东，有权出席股东大会，选举公司的董事会，参与公司的经营管理。股东参与公司重大决策权力的大小取决于其持有股份数量的多少。如果股东持有的股份数量达到决策所需要的有效多数时，就能实质性地影响公司的经营方针。

## 第二节 股票的类型

美股之旅.mp4

从全世界范围来看，股票的种类很多，分类方法多种多样。常见的股票分类有如下几种。

### 一、普通股股票和优先股股票

对于同一公司所发行的不同股票来说，股东享有的权利和承担的义务是不一样的，按股东所有权权限划分，股票可以分为普通股股票和优先股股票。

## (一)普通股股票

### 1. 普通股股票的特征

普通股股票是指持有者在公司的经营管理和盈利以及财产的分配上享有普通权利的股票，常简称为普通股。我国上海和深圳证券交易所上市交易的股票均是普通股。普通股主要具有以下特征。

(1) 普通股是最基本、最重要、最常见的股票。股份有限公司在设立的时候，最初公开发行的股票多为普通股，因此普通股是发行量最大的股票。通过发行普通股所筹集的资金，成为股份有限公司股本的基础。普通股的发行状况与公司的设立和发展密切相关。一般而言，没有特殊说明的话，在证券投资领域所说的股票就是指普通股。

(2) 普通股是标准的股票。普通股的有效期与股份有限公司的存续期间一致，其持有者是公司的基本股东，平等地享有股东的基本权利，承担基本义务。普通股在权利义务上不附加任何条件，因此，它是一种标准的股票。通常，人们在阐述股票的一般性质和特征时，都是以普通股为对象归纳的。

(3) 普通股是风险最大的股票。普通股的股息和红利受公司盈利水平、股利政策的影响，收益并不确定。而且，在公司盈利和剩余财产的分配顺序上，普通股股东列在债权人和优先股股东之后。加之，普通股的价格波动幅度比较大，投资者要承受巨大的市场风险。因此，普通股是风险最大的股票。

### 2. 普通股股东的权利

按照我国《公司法》的规定，公司股东依法享有资产收益、参与重大决策和选举管理者等权利。

(1) 公司重大决策参与权。投资者基于股票的持有而享有股东权，这是一种综合权利，其中首要的是以股东身份参与股份有限公司的重大事项决策。作为普通股股东，行使这一权利的途径是参加股东大会、行使表决权。

股份公司股东大会由全体股东组成，是公司的权力机构。股东大会应当每年召开一次。有下列情形之一的，应当在两个月内召开临时股东大会：董事人数不足《公司法》规定人数或者公司章程所定人数的三分之二时；公司未弥补的亏损达实收股本总额三分之一时；单独或合计持有公司 10%以上股份的股东请求时；董事会认为必要时；监事会提议召开时；公司章程规定的其他情形。股东出席股东大会会议，所持每一股份有一表决权。但是，公司持有的本公司股份没有表决权。股东大会做出决议，必须经出席会议的股东所持表决权过半数通过。但是，股东大会做出修改公司章程、增加或减少注册资本的决议，以及公司合并、分立、解散或者变更公司形式的决议，必须经出席会议的股东所持表决权的三分之二以上通过。股东大会选举董事、监事，可以依照公司章程的规定或者股东大会的决议，实行累积投票制。累积投票制，是指股东大会选举董事或者监事时，每一股份拥有与应选董事或者监事人数相同的表决权，股东拥有的表决权可以集中使用。股东可以委托代理人出席股东大会会议，代理人应当向公司提交股东授权委托书，并在授权范围内行使表决权。

(2) 盈余分配权。普通股股东这一权利直接表明了其在经济利益上的要求，体现了按照实缴的出资比例分取红利的权利。

普通股股东行使盈余分配权有一定的限制条件：普通股股东的红利只能用留存收益支付；股利的支付不能减少其注册资本；公司在无力偿债时不能支付红利。

(3) 剩余资产分配权。普通股股东行使剩余资产分配权也有一定的先决条件。①普通股股东要求分配公司资产的权利不是任意的，必须是在公司解散清算之时。②按我国《公司法》规定，公司财产在分别支付清算费用、职工的工资、社会保险费用、法定补偿金、缴纳所欠税款和清偿公司债务后的剩余财产，再按照股东持有的股份比例分配。公司财产在未按照规定清偿前，不得分配给股东。

(4) 优先认股权。优先认股权是指当股份有限公司为增加公司资本而决定增加发行新的股票时，原普通股股东享有的按其持股比例、以低于市价的某一特定价格优先认购一定数量新发行股票的权利，所以又称为配股权。行使配股权股东追加投资，公司得到资金以充实资本。配股后虽然股东持有的股票增多了，但它并不是公司给股东的投资回报。赋予股东这种权利有两个主要目的：①能保证普通股股东在股份有限公司中保持原有的持股比例；②能保护原普通股股东的利益和持股价值。因为当公司增资扩股后，在一段时间内，公司的每股税后净利会因此而摊薄，原普通股股东以优惠价格优先购买一定数量的新股，可从中得到补偿或取得收益。

除此之外，普通股股东还可以享有由法律和公司章程所规定的其他权利，如股份转让权等。

### 3. 普通股股东的义务

我国《公司法》规定，股东可以用货币出资，也可以用实物、知识产权、土地使用权等用货币估价并可以依法转让的非货币财产作价出资。但是，法律、行政法规规定不得作为出资的财产除外。全体股东的货币出资额不得低于注册资本的30%。

## (二)优先股股票

### 1. 优先股股票的定义

根据2013年11月30日发布的《国务院关于开展优先股试点的指导意见》，优先股是指依照《公司法》，在一般规定的普通种类股票之外，另行规定的其他种类股份，其股份持有人优先于普通股股东分配公司利润和剩余财产，但参与公司决策管理等权利受到限制。

优先股既像债券，又像股票，其"优先"主要体现在：①通常具有固定的股息(类似债券)，并须在派发普通股股息之前派发；②在破产清算时，优先股股东对公司剩余财产的权利先于普通股股东，但在债权人之后。

当然，优先股股东在享受上述两方面"优先"权利时，其他一些股东权利是受限的。一般来说，优先股股东对公司日常经营管理事务没有表决权，仅在与之利益密切相关的特定事项上有表决权，优先股股东对公司经营的影响力要小于普通股股东。

虽然优先股股东一般不参与公司经营决策，表决权受到限制，但并不代表优先股股东没有表决权。根据《国务院关于开展优先股试点的指导意见》，优先股股东在以下两种情况下具有表决权。

(1) 公司对与优先股股东切身利益相关的重大事项进行表决时，优先股股东享有表决权，而且与普通股分类表决，这类表决称为优先股股东"固有的表决权"。《国务院关于开展优先股试点的指导意见》规定以下五种事项除须经出席会议的普通股股东所持表决权的三分之二以上通过之外，还须经出席会议的优先股股东所持表决权的三分之二以上通过：①修改公司章程中与优先股相关的内容；②一次或累计减少公司注册资本超过 10%；③公司合并、分立、解散或变更公司形式；④发行优先股；公司章程规定的其他情形。

(2) 由于公司长期未按约定分配股息，优先股股东恢复到与普通股股东同样的表决权，可以参与公司经营决策，与普通股一同参加投票，这类表决权称为优先股股东"恢复的表决权"。《国务院关于开展优先股试点的指导意见》规定，公司累积三个会计年度或连续两个会计年度未按约定支付优先股股息的，优先股股东可以享有公司章程规定的表决权。需要注意的是，"恢复的表决权"并不是一直存在的，当公司全额支付所欠优先股股息时，优先股股东将不再享有这类表决权。

### 2. 优先股股票及其特征

(1) 股息率固定。一般情况下，优先股在发行时就约定了固定的股息率，无论公司经营状况和盈利水平如何变化，该股息率不变。而普通股的股息是不固定的，它取决于股份有限公司的经营状况和盈利水平。这种规定有利有弊。相对于稳定的股息收益，在公司经营状况良好、盈利增加时，优先股股东也不能分享公司利润增长的利益。

(2) 股息分派优先。在股份有限公司盈利分配顺序上，优先股排在普通股之前。各国公司法对此一般都规定，公司盈利首先应支付债权人的本金和利息，缴纳税金；其次是支付优先股股息；最后才分配普通股股利。因此，从红利分配稳定性角度看，优先股的风险小于普通股。

(3) 剩余资产分配优先。当股份有限公司因解散或破产进行清算时，在对公司剩余资产的分配上，优先股股东排在债权人之后、普通股股东之前。优先股股东可优先于普通股股东分配公司的剩余资产，但一般是按优先股票的面值清偿。

(4) 一般无表决权。优先股股东权利是受限制的，最主要的是表决权限制。普通股股东参与股份有限公司的经营决策主要通过参加股东大会行使表决权，而优先股股东在一般情况下没有投票表决权，不享有公司的决策参与权。然而在涉及优先股股东权益时，例如公司连续若干年不支付或无力支付优先股股息，或者公司要将一般优先股改为可转换优先股时，优先股股东也享有相应的表决权。

### 3. 优先股股票的种类

股份有限公司为了吸引投资者，在发行优先股时往往附加了一定的优惠条件。根据条件的不同，优先股又可以分为以下几种。

(1) 累积优先股和非累积优先股。累积优先股是指如果公司在某个时期内所获盈利不足以支付优先股股息时，公司可以将未付股息累积至次年或以后某年有盈利时一并补足。非累积优先股是指股息当年结清，若本年度公司盈利不足以支付全部优先股股息，对其所欠部分，公司不予累积计算，优先股股东不得要求公司在以后的营业年度中予以补发。

(2) 参与优先股和非参与优先股。参与优先股是指优先股股东除享受按既定比率优先获得股息外，当公司盈利较多时，还有权与普通股股东一起参与本期剩余盈余分配的优先股，所以又称分红优先股。非参与优先股是指优先股股东除了按规定分得本期固定股息外，无权再参与对本期剩余盈余分配的优先股。

(3) 股息率可调整优先股和股息率固定优先股。股息率可调整优先股是指股票发行后，股息率可以根据情况按规定进行调整的优先股。股息率固定优先股是指发行后股息率不再变动的优先股。

(4) 可转换优先股与不可转换优先股。可转换优先股是指发行后，在一定条件下允许持有者将其转换成其他种类股票的优先股。不可转换优先股则不具备这种转换的权利。

(5) 可赎回优先股和不可赎回优先股。可赎回优先股是指在发行时附加赎回条款，发行后一定时期可按特定的赎买价格由发行公司收回的优先股。不可赎回优先股则是永久性的。公司赎回优先股时的赎买价格要在发行价格的基础上加上若干补偿金，以弥补股票购买者因公司赎回所遭受的损失。

在国外投资界，把可转换优先股同可赎回优先股一样视作优先股的收回方式。只是可转换优先股收回的主动权不在公司而在投资者手里。

## 二、记名股票和无记名股票

按股票或股东名册是否记载股东姓名，股票可以分为记名股票和无记名股票两种。从我国目前发展情况来看，记名股票的数量远远大于无记名股票，我国上市交易的股票都是记名股票。

### (一)记名股票

记名股票是在股票票面或股份有限公司的股东名册上记载股东姓名的股票。很多国家的法律法规都对记名股票的有关事项做出了具体规定。一般来说，如果股票是归某人单独所有，则应记载持有人的姓名；如果股票是归国家授权投资的机构或者法人所有，则应记载国家授权投资的机构或者法人的名称；如果股票持有者因故改换姓名或者名称，应到公司办理变更姓名或者名称的手续。我国《公司法》规定，公司发行的股票可以为记名股票，也可以为无记名股票。我国的股份有限公司向发起人、法人发行的股票，应当为记名股票，并应当记载该发起人、法人的名称或者姓名，不得另立户名或者以代表人姓名记名。股份有限公司发行记名股票的，应当置备股东名册，记载下列事项：股东的姓名或者名称及住所、各股东所持股份数、各股东所持股票的编号、各股东取得股份的日期。一般来说，记名股票具有如下特点。

(1) 股东权利归属于记名股东。对于记名股票来说，只有记名股东或其正式委托授权的代理人才能行使股东权利。其他持有者不具备股东权利。

(2) 股东可以一次或分次缴纳出资。一般来说，股东应在认购时一次缴足股款。但是，基于记名股票所确定的股份有限公司与记名股东之间的特定关系，有些国家也规定允许记名股东在认购股票时可以无须一次缴足股款。

(3) 转让复杂且受限制。记名股票的转让必须依据相关法律和公司章程规定的程序进行,而且要服从有关规定的转让条件。一般来说,记名股票的转让必须由股份有限公司将受让人的姓名或名称、住所记载于公司的股东名册,办理股票过户登记手续,这样受让人才能取得股东的资格和权利。

(4) 可以挂失,相对安全。记名股票与记名股东的关系是特定的,因此,如果股票遗失,记名股东的资格和权利并不会消失,并可依据法定程序向股份有限公司挂失,要求公司补发新的股票。我国《公司法》规定:记名股票被盗、遗失或者灭失,股东可以依照《中华人民共和国民事诉讼法》规定的公示催告程序,请求人民法院宣告该股票失效。依照公示催告程序,人民法院宣告该股票失效后,股东可以向公司申请补发股票。

### (二)无记名股票

所谓无记名股票,是指在股票票面和股份有限公司股东名册上都不记载股东姓名的股票,也叫不记名股票。与记名股票相比,差别不是在股东权利等方面,而是在股票的记载方式上。无记名股票发行时一般留有存根联,它在形式上分为两部分:一部分是股票的主体,记载有关公司的事项,如公司名称、股票所代表的股数等;另一部分是股息票,用于进行股息结算和行使增资权利。我国《公司法》规定,发行无记名股票的,公司应当记载其股票数量、编号及发行日期。

## 三、面额股票和无面额股票

按是否在股票票面标明金额或电子股票的设计方案中设计票面金额,股票可以分为面额股票和无面额股票两种。

### (一)面额股票

面额股票是指在股票票面上或股票的设计方案中记载一定金额的股票。这一记载的金额也称为票面金额、票面价值或股票面值。股票票面金额的计算方法是用资本总额除以股份数求得的,但实际上很多国家是通过法规予以直接规定,而且一般是限定了这类股票的最低票面金额。另外,同次发行的面额股票的每股票面金额是相等的。现在各国股份有限公司发行的股票仍以面额股票居多。我国《公司法》规定,股份有限公司的资本划分为股份,每股的金额相等。

### (二)无面额股票

无面额股票是指在股票票面上不记载股票面额,只注明它在公司总股本中所占比例的股票,因此也称为比例股票或份额股票。无面额股票的价值随股份公司净资产和预期未来收益的增减而相应增减。公司净资产和预期未来收益增加,每股价值上升;反之,每股净资产和预期未来收益减少,每股价值下降。

## 四、实物股票和无实物股票

按照发行时是否印制股票实物,可以将股票分为实物股票和无实物股票。

## (一)实物股票

实物股票是指股份有限公司发行的采用一定纸张、印有票面内容和不同标志图案、可触摸的纸质股票实物。由于印制股票需要纸张、制版、油墨、人工等,从而增加了股票的发行成本,并且耗费时间。更进一层,发行的实物化必然导致交易的实物化。实物股票在交易中会出现磨损、保管等问题,尤其是异地交易多有不便,会大大降低股票交易的效率和安全性。因此,现代社会中,随着股票发行规模的不断扩大,大多数国家采用股票的无纸化发行。

## (二)无实物股票

无实物股票就是指股票的无纸化发行,股份有限公司不再印制股票实物,而是通过登记股东姓名、购买金额的方式来发行股票,因而又叫作登记式股票。无实物股票节约了发行成本,缩短了发行时间,简化了发行、交易手续,为利用计算机网络发行和买卖股票提供了可能。

我国在上海和深圳证券交易所成立以前,采用的是实物股票形式。沪深交易所成立后,随着上市公司的增加,股票的发行和交易规模迅速扩大。为了适应证券市场的发展,1992年,我国股票的发行和交易基本实现了集中化和无纸化。

# 五、我国特定股票称谓

## (一)内资股

我国由计划经济转而发展市场经济,所以我国的股权结构有着自身的特征,包括国家股、法人股、社会公众股等。

### 1. 国家股

国家股是指有权代表国家投资的部门或机构以国有资产向股份有限公司投资形成的股份,一般不上市交易。国家股是国有股权的一个组成部分(另一个组成部分是国有法人股)。我国国家股的构成,从资金来源看,主要包括三部分:①现有国有企业改组为股份有限公司时所拥有的净资产;②现阶段有权代表国家投资的政府部门向新组建的股份有限公司的投资;③经授权代表国家投资的投资公司、资产经营公司、经济实体性总公司等机构向新组建股份有限公司的投资。

### 2. 法人股

法人股是指企业法人或具有法人资格的事业单位和社会团体以其依法可支配的资产投入公司形成的股份,一般不上市交易。法人持股所形成的也是一种所有权关系,是法人经营自身财产的一种投资行为。法人股股票应记载法人名称,不得以代表人姓名记名。法人不得将其所持有的公有股份、认股权证和优先认股权转让给本法人单位的职工。

### 3. 社会公众股

社会公众股是指社会公众依法以其拥有的财产投入公司时形成的可上市流通的股份。

在社会募集方式下，股份有限公司发行的股份，除了由发起人认购一部分外，其余部分应该向社会公众公开发行。我国《证券法》规定，社会募集公司申请股票上市的条件之一是向社会公开发行的股份达到公司股份总数的 25%以上。公司股本总额超过人民币 4 亿元的，向社会公开发行股份的比例为 10%以上。

上述国家股、法人股和社会公众股都属于 A 股。A 股的正式名称是人民币普通股股票，指由我国境内的股份有限公司发行，供境内机构投资者、合格的境外机构投资者、各类组织和个人以人民币认购和交易的普通股。A 股是相对于 B 股、H 股、N 股等外资股而言的。

需要特殊说明的是，从 2005 年我国启动股权分置改革工作，该项工作到 2012 年已经基本完成。目前，我国交易所股票市场上的股票主要划分为流通股和限售条件股两大类，不再划分为国有股、法人股和社会公众股。

### (二)外资股

外资股是指境内股份有限公司向境外和我国香港、澳门、台湾地区投资者发行的股票。这是我国股份有限公司吸收外资的一种方式。外资股按上市地域划分可以分为境内上市外资股和境外上市外资股。

#### 1. 境内上市外资股

境内上市外资股原来是指股份有限公司向境外投资者募集并在我国境内上市的股份。投资者限于：外国的自然人、法人和其他组织；我国香港、澳门、台湾地区的自然人、法人和其他组织；定居在国外的中国公民等。这类股票称为 B 股。B 股的正式名称是人民币特种股票，采取记名股票形式，以人民币标明股票面值，以外币认购、买卖，在境内证交所交易上市。在沪证上市的 B 股以美元认购、买卖；在深证上市的 B 股以港元认购、买卖。截至 2019 年一季度末，我国 B 股市场上的股票有 99 只，总市值为人民币 1551 亿元。当然 B 股市场规模与 A 股市场相比要小得多，而且已经成为一个边缘化的市场。

自 2001 年 2 月起，我国对境内居民个人开放 B 股市场后，境内投资者逐渐成为 B 股市场的重要投资主体，B 股的"外资股"性质也发生了变化。

#### 2. 境外上市外资股

境外上市外资股是指股份有限公司向境外投资者募集并在境外上市的股票。它也采取记名股票形式，以人民币标明面值，以外币认购。在境外上市时，可以采取境外存托凭证形式或者股票的其他派生形式。在境外上市的外资股除了应符合我国的有关法规外，还须符合上市所在地国家或者地区证券交易所规定的上市条件。依法持有境外上市外资股、其姓名或者名称登记在公司股东名册上的境外投资人，为公司的境外上市外资股股东。公司向境外上市外资股股东支付股利及其他款项，以人民币计价和宣布，以外币支付。

境外上市外资股主要由 H 股、N 股、S 股等构成。H 股是指注册地在我国内地，上市地在我国香港的外资股。香港的英文是 HONGKONG，取其首个字母，在港上市外资股就称为 H 股。以此类推，纽约英文的第一个字母是 N，新加坡英文的第一个字母是 S，伦敦英文的第一个字母是 L，那么，在纽约、新加坡、伦敦上市的外资股就分别称为 N 股、S 股、L 股。

## 六、行情表中的特殊股票称谓

所谓股票简称是指证券交易所发布股票交易行情时用来代替上市公司全称的简要称呼。股票简称一般由 4 个汉字构成,也有的只有 3 个汉字,例如中国石油天然气股份有限公司简称中国石油。在我国的股票行情中,有一些股票的简称前面带有 N、S、XD、XR、DR、ST、*ST 和 PT 等字母,分别代表不同的含义。

### (一)字母 N+股票简称

当股票名称前出现 N 字母时,则表示这只股是当日新上市的股票,字母 N 是英文 New(新)的首字母。对于带有 N 字母的股票,规定该股票的股价当日在市场上不受涨跌幅限制,涨幅可以高于 10%,跌幅也可低于 10%。投资者在把握投资机会的同时要做好风险控制。

### (二)字母 XD+股票简称

XD 是英文 Exclude(除去)、Dividend(利息)的简写。当股票名称前出现 XD 字母时,表示当日是这只股票的除息日。截至股权登记日,证券登记公司统计出一份股东持股情况的名册。在除息日,股份有限公司向这部分股东分派股息。现实操作中,除息一般分派的是现金股利,俗称"派现"。

### (三)字母 XR+股票简称

XR 是英文 Exclude(除去)、Right(权利)的简写,当股票名称前出现 XR 字母时,表明当日是这只股票的除权日。截至股权登记日,证券登记公司统计出一份股东持股情况的名册。在除权日,股份有限公司向这部分股东分配股利或进行配股。现实操作中,除权一般分派的是股票股利,俗称"送红股"。

### (四)字母 DR+股票简称

DR 是英文 Dividend(利息)、Right(权利)的缩写。当股票名称前出现 DR 字样时,表示当天是这只股票的除息、除权日。有些上市公司分配时不仅派发现金股息,还送红股,或者同时配股,所以这种情况下会出现既除息又除权的现象。

### (五)字母 ST+股票简称

沪深证券交易所在 1998 年 4 月 22 日宣布,根据 1998 年实施的股票上市规则,将对财务状况或其他状况出现异常的上市公司的股票交易进行特别处理。"特别处理"的英文是 Special Treatment,缩写是 ST,因此这些股票就简称为 ST 股。

### (六)字母*ST+股票简称

沪深证券交易所于 2003 年 4 月 4 日发布《关于存在股票终止上市风险的公司加强风

险警示等有关问题的通知》，并于 5 月 8 日起开始实行退市风险警示制度。退市风险警示制度指由证券交易所对存在股票终止上市风险的公司股票交易实行"警示存在终止上市风险的特别处理"，是在原有"特别处理"基础上增加的另一种类别的特别处理。其主要措施为在其股票简称前冠以"*ST"字样，以区别于其他股票；在交易方面，被实施退市风险警示处理的股票日涨跌幅限制为前收盘价的 5%。

证券交易所对上市公司股票实行退市风险警示，旨在进一步完善退市机制，提高市场透明度，向投资者充分揭示其终止上市的风险，并不是对上市公司的处罚，上市公司在上述特别处理期间的权利义务不变。

## 七、投资者常用股票称谓

在股票市场上，投资者根据股票价格行为、市场表现和交易量大小将股票划分成不同的种类。

### (一)蓝筹股、绩优股和成长股

#### 1. 蓝筹股

(1) 含义。蓝筹股是指在某一行业中处于重要支配地位，业绩优良、交易活跃、红利优厚的大公司的股票。但蓝筹股并不等于具有很高投资价值的股票。"蓝筹"一词源于西方赌场。在西方赌场中，有三种颜色的筹码，其中蓝色筹码最为值钱，红色筹码次之，白色筹码最差。投资者把这些行话套用到股票上，引申为最大规模或市值的上市公司。

(2) 分类。蓝筹股可以分为：一线蓝筹股、二线蓝筹股、绩优蓝筹股和大盘蓝筹股等。一般来讲，公认的一线蓝筹股，是指业绩稳定，流股盘和总股本较大，也就是权重较大的个股。这类股一般价位不高，但群众基础好。这类股票主要有：四大商业银行、中国石化、万科、中国联通、中国石油、大秦铁路和上海机场等。一般来说，二线蓝筹股在市值、行业地位以及知名度上略逊于一线蓝筹股，是相对于一线蓝筹股而言的。比如海螺水泥、三一重工、格力电器、青岛海尔、美的电器、苏宁电器、云南白药、张裕、中兴通讯等，这些公司也是行业内部响当当的龙头企业。一线蓝筹股和二线蓝筹股并没有明确的界定，而且有些人认为的一线蓝筹股，在另一些人眼中却属于二线蓝筹股。绩优蓝筹股是从蓝筹股中因对比而衍生出来的词，是以往业内已经公认业绩优良、红利优厚的公司股票。从各国的经验来看，绩优蓝筹股包括那些市值较大、业绩稳定、在行业内居于龙头地位并能对所在证券市场起到相当大影响的公司，比如中国香港的长实、和黄，美国的 IBM，中国工商银行、中国石油等。

#### 2. 绩优股

(1) 含义。绩优股就是指业绩优良公司的股票。但对于绩优股的定义，国内外却有所不同。在我国，投资者衡量绩优股的主要指标是每股税后利润和净资产收益率。一般而言，每股税后利润在全体上市公司中处于中上地位。这些公司经过长时间的努力，具有较强的综合竞争力与核心竞争力，在行业内有较高的市场占有率，形成了经营规模优势，利润稳步增长，市场知名度很高。

(2) 特点。绩优股具备两大特点：①具有较高的投资价值。绩优股公司拥有资金、市场、信誉等方面的优势，对各种市场变化具有较强的承受和适应能力，绩优股的股价一般相对稳定且呈阶段上升趋势。因此，绩优股受到投资者，尤其是从事长期投资的稳健型投资者的青睐。②回报率高、稳定。投资报酬率相当优厚稳定，股价波幅变动不大。当多头市场来临时，它不会首当其冲而使股价上涨。经常的情况是，其他股票已经连续上涨一截，绩优股才会缓慢攀升；而当空头市场到来，投机股率先崩溃，其他股票大幅滑降时，绩优股往往仍能坚守阵地，不至于在原先的价位上过分滑降，具有典型的防守性特点。

### 3. 成长股

(1) 含义。成长股是指这样一些公司所发行的股票，它们的销售额和利润额持续增长，而且其速度快于整个国家和本行业的增长。这些公司通常有宏图伟略，注重科研，留有大量利润作为再投资以促进其扩张。由于公司再生产能力强劲，随着公司的成长和发展，所发行的股票的价格也会上升，股东便能从中受益。

(2) 成长股选择标准。

① 企业要有成长动因。这种动因包括产品、技术、管理及企业领导人等重大生产要素的更新以及企业特有的某种重大优势等。

② 企业规模较小。小规模企业对企业成长动因的反应较强烈，资本、产量、市场等要素的上升空间大，因而成长条件较优越。

③ 行业具有成长性。有行业背景支持的成长股，可靠性程度较高。成长性行业主要有优先开发产业和朝阳行业等特点。

④ 评价成长股的主要指标应为利润总额的增长率而不是每股收益的增长水平，后者会因为年终派送红股而被摊薄。

⑤ 成长股的市盈率可能很高，如开发区概念股、高科技概念股等。这是投资人良好预期的结果。成长股的高价位有利于公司的市场筹资行为，从而反过来成为成长股成长的动力。

有的股票既是蓝筹股、绩优股，又是成长股，所以不能分得太清楚。

### (二) 大盘股、中盘股和小盘股

对股票按照公司规模分类是由于不同规模公司的股票具有不同的流动性，投资收益率又往往和流动性大小密切相关。从实践经验来看，人们通常用公司股票市值所表示的公司规模作为流动性的近似衡量标准。根据股票市值可以将股票划分为小盘股、中盘股和大盘股三类。在具体划分时有两种划分方法。

(1) 依据公司股票市值绝对值的大小划分。例如目前阶段将市值 50 亿元以上的划分为大盘股，市值 10 亿元以下的划分为小盘股，市值处于 10 亿～50 亿元之间的为中盘股。这种划分方法在股票市场长期下跌或长期上涨后，不同股票变化会比较大。

(2) 依据公司股票市值排序的相对位置划分。将一个股票市场全部股票按照流通市值大小排序。从高市值股票向下累加市值，当累加值达到整个市场总流通市值的 50%时，此时累加进来的上市公司股票为大盘股。从低市值股票向上累加市值，当累加值达到整个市场总流通市值的 20%时，此时累加进来的上市公司股票为小盘股。其余为中盘股。从发展的角度看,此种划分方法更为科学。

### (三)白马股和黑马股

#### 1. 白马股

白马股一般是指其有关的信息已经公开的股票,由于业绩较为明朗,同时又兼有业绩优良、高成长、低风险的特点,因而具备较高的投资价值,往往为投资者所看好。如我国大陆股市中的贵州茅台、云南白药等。白马股具有信息透明、业绩优良、增长持续稳定和低市盈率等特点。

#### 2. 黑马股

黑马股是指价格可能脱离过去的价位而在短期内大幅上涨的股票。黑马股是可遇而不可求的。黑马起初并不是股市中的术语。它是指在赛马场上本来不被看好的马匹,却能在比赛中让绝大多数人跌破眼镜,成为出乎意料的获胜者。时下,很多投资者对黑马的认识存在一定的误区,以为黑马股就是股市中的明星。其实,这个认识是错误的。因为黑马股不是人人注目的明星,也不是涨幅最大的个股,而是投资者本来不看好,却能够异军突起的个股。

### (四)新股、次新股

#### 1. 新股

新股在这里有两个概念。第一是指某公司股票发行,投资者认购。此时该股票可以称为新股。第二是指股票上市不足两个月,在股票上市两个月内都被称作新股,此时股价波动较大。

#### 2. 次新股

所谓次新股是指公司股票上市时间超过两个月,但不足一年。这一时间段股价逐渐减小波动幅度,股价行为趋于正常。次新股由于上市的时间较短,业绩方面一般不会出现异常的变化,这样年报的业绩风险就基本不存在,可以说从规避年报地雷的角度来说,次新股是年报公布阶段相对最为安全的板块。

### (五)热门股、冷门股

#### 1. 热门股

热门股是指交易量大、流通性强、股价变动幅度较大的股票,即一天内成交量最多的股就是当天的热门股。热门股可能并不是那些优良企业发行的股票,也可能是热炒的股票种类。

#### 2. 冷门股

冷门股一般是指那些交易量小、周转率低、流通性差、股价变动幅度小,因而较少有人问津的股票,通常以横盘为主。冷门股由于长时间无人问津,股价较低。一些黑马股往往就是从冷门股中脱颖而出的。

### (六)题材股和投机股

**1. 题材股**

顾名思义,题材股就是指有炒作题材的股票。通常指由于一些突发事件、重大事件或特有现象而使部分个股具有一些共同的特征(题材),这些题材可供炒作者借题发挥,可以引起市场大众跟风。题材股起初往往是抽象、朦胧的,似明非明,吸引股民关注。一旦完全看清了,这类题材股的炒作也就接近尾声。题材股往往具有极大的想象空间,使人对后势发展充满希望,但往往是在一个阶段发生的,时效性强,也即人们所说的"过期不候",持续性弱。

**2. 投机股**

所谓投机股,是指那些价格很不稳定或公司前景很不确定的普通股。主要是那些雄心很大、具有开发性或冒险性公司的股票,热门的新发行股,以及一些面值较低的石油与矿业公司发行的普通股股票。这些普通股的价格,有时会在几天或几周内上涨 2~3 倍,也可能在几天或几周内下跌 2~3 倍,故其收益与风险均超过一般的普通股,往往是专业投机者进行买卖的主要对象,由于这种股票易暴涨暴跌,投机者通过经营和操纵这种股票可以在短时间内赚取相当可观的利润。

## 八、沪港通和深港通

### (一)沪港通

沪港通,即沪港股票市场交易互联互通机制,是指上海证券交易所和香港联合交易所建立技术连接,使内地和香港投资者可以通过当地证券公司或经纪商买卖规定范围内的对方交易所上市的股票。

沪港通包括沪股通、沪港通下的港股通两部分。

**1. 沪股通**

沪股通,是指投资者委托香港经纪商,经由香港联合交易所在上海设立的证券交易服务公司,向上海证券交易所进行申报(买卖盘传递),买卖沪港通规定范围内的上海证券交易所上市的股票。

试点初期,沪股通股票范围包括上证 180 指数及上证 380 指数成分股以及上交所上市的 A+H 股公司股票。

沪股通起始额度为每日人民币 130 亿元。

**2. 沪港通下的港股通**

沪港通下的港股通,是指投资者委托内地证券公司,经由上海证券交易所在香港设立的证券交易服务公司,向香港联合交易所进行申报(买卖盘传递),买卖沪港通规定范围内的香港联合交易所上市的股票。

沪港通下的港股通的股票范围是联交所恒生综合大型股指数、恒生综合中型股指数成分股和同时在联交所、上交所上市的 A+H 股公司股票。在试点初期，香港证监会要求参与港股通的境内投资者仅限于机构投资者及证券账户及资金账户资产合计不低于人民币 50 万元的个人投资者。

沪港通下的港股通起始额度为每日人民币 105 亿元。

### (二)深港通

深港通包括深股通和深港通下的港股通两部分。

#### 1. 深股通

深股通，是指投资者委托香港经纪商，经由香港联合交易所在深圳设立的证券交易服务公司，向深圳证券交易所进行申报(买卖盘传递)，买卖深股通规定范围内的深圳证券交易所上市的股票。

深股通的股票范围是市值人民币 60 亿元及以上的深证成分指数和深证中小创新指数的成分股，以及深圳证券交易所上市的 A+H 股公司股票。深股通开通初期，通过深股通买卖深圳证券交易所创业板股票的投资者仅限于香港相关规则所界定的机构专业投资者，待解决相关监管事项后，其他投资者可以通过深股通买卖深圳证券交易所创业板股票。

深股通起始额度为每日人民币 130 亿元。

#### 2. 深港通下的港股通

深港通下的港股通，是指投资者委托内地证券公司，经由深圳证券交易所在香港设立的证券交易服务公司，向香港联合交易所进行申报(买卖盘传递)，买卖深港通规定范围内的香港联合交易所上市的股票。

深港通下的港股通的股票范围是恒生综合大型股指数的成分股、恒生综合中型股指数的成分股、市值 50 亿港元及以上的恒生综合小型股指数的成分股，以及香港联合交易所上市的 A+H 股公司股票。

深港通下的港股通起始额度为每日人民币 105 亿元。

# 第三节　股票的红利分配

谈谈上市公司的
退市机制.mp4

## 一、股息、红利

股份有限公司发行的股票，不仅是股东投资入股、取得股东身份的所有权凭证，还代表股东可以定期从股份有限公司取得一定的投资利益，这就是通常所说的股利。股利是股息和红利的统称。

### (一)股息

股息是股份有限公司定期按照股票份额的一定比例支付给股东的收益。一般来说，优先股股东按照固定的股息率优先取得股息，不以公司盈利水平大小为转移。

## (二)红利

红利是股份有限公司按规定分配优先股股息之后,将尚剩余的利润再分配给普通股股东的部分。股份有限公司只有在有剩余利润时才能分派红利,而不得以公司的财产作为红利分派给股东。

股息和红利这两个概念在使用方面的区别越来越模糊。在市场中,股息往往指优先股股东所获得的收益,红利指给普通股股东分配的收益,也可以将二者统称为股利。股息、红利来源于股份有限公司的净利润。如前所述,净利润是股份有限公司总利润中做出各项扣除之后的利润部分,因此,净利润是股份有限公司分配股息、红利的基础和最高限额。

# 二、股利的支付形式

在成熟的市场中,股息、红利是投资者获取收益的重要来源。股份有限公司支付给股东的股息、红利主要有以下几种形式。

## (一)现金股利

现金股利是股份有限公司以货币形式支付给股东的股息、红利,俗称派现金或派现,是最普遍、最基本的股利形式。分配现金股利,既可满足股东获得预期现金收益的要求,又有助于提高股票的市场价格,吸引更多的投资者。而且,分配现金股利也最为简单,是从公司净利润中支出现金直接分配。但是,现金股利的分配数额,必须兼顾公司和股东两者的利益。一般来说,股东更关心当前收益,现金股利过少,会影响股东的投资热情;公司董事会则偏重于公司的财务状况和未来发展,现金股利分配过多,会减少公司扩大再生产的资金储备,影响公司长期发展。因此,董事会在权衡公司的长远利益和股东近期利益后,会制定出较为合理的现金股利发放政策。

## (二)股票股利

股票股利是股份有限公司以股票的形式向股东支付的股息、红利,俗称送红股或送股。通常是由股份有限公司以新增发的股票或一部分库存股票作为股利,代替现金分派给股东。采用股票股利对于股份有限公司的资产和股东的收益都没有影响,只是减少了公司账户上的留存收益,转增公司资本(股本)。因此,对于股份有限公司而言,股票股利不仅不影响其资产和负债,还可保留现金资本,防止资本外流,解决公司发展对现金的需要,壮大公司经营实力。对于股东而言,股票股利是股东分享利润的一种收益形式,这种收益使股东持有的股票股数增加,股东可以通过出售增加的股票转化为现实的货币,实现股票投资收益,甚至得到超过现金股利以外的溢价收入。但是,有利就有弊,由于分派股票股利增加了公司的股份数量,所以有可能引起股票价格下跌,使股东出售股票的收益减少。

## (三)其他股利形式

其他股利形式包括财产股利、建设股息和负债股利等。财产股利是指股份有限公司以现金以外的其他资产向股东分派股息、红利。建设股息是指经主管机关批准,并有公司章程证明,从其已筹集的资本中提取一部分向股东分配的股息,也称为建业股息。负债股利是指股份有限公司通过建立一种负债,用债券或应付票据作为股利分派给股东。负债股利一般是在公司已经宣布发放股利但又面临现金不足、难以支付的情况下不得已采取的权宜之计。对于董事会来说,往往更倾向于推迟股利发放日期。

沪深股市的上市公司进行利润分配一般只采用股票红利和现金红利两种,即所说的送红股和派现金。

## 三、股息、红利的分配原则

股份有限公司分配股息、红利,一般应遵循以下几项原则。

### (一)分配前扣除

公司必须依法进行必要的扣除后,在尚有盈余情况下才能分配股息、红利。一般情况下,公司在取得盈利后,要按下列顺序做出扣除后才能用于股息、红利的分配:①缴纳税款;②清偿债务;③弥补亏损;④提取法定盈余公积金;⑤根据公司章程规定可以提取一定的公益金和任意盈余公积金等。

建设股利是个特例。建设股息支付到公司正式经营时止,并以预付股息列于资产负债表的资产项下。待公司开始营业后,再以营业利润扣抵冲销,以充实公司的股本金。

### (二)执行股利政策

分配股息、红利,必须执行股份有限公司已定的股息政策。股份有限公司要将公司的长远发展需要同股东对投资收益的追求有机地结合起来,制定相应的股息政策,作为分配股息、红利的依据。

### (三)按比例分配

股息、红利的分配原则上以股东持有的股份比例为依据,公司章程另有规定的除外。

### (四)同股同权

股息、红利的分配应严格遵守股东平等原则,主要表现在同一种类股票的股东在分配股息、红利的数额、形式、时间等内容上没有差别。

## 四、股息、红利的分配程序

根据各国公司法的规定,股份有限公司分配股息、红利的基本程序是:①由公司董事会根据公司的盈利水平和股息政策,确定股利分配方案;②提交股东大会审议,通过后方能生效;③由董事会依股利分配方案向股东宣布,并在规定的付息日派发股息、红利。

股息、红利的分配程序涉及几个重要的日期,包括分配公告日、股权登记日、除权除息日和付息日等。

## (一)分配公告日

分配公告日是公司董事会将决定在某日发放股息、红利的消息向股东宣布的日期。

## (二)股权登记日

股权登记日是股份有限公司规定的股东进行股权登记的日期,通常称为 R 日。在股权登记日收盘前的股票称为"含权股票"或"含息股票"。证券无纸化发行后,交易所根据股权登记日当日闭市后的有关资料进行核对并且自动登记,投资者无须办理任何手续。

## (三)除权除息日

除权除息日是相对股权登记日的下一个交易日,即 R+1 日,又叫除权除息基准日,是指在该日及之后买进的股票不再享有送配公告中所登载的各种权利。如在股权登记日已拥有该股票,在除权除息日将股票卖出,仍然享有送配权利。

### 1. 除权除息

除权或除息的产生是因为在除权或除息日之前的投资人与当日的购买者,两者买到的是同一家公司的股票,但是内含的权益不同,显然相当不公平。例如股份有限公司送配股行为引起发行股本增加,股票的内在价值已被摊薄,因此,必须在除权或除息日当天向下调整股价,称为除权或除息。

### 2. 除权除息开盘参考价

除权除息开盘参考价是以除权除息基准日前一天的收盘价格除去当年所含有的股权计算。具体计算因派发现金、无偿送股和有偿配股而不同。

(1) 股利分配的除权除息计算。一般来说,上市公司进行红利分配的形式有送现金、送股和转增股三种形式。其中送现金是直接用未分配利润进行分配,导致公司总体价值下降;送股是用未分配利润转增股本,公司总价值不变;转增股是用资本公积金转增股本,公司总价值也不变。送股和转增股都是上市公司将股票免费发放给公司股东。其具体计算公式为:

送股除权开盘参考价=(股权登记日收盘价-每股现金红利)/(1+送股比例+转股比例)

(2) 配股的除权除息计算。所谓配股是上市公司对老股东的股票发行,一般股价较该股票的市场价有一定折让。配股除权开盘参考价格的计算要根据发行公司配售情况来计算。一种情况是公司所有股东都参加配股,则配股除权价计算公式为:

配股除权开盘参考价=(股权登记日收盘价+配股价×配股比例)/(1+配股比例)

【例 2-1】 某股票股权登记日的收盘价为 20.5 元,每 10 股派发现金红利 4.00 元,送 1 股转增 3 股;则次日除权除息开盘参考价为:

$(20.5-0.4)÷(1+0.1+0.3)≈14.36(元)$

【例 2-2】 某股票股权登记日的收盘价为 10.5 元,公司对老股东每 10 股配 3 股,配股价为 8.5 元,则配股除权开盘参考价为:

$(10.5+8.5×0.3)/(1+0.3)≈10.04(元)$

开盘参考价只能作为除权除息当日该股开盘的参考价，除权除息日开盘价仍是经过集合竞价产生的。当实际开盘价高于这一理论价格时，称为填权，在册股东即可获利；反之实际开盘价低于这一理论价格时，称为贴权。填权和贴权是股票除权后的两种可能，与整个市场的状况、上市公司的经营情况、送配的比例等多种因素有关，并没有确定的规律可循。但一般来说，上市公司股票通过送配以后除权，其单位价格下降，流动性进一步增强，上升的空间也相对增加。

### (四)付息日

付息日一般在股权登记日(R)后的第五个工作日支付，即在 R+5 日支付，通过登记结算公司的结算系统完成，现阶段都是自动派发到投资者的账户，无须投资者办理。

## 五、股份变动

股份公司在首次公开发行股票并在证券交易所上市后，还会因增发和定向增发、配股、资本公积金转增股本、股份回购、可转换债券转换为股票、股票分割和合并等，引起公司股份总数的变动，并对股票价格产生影响。

### (一)增发和定向增发

增发是股份公司向不特定对象公开募集股份的行为，定向增发是股份公司采用非公开方式向特定对象发行股票的行为。增发或定向增发后，公司注册资本和股份相应增加。增发或定向增发后，若会计期内增量资本未能产生相应效应，将导致每股收益下降，称为稀释效应，会导致股价下跌；若增发价格高于增发前每股净资产，则增发后可能会导致公司每股净资产提升，有利于股价上涨；若增发总体上增加了发行在外的股票总量，短期内增加股票供给，若无相应需求增长，股价可能下跌。

### (二)配股

配股是上市公司向原股东配售股份的行为。原股东可以参与配股，也可以放弃配股权。现实中，由于配股价通常低于市场价格，配股上市后可能导致股价下跌。在实践中，对那些业绩优良、财务结构健全、具有发展潜力的公司而言，配股(包括增发和定向增发)意味着将增加公司经营实力，会给股东带来更多回报，股价不仅不会下跌，可能还会上涨。

### (三)资本公积金转增股本

资本公积金转增股本是在股东权益内部，把资本公积金转入股本账户，并按照投资者所持有公司股份份额比例的大小分派到各个投资者的账户中，以此增加每个投资者的投入资本。资本公积金是在公司的生产经营之外，由资本、资产本身及其他原因形成的股东权益收入。股份公司的资本公积金主要来源于股票发行的溢价收入、接受的赠予、资产增值、因合并而接受其他公司资产金额等。其中，股票发行溢价是上市公司最常见、最主要的资本公积金来源。资本公积金转增股本后，股东权益总量和每位股东占公司的股份比例均未发生变化,唯一的变动是发行在外的股份总数增加了。

### (四)股份回购

股份回购是股份公司利用自有资金买回发行在外的股份的行为。通常,股份回购会导致公司股价上涨,一是因为股份回购改变了原有供求平衡,增加需求,减少供给;二是向市场传达积极的信息,因为公司通常在股价较低时回购,而市场一般认为,公司基于信息优势做出的内部估值比外部投资者的估值更准确。

### (五)可转换债券转换为股票

可转换债券转换为股票,公司收回并注销发行的可转换债券,同时发行新股。此时,公司的实收资本和股份总数增加,由于稀释效应,有可能导致股价下跌。

### (六)股票分割和合并

股票分割又称为拆股、拆细,是将 1 股股票均等地拆成若干股。股票合并又称为并股,是将若干股股票合并为 1 股。从理论上来说,不论是分割还是合并,将增加或减少股份总数和股东持有股票的数量,但并不改变公司的实收资本和每位股东所持股东权益占公司全部股东权益的比重。理论上,股票分割或合并后,股价会以相同的比例向下或向上调整,但股东所持股票的市值不会发生变化。也就是说,如果把 1 股分拆成 2 股,则分拆后股价应为分拆前的一半;同样,若把 2 股合并为 1 股,并股后股价应为此前的两倍。实践中,股票分割或合并通常会刺激股价下降或上升,其中原因颇为复杂,但至少存在以下理由:股票分割通常适用于高价股,拆细之后每股股票的市价下降,便于吸引更多投资者购买;并股则常见于低价股,例如,若某股票价格不足 1 元,则不足 1%的股价变动很难在价格上反映,弱化了投资者的交易动机,并股后,流动性有可能提高,导致估值上调。

## 第四节 股票投资策略

### 一、股票的价值与价格

#### (一)股票的价值

**1. 股票的票面价值**

谈谈股票的估值.mp4

股票的票面价值又称为面值,即在股票票面上标明的金额。该种股票被称为有面额股票。股票的票面价值在初次发行时有一定的参考意义。如果以面值作为发行价,称为平价发行,此时公司发行股票募集的资金等于股本的总和,也等于面值总和。发行价格高于面值被称为溢价发行,募集的资金中等于面值总和的部分计入资本账户,以超过股票票面金额的发行价格发行股份所得的溢价款列为公司资本公积金。随着时间的推移,公司的净资产会发生变化,股票面值与每股净资产逐渐背离,与股票的投资价值之间也没有必然的联系。尽管如此,票面价值代表了每一股份占总股份的比例,在确定股东权益时仍有一定的意义。

### 2. 股票的账面价值

股票的账面价值又称为股票净值或每股净资产，在没有优先股的条件下，每股账面价值等于公司净资产除以发行在外的普通股股票的股数。公司净资产是公司资产总额减去负债总额后的净值，从会计角度说，等于股东权益价值。股票账面价值的高低对股票交易价格有重要影响，但是，通常情况下，股票账面价值并不等于股票的市场价格。主要原因有两点：①会计价值通常反映的是历史成本或者按某种规则计算的公允价值，并不等于公司资产的实际价值；②账面价值并不反映公司的未来发展前景。

### 3. 股票的清算价值

股票的清算价值是公司清算时每一股份所代表的实际价值。从理论上说，股票的清算价值应与账面价值一致，但实际上并非如此。只有当清算时公司资产实际出售价款与财务报表上的账面价值一致时，每一股份的清算价值才与账面价值一致。但在公司清算时，其资产往往只能压低价格出售，再加上必要的清算费用，所以大多数公司的实际清算价值低于其账面价值。

### 4. 股票的内在价值

股票的内在价值即理论价值，即股票未来收益的现值。股票的内在价值决定股票的市场价格，股票的市场价格总是围绕其内在价值波动。研究和发现股票的内在价值，并将内在价值与市场价格相比较，进而决定投资策略是证券研究人员、投资管理人员的主要任务。由于未来收益及市场利率的不确定性，各种价值模型计算出来的内在价值只是股票真实的内在价值的估计值。经济形势的变化、宏观经济政策的调整、供求关系的变化等都会影响上市公司未来的收益，引起内在价值的变化。

## (二)股票的价格

### 1. 股票的理论价格

股票价格是指股票在证券市场上买卖的价格。从理论上说，股票价格应由其价值决定，但股票本身并没有价值，不是在生产过程中发挥职能作用的现实资本，而只是一张资本凭证。股票之所以有价格，是因为它代表着收益的价值，即能给它的持有者带来股息红利。股票交易实际上是对未来收益权的转让买卖，股票价格就是对未来收益的评定。股票及其他有价证券的理论价格是根据现值理论而来的。现值理论认为，人们之所以愿意购买股票和其他证券，是因为它能够为其持有人带来预期收益，因此，它的价值取决于未来收益的大小。可以认为，股票的未来股息收入、资本利得收入是股票的未来收益，也可称为期值。将股票的期值按必要收益率和有效期限折算成今天的价值，即为股票的现值。股票的现值就是股票未来收益的当前价值，即人们为了得到股票的未来收益愿意付出的代价。可见，股票及其他有价证券的理论价格就是以一定的必要收益率计算出来的未来收入的现值。

### 2. 股票的市场价格

股票的市场价格一般是指股票在二级市场上交易的价格。股票的市场价格由股票的价值决定，但同时受许多其他因素的影响。其中，供求关系是最直接的影响因素，其他因素都是通过作用于供求关系而影响股票价格的。由于影响股票价格的因素复杂多变，所以股票的市场价格呈现出高低起伏的波动性特征。

在自由竞价的股票市场中，股票的市场价格不断变动。引起股票价格变动的直接原因是供求关系的变化或者说是买卖双方力量强弱的转换。根据供求规律，价格是供求对比的产物，同时也是恢复供求平衡的关键变量。在任何价位上，如果买方的意愿购买量超过此时卖方的意愿出售量，股价将会上涨；反之，股价将会下跌。从根本上说，股票供求以及股票价格主要取决于预期买方之所以愿意按某个价位买进股票，主要是因为他们认为持有该股票带来的收益超过目前所花资金的机会成本(比如，预期股价将会上涨、预期公司将派发较高红利)，换言之，认为该股票的价格被低估了。同理，卖方之所以愿意出售股票，主要原因是他们认为该价格被高估了，将来可能下跌。当然，某些特殊原因也可能导致股票的供求变化，比如为了夺取或保持公司控制权而买入股票，履行某种承诺(如期权到期行权)而买进股票；同样，股票持有人也可能因为流动性挤压或者财产清算等原因而卖出股票。分析股价变动的因素，就是要梳理影响供求关系变化的深层次原因。

## 二、权益价值的概念

股东权益的市场价值通常指上市公司的股票价值，它和资产负债表中的所有者权益存在一定联系，股东权益的市场价值包含资产负债表中已经存在的所有者权益，还包括市场对上市公司未来盈利能力和市场价值的估计。对于一个发展前景看好的公司，其权益市场价值通常会高于其账面的所有者权益价值；反之亦然。

## 三、权益价值的计量

投资报酬若以货币衡量称为报酬金额，若以百分比衡量称为报酬率。假设投资者 A 在本期期初购入 ABC 公司股票 1000 股，每股价格为 300 元。请问：投资者 A 持有 ABC 公司股票一期的报酬有多少？

投资者 A 持有 ABC 公司股票一期的投资报酬来源有两项：ABC 公司发放的股利 (dividend)，ABC 公司因经营而获利，公司可将部分税后盈余发放给股东，称为股利。另一来源则是投资者 A 结束持有时出售股票的资本利得(capital gain)或资本损失(capital loss)。所以，持有股票的报酬金额是股利所得加上资本利得(损失)金额的总和：

持有股票的报酬金额=股利所得+资本利得(资本损失) (2-1)

假设投资者 A 是以 30 万元(300 元×1000 股)购入 1000 股，投资成本为 30 万元。若持有一年期间每股获配股利 15 元，累计持有 ABC 公司 1000 股的股利所得为：

股利所得=15 元/股×1000 股=15 000 元

一年后，投资者 A 出售所持有的 1000 股。假设当时股价为 350 元，由于期末价格较期初价格为高，投资者 A 出售这 1000 股的资本利得为：

资本利得=(350 元/股–300 元/股)×1000 股=50 000 元

投资者 A 持有 ABC 公司股票一年的报酬金额为：

15 000 元+50 000 元=65 000 元

依资本利得(损失)的定义，报酬的定义可改写为：

报酬金额=股利所得+资本利得

=股利所得+期末出售股票价款–期初投资成本 (2-2)

股利所得加上期末出售股票价款称为投资收益(returns)，若扣掉期初投资成本(或持有股票成本)后就是投资净收益(net returns)，投资净收益就是投资报酬。一年后出售股票时，假设当时股价只有 250 元，投资者 A 出售 1000 股的资本损失为：

资本损失=(250 元/股–300 元/股)×1000 股=-50 000 元

此时，投资者 A 持有 ABC 股票一年的报酬金额变为-35 000 元，即(15 000 元-50 000 元)。

一年后若投资者 A 决定继续持有 ABC 公司股票，纵使当初购入的价格和此时的股价出现差异，由于价格变动所产生的资本利得(或损失)尚未实现，故不应记入投资报酬。换句话说，投资报酬只记入已实现的现金流量，此即为财务管理所强调的"只有实际的现金流量才应记入投资的投资收益"的概念。

由于市场投资者投资金额各不相同，为了有相同的比较基础，可改用百分比率来衡量投资报酬。投资报酬率衡量的是本期投资 1 元至持有期满后将会有多少投资报酬。简单地说就是将投资 1 元的投资净收益除以投资成本(1 元)。为方便说明，以 $P_t$ 表示 $t$ 期期初的股票价格，$\text{DIV}_{t+1}$ 为 $t$ 期期末(或 $t$+1 期期初)所收到的股利所得。就如同投资报酬金额的定义，(投资)报酬率亦可分为以下两个部分。

(1) 以百分率表示的股利收益率(dividend yield)：

$$股利收益率 = \frac{\text{DIV}_{t+1}}{P_t} \tag{2-3}$$

再以投资者 A 为例：假设期初股价为 300 元，该期股利所得为 15 元，故股利收益率为：

$$股利收益率 = \frac{15元}{300元} = 5\%$$

(2) 资本利得(损失)率，即资本利得(损失)除以期初股价：

$$资本利得率 = \frac{P_{t+1} - P_t}{P_t} \tag{2-4}$$

若预期期末出售股票的价格($P_{t+1}^e$)为 350 元，则资本利得率为：

$$资本利得率 = \frac{350元 - 300元}{300元} = 16.67\%$$

这两个部分加总就是持有股票一期的预期报酬率(expected returns on stock，以 $r_t^e$ 简记)：

$$r_t^e = \frac{投资报酬}{投资成本} = \frac{\text{DIV}_{t+1}^e + P_{t+1}^e - P_t}{P_t} = 股利复利率 + 资本利得率 \tag{2-5}$$

市场投资者计算持有股票报酬率以决定是否持有股票时，由于下年度股利($\text{DIV}_{t+1}$)以及下一期股价($P_{t+1}$)均为未知的随机变量，故投资者必须先对下年度股利和下年度期末股价形成预期，这也是要强调"预期"的原因。持有股票的预期报酬率亦可称为市场资本估价率(market capitalization rate)。

## 四、权益价值的理论

任何资产的价值取决于资产持有期间(或资产存续期间)内各期现金流量的现值。不同于债券，只要公司不破产、不被并购，市场投资者就可以一直持有这家公司的股票。由股票预期报酬率的定义可知：持有股票的预期报酬率是股利收益率以及出售股票时资本利得率之和。不少人就因此认为若市场投资者一直持有而不出售股票，他就无法享受资本利得这部分报酬，导致长期持有股票的投资报酬率变小。换句话说，不少人认为持有期间长短会影响到股票价值的计算。为正确估算股票价值，我们必须先厘清：到底持有期间长短会不会影响到股票价值的计算？换句话说，持有一期和永远持有股票计算投资报酬的方式有无不同？假设市场投资者决定持有股票一期，持有期间的现金流量图如图2-1所示。

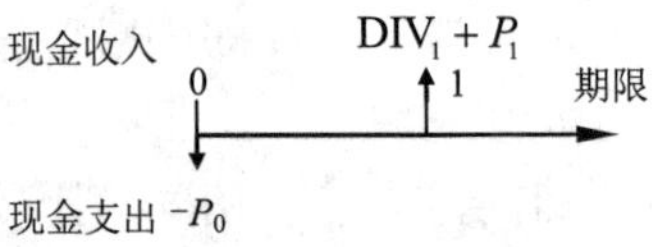

图2-1 持有一期股票的现金流量图

持有一期的现金收入就是持有股票期间的股利所得及期末处分股票所得价款：$P_1 + \text{DIV}_1$，若资本(机会)成本为$r$，均衡状态下，持有股票一期现金收入的现值等于本期股价($P_0$)：

$$P_0 = \frac{\text{DIV}_1 + P_1}{1+r} \tag{2-6}$$

由于股票是有风险的资产，资本(机会)成本($r$)必须比无风险资产报酬率高，以反映持有股票的风险。由式(2-6)可知，持有股票一期时，股票价值等于未来持有期间内投资收益(现金收入)的现值。若股票持有人想持有两期，此时，投资者在第二期预期的投资收益为$\text{DIV}_2 + P_2$，持有期间各期现金流量图如图2-2所示。

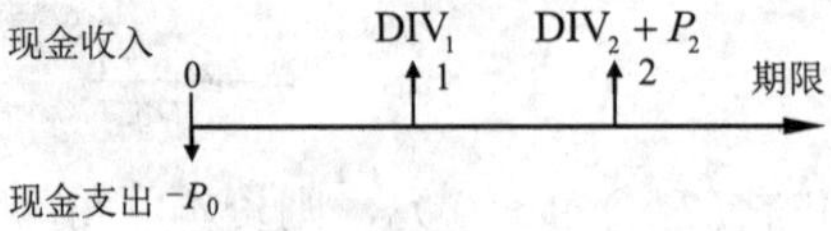

图2-2 持有两期股票的现金流量图

若资本(机会)成本为$r$，均衡状态下，持有股票两期现金收入现值等于本期股价($P_0$)：

$$P_0 = \frac{\text{DIV}_1}{1+r} + \frac{\text{DIV}_2 + P_2}{(1+r)^2} \tag{2-7}$$

接下来，将明确持有一期与持有两期时计算投资报酬的方式是否相同。假设市场投资者在第一期想持有股票一期，其现金流量图如图2-3所示。

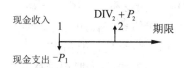

**图 2-3 投资人在第一期持有下一期股票的现金流量图**

在完全竞争市场中,由于均衡状态下,不可能存在套利机会,表示下一期的市场均衡价格($P_1$)应等于第二期投资收益的现值:

$$P_1 = \frac{\mathrm{DIV}_2 + P_2}{1+r} \tag{2-8}$$

将式(2-8)代入式(2-7)可得出下式:

$$P_0 = \frac{1}{1+r}\left(\mathrm{DIV}_1 + \frac{\mathrm{DIV}_1 + P_2}{1+r}\right) = \frac{\mathrm{DIV}_1 + P_1}{1+r} = \frac{\mathrm{DIV}_1 + P_1}{1+r} \tag{2-9}$$

式(2-9)就是当市场投资人持有股票一期时的股价($P_0$)决定式。持有两期的股价决定模型[式(2-7)]和持有一期的股价决定模型[式(2-6)]的概念一致:股票的价值取决于持有期间内所有各期现金收入的现值。持有两期后,股票持有者若仍想多持有一期,由于第二期期末不会出售股票,式(2-7)中 $P_2$ 就不应记为持有期间的现金收入。只要 $P_2$ 决定的方式和其他时期股价决定方式一样,类似式(2-6)的公式亦可用于决定第二期期末的股价($P_2$):

$$P_2 = \frac{\mathrm{DIV}_3 + P_3}{1+r} \tag{2-10}$$

将式(2-10)代入式(2-9)中可得:

$$P_0 = \frac{\mathrm{DIV}_1}{1+r} + \frac{\mathrm{DIV}_2}{(1+r)^2} \frac{\mathrm{DIV}_3 + P_3}{(1+r)^3} \tag{2-11}$$

式中 $\mathrm{DIV}_1$、$\mathrm{DIV}_2$ 以及 $\mathrm{DIV}_3 + P_3$ 可视为持有股票三期时,持有期间各期现金收入。如同式(2-7),当市场投资者决定持有股票三期时,均衡状态下,本期股价($P_0$)等于持有期间内所有现金收入的现值。就如同式(2-6)及式(2-7),本期股价($P_0$)受到结束持有时,第三期期末出售股票所得价款($P_3$)现值的影响。市场投资者一旦决定永远持有,因无结束持有出售股票的问题,此时无限期后的股票价格对当期价格($P_0$)的影响自不应存在。即无限期后的股价现值为零:

$$\lim_{t\to\infty}\frac{P_t}{(1+r)^t} = 0$$

若上述条件成立,重复上述反复代入过程可得下式:

$$P_0 = \frac{\mathrm{DIV}_1}{1+r} + \frac{\mathrm{DIV}_2}{(1+r)^2} + \cdots = \sum_{t=1}^{\infty}\frac{\mathrm{DIV}_t}{(1+r)^t} \tag{2-12}$$

式(2-12)为一般所称的股价决定模型。由式(2-12)可知:持有期间若变为无穷多期,持有股票的价值等于持有期间内各期现金收入(各期股利所得)的现值。式(2-12)之所以未出现期末股价的现值,系因永远持有就没有期末出售股票的问题。

由式(2-6)推导到式(2-12)的过程可清楚地看出持有期间长短不应影响股票价值的计算。无论持有期间的长短,股票价值取决于持有期间内所有现金收入的现值。部分反对以式(2-12)计算股价价值的理由认为投资者眼光短浅,不可能会估计所有未来的股利所得。

但由推导的过程知道，式(2-12)亦是由持有一期开始一步步增加持有时间利用式(2-6)推导而得。也就是说，只要以一致的方式估算持有期间内各期现金流入，投资者对持有期间长短的偏好并不影响股票价值的计算。至于是否能精确估算未来各期股利所得是市场投资者如何预测的问题，不应成为反对以式(2-12)作为股票价格决定模型的理由。

由于股票价值的计算涉及各期股利所得的估算，若我们不做简化的假设，式(2-12)的应用性不高。一般常用的简化假设有三种：固定股利所得水平、单一股利所得成长率以及多重股利所得成长率。

### (一)零增长模型

假设各期股利所得均维持在 $DIV_1$ 的水平，即 $DIV_1 = DIV_2 = \cdots$，式(2-12)可写为：

$$P_0 = \frac{DIV_1}{1+r} + \frac{DIV_2}{(1+r)^2} + \cdots = \frac{DIV_1}{r} \tag{2-13}$$

### (二)单一股利所得成长率模型

假设未来各期股利所得均以固定成长率($g$)增加，式(2-12)可写为：

$$P_0 = \frac{DIV_1}{1+r} + \frac{DIV_1(1+g)}{(1+r)^2} + \frac{DIV_1(1+g)^2}{(1+r)^3} + \cdots \tag{2-14}$$

式中，$DIV_2 = DIV_1(1+g)$；$DIV_3 = DIV_1 \times (1+g)^2$。只要 $r>g$，利用永续型年金现值公式，上式可简化为：

$$P_0 = \frac{DIV_1}{r-g} \tag{2-15}$$

### (三)多重股利所得成长率模型

假设股利所得成长率分为高成长率($g_1$)和低成长率($g_2$)：$g_1>g_2$。假设第 1 期到第 $T$ 期间，股利所得成长率较高($g_1$)，第 $T$ 期后股利所得成长率降为 $g_2$。依此设定，各期股利所得的现值为：

$$P_0 = \sum_{t=1}^{T} \frac{DIV_1(1+g_1)^t}{(1+r)^t} + \frac{1}{(1+r)^T}\left(\frac{DIV_{T+1}}{r-g_2}\right) = \frac{DIV_1}{r-g_1}\left[1-\left(\frac{1+g_1}{1+r}\right)^T\right] + \frac{1}{(1+r)^T}\left[\frac{DIV_1(1+g_1)^T}{r-g_2}\right] \tag{2-16}$$

**【例 2-3】** 某法人投资机构正评估应否购入 ABC 公司股票。该法人投资机构预测 ABC 公司下一期每股股利($DIV_1$)应有 3 元的水平，且未来股利所得将以 10%速度成长。依照 ABC 公司所处产业以及营运特质，该法人投资机构认为持有 ABC 公司股票的资本成本($r$)应为 15%单一股利所得成长率模型，此时本期 ABC 公司股票价格应为：

$$\frac{3元}{0.15-0.1} = 60元$$

某次董事会中，某董事认为 10%的股利所得成长率过分乐观，另外提出较保守的成长率估计值 5%。此时，ABC 公司股票价值变为：

$$\frac{3元}{0.15-0.05} = 30元$$

股利所得成长由 10%降为 5%，股价下降 50%。由于股价深受股利成长率的影响，评估股票价值时不宜对股利所得成长率估计值过分乐观。

市场投资者股票交易非常频繁，公司并购其他公司或价购其他公司部分资产(或部门)亦相当常见。股价决定模型[式(2-9)]是否仍适用于公司并购其他公司或价购其他公司部分资产时对股东权益价值影响的评估？首先，以例子说明计算股票价格决定模型[式(2-9)]仍适用于并购其他公司或价购其他公司资产时价值的计算，理由很简单：任何资产的价值等于未来持有期间内所创造各期现金流量的现值。公司现有股东权益价值应等于未来分配给现有股东现金流量所算出的现值。但评估并购或价购其他公司资产时须注意：只能将未来可分配给现有股东的现金流量记入股票价值计算之中。

**【例 2-4】** ABC 公司目前有 100 万股在外流通，以现有资产投入营运活动预估未来每年将可创造 1000 万元的税后盈余。若将此项盈余全数发放给股东作为股利，请问：ABC 公司的股价为多少？

首先，ABC 公司未来各年度每股股利($DIV_1$)等于该年度每股税后盈余($EPS_1$)：

$$DIV_1 = EPS_1 = \frac{1000万元}{100万股} = 10元/股$$

若市场投资者认为持有 ABC 公司股票合理的资本(机会)成本($r$)为 10%，则 ABC 公司本期股价($P_0$)应为：

$$P_0 = \frac{DIV_1}{r} = \frac{10元}{0.1} = 100元$$

由于 ABC 公司有 100 万股在外流通，每股 100 元，故公司资产的市场价值[假设 ABC 公司并未向外举借或发行公司债，故公司资产市场价值($V$)亦等于股东权益价值($E$)]为 1 亿元。

假设 ABC 公司决定在第一期以 1 亿元并购 ZF 公司以扩大营运规模。并购之后，ABC 公司除了营运规模比并购前扩大一倍外，营运风险和 ABC 公司现有风险一样。并购后，公司每年税后盈余将增加为 2000 万元。请问：宣布并购计划后，ABC 公司的股东权益价值变为多少？

假设并购所需资金完全由现有股东提供。并购后，ABC 公司拥有的资产所创造出的现金流量当然将由现有股东所享有。故先将并购后股东各期应收入或支出的现金流量列于表 2-1。

表 2-1 ABC 公司现金流量

单位：万元

| 年次 | 1 | 2 | 3 | 4 | … |
|---|---|---|---|---|---|
| 税后盈余 | 1000 | 2000 | 2000 | 2000 | … |
| 资本支出 | -10000 | | | | |
| 现金流量 | -9000 | 2000 | 2000 | 2000 | … |

上述现金流量的现值为：

$$PV = \frac{-9000万元}{1.1} + \frac{2000万元}{1.1^2} + \frac{2000万元}{1.1^3} + \cdots$$

$$= \frac{-9000万元}{1.1} + \frac{1}{1.1} \times \frac{2000万元}{0.1}$$

$$= 1亿元$$

ABC 公司为扩大营业，向现有股东募集 1 亿元用以并购 ZF 公司资产，纵使这些新股全数由现有股东购入，ABC 公司市场价值(ABC 公司股东权益价值)仍维持在 1 亿元。

为何 ABC 公司并购 ZF 公司对股东权益市场价值没有任何影响？理由很简单：ABC 公司并购 ZF 公司所创造的净现值为零：

$$NPV = -1亿元 + \frac{1000万元}{0.1} = 0$$

若 ABC 公司决定对外发行新股作为购买资产的筹资方式。并购后，因并购所增加的现金流量将归新股东所享有。由于并购计划的净现值为零，公司股票价格不会因此改变($P_0$=100 元)。此时，ABC 公司应发行 100 万股新股作为并购的财源，而这 100 万股的价值等于：

$$100 万股 \times 100 元/股 = 1 亿元$$

发行新股所得价值正好作为资本支出的财源，新股东持有新股票的价值正好等于 1 亿元(1000 万元/0.1)。

由这个例子可清楚地看出：执行此项投资计划是否为公司创造更多的价值，须视并购(或并购其他公司部分资产)的净现值。

### (四)股价决定模型中参数的估计

由单一股利所得成长率模型的讨论可知，股利所得成长率($g$)和持有股票的预期报酬率($r$)是决定股价的重要参数。现在我们将说明如何推估 $g$ 和 $r$。

假设各期股利所得皆以单一固定成长率($g$)增加，本期股价($P_0$)由下式决定：

$$P_0 = \frac{DIV_1}{r - g} \tag{2-17}$$

式中，$DIV_1$ 为下一期的股利所得。纵使假设未来各期股利所得皆以 $g$ 的速度成长，我们亦可将此假设视为未来股利所得的平均成长率为 $g$，此乃未排除未来各期实际股利所得均不得偏离成长率平均值($g$)的可能性。由上式可算出持有股票的预期报酬率($r$)：

$$r = \frac{DIV_1}{P_0} + g \tag{2-18}$$

由式(2-18)可知，持有股票的预期报酬率($r$)为股利收益率($DIV_1/P_0$)与股利所得成长率($g$)之和。导出预期报酬率的决定后，自然会问如何计算公司股利所得成长率($g$)。其中一种方法就是请证券公司或投资公司或投资银行证券分析师或研究员，评估未来公司投资及营运状况。然后，依据他们所提供的数据推估 $g$ 值。另一种方法则是利用公司或产业相关的财务会计资料算出股东权益的投资报酬率(Returns on Equity，ROE)，每股税后盈余(EPS)以及股利发放比(payout ratio)再来估计 $g$。以下将说明 ROE、EPS 以及股利发放比率与 $g$ 间的关系。由于净投资等于毛投资扣除折旧金额(重置投资)，在无净投资情形下，公司只需筹措资本支出所需财源用于购置重置性固定资产。当公司无任何净投资(即公司的资本存量或固定资产数量不变)时,其他情况不变(如无物价膨胀),则公司下一期盈余维持不变。假设公司资本支出的财源全数来自公司保留盈余,当公司有净投资时,公司就须保留部分盈余作为资本支出的财源,本年度盈余及保留盈余与下一年度盈余间有以下关系:

$$\text{下一年度盈余}=\text{本年度盈余}+\text{本年度保留盈余}\times\text{保留盈余的投资报酬率} \quad (2\text{-}19)$$

下一年度盈余之所以会增加系因本年度公司保留部分盈余作为本年度资本支出的财源,只要投资报酬率为正,下一年度盈余自会有所增加。将式(2-19)等号左右两边皆除以本年度盈余可得:

$$\frac{\text{下一年度盈余}}{\text{本年度盈余}}=1+\left(\frac{\text{本年度保留盈余}}{\text{本年度盈余}}\right)\times\text{保留盈余的报酬率} \quad (2\text{-}20)$$

式(2-20)等号右边就是1+盈余成长率(growth rate of earnings)。本年度保留盈余占该年度盈余的比率称为盈余保留比率(retention ratio)。由于股利所得等于(1-盈余保留比率)×本年度盈余,只要盈余保留比率各期维持不变,股利所得成长率($g$)等于盈余成长率。在盈余保留比率维持不变的条件下,式(2-20)就变成股利所得成长率($g$)的决定式:

$$g=\text{盈余保留比率}\times\text{保留盈余的投资报酬率} \quad (2\text{-}21)$$

所以,要估算股利所得成长率($g$),除了须先设定盈余保留比率外,还需估算保留盈余的投资报酬率。由于投资计划中相关信息并非都是可以通过公开方式取得的,市场投资者若未能取得这些信息,如何正确推估保留盈余的报酬率就成为一项高难度的工作。为解决信息取得的困难,假设将保留盈余所投入的投资计划,其投资报酬率等于过去年度的股东权益报酬率(ROE),我们就可利用会计报表所算出的股东权益报酬率作为保留盈余报酬率的估计值。此时,$g$的决定式就变为:

$$g=\text{盈余保留比率}\times\text{ROE} \quad (2\text{-}22)$$

式中,ROE的定义是每股盈余(EPS)与每股股东权益的账面价值(book value of equity per share,BVPS)之比。股东权益的账面价值就是股票总票面价值加上资本公积以及累计保留盈余。

**【例 2-5】** A公司预估本年度税后盈余为2亿元。为筹措资本支出所需资金,该公司计划保留40%的税后盈余。过去十年,该公司股东权益报酬率(ROE)平均值为16%。假设新的投资计划和现有生产与营运内容没有显著差异,请问:该公司股利所得成长率应为多少?

首先,A公司将保留8000万元(2亿元×40%)的税后盈余作为本年度投资计划的资本支出。由于ROE平均值为16%,此项投资计划所创造的额外盈余为1280万元(8000万元×0.16),由于未来各年度均会保留40%的盈余作为扩大生产与营运规模所需的资本支出,故股利成长率($g$)为6.4%(1280万元/2亿元)。

一旦估出$g$值后,利用以下公式即可算出预期报酬率:

$$r=\frac{\text{DIV}_1}{P_0}+g$$

**【例 2-6】** A公司目前在外流通的股数为1亿股,股价为15元。请问:该公司股票的预期报酬率应为多少?

由于盈余保留比率为 40%，股利发放比率应为 60%，下一期该公司税后盈余预计为 21280 万元，下一年度股利水平为 12768 万元(0.6×21280 万元)。由于有 1 亿股流通在外，下年度每股股利($DIV_1$)为 1.277 元。有了本期股价($P_0$)以及下一期每股股利($DIV_1$)后，就可算出股利获利率：

$$股利获利率 = \frac{1.277元}{15元} \times 100\% = 8.515\%$$

由于股利所得成长率($g$)为 6.4%，故该公司股票的预期报酬率($r$)为：

$$r = 6.4\% + 8.51\% = 14.91\%$$

由于 $g$ 又视为股利所得成长率的长期平均值，故估算所得的股利所得成长率($g$)和精确预测各期股利所得的概念并不相同。在信息不完整的情况下，估计值和各期实际值出现误差是极正常的现象。然而估算 $g$ 时，我们用了两个较强的假设：保留盈余用于投资计划的报酬率等于公司现有的股东权益报酬率(ROE)以及各期盈余保留比率均维持不变。当以上两个假设不成立时，股利成长率估计值的可信度就会下降。所以，对 $g$ 的估计值不能抱持过分信任的态度。实务上，为了让估算出来的 $g$ 和 $r$ 不至于太过偏差，有些财管学者就建议以产业数据所估算的 $g$ 和 $r$ 值作为个别公司的 $g$ 和 $r$ 估计值。

## 本章小结

(1) 股份是股份公司全部资本的平均单位，或总资本额的平均最小单位。股票是一种有价证券，它是股份有限公司发行的用以证明投资者的股东身份、所持股份，据以获得股息和红利并承担义务的凭证。股票具有有价证券、要式证券、证权证券、资本证券和综合权利证券等性质。股票具有不可偿还性与流通性、收益性与风险性、参与性。常见的股票分类包括普通股股票和优先股股票、记名股票和无记名股票、面额股票和无面额股票；我国特定股票称谓包括内资股、外资股。行情表中的特殊股票称谓包括字母 N+股票简称、字母 XD+股票简称、字母 XR+股票简称、字母 DR+股票简称、字母 ST+股票简称、字母 *ST+股票简称等。投资者常用股票称谓包括蓝筹股、绩优股、成长股、大盘股、中盘股、小盘股、白马股、黑马股、新股、次新股、热门股、冷门股、题材股、投机股。

(2) 股息是股份有限公司定期按照股票份额的一定比例支付给股东的收益。红利是股份有限公司按规定分配优先股股息之后，将尚剩余的利润再分配给普通股股东的部分。股份有限公司支付给股东的股息、红利主要有现金股利、股票股利、其他股利形式。根据各国公司法规定，股份有限公司分配股息、红利的基本程序是：①由公司董事会根据公司的盈利水平和股息政策，确定股利分配方案；②提交股东大会审议，通过后方能生效；③由董事会依股利分配方案向股东宣布，并在规定的付息日派发股息、红利。股息、红利的分配程序涉及的几个重要的日期，包括分配公告日、股权登记日、除权除息日和付息日等。除权(息)参考价=(股权登记日收盘价-每股所派现金+配股价×配股率)/(1+流通股份变动比例)。

阅读以下材料，分析影响股票价格的因素有哪些。

2013年11月，中国石化位于青岛经济技术开发区的原油管道发生爆燃，部分原油沿雨水管线进入胶州湾海面，浮油面积约3000平方米，事件共造成62人遇难。事故发生第一个交易日，中国石化股价低开近3.96%，3个交易日内累计下跌6.53%。

1998年，重庆啤酒发布公告宣称，公司开始研究乙肝疫苗，公司前景被大为看好，股价被炒至一个又一个新高。2011年12月，公司宣布疫苗研究无成果，在一个月内，公司股价由80多元跌至20元。

2012年5月26日，深圳市一辆比亚迪出租车在行驶中，被一辆跑车从左后部剧烈撞击，失控后起火燃烧，车上三人无一生还，社会对其安全性产生疑问，比亚迪大力推广的纯电动汽车被推至风口浪尖，比亚迪股价大跌，市值一天内缩水15亿元，5天蒸发60亿元。

2001年，中国证监会宣布向境内投资者开放B股市场，允许国内居民以合法的外汇进行B股交易。一时间，2月19日前存入银行的外币资金大量涌入B股市场，2001年2月28日，B股恢复交易首日便全部涨停，此后的一段时间里，B股股价一路上扬，交投异常活跃。

2007年，由于股市开启，市场交投过度活跃，证监会决定证券交易印花税自2007年5月30日起由0.1%上调至0.3%，由于税率的大幅提高，导致市场反应过度，市场出现大跌，大部分股票连续出现3个跌停板。

**证监会就瑞幸咖啡财务造假事件答记者问**

自瑞幸咖啡自曝财务造假以来，中国证监会第一时间对外表明严正立场，并就跨境监管合作事宜与美国证监会沟通，美国证监会做出了积极回应。中国证监会一向对跨境监管合作持积极态度，支持境外证券监管机构查处其辖区内上市公司财务造假行为。在国际证监会组织(IOSCO)多边备忘录等合作框架下，中国证监会已向多家境外监管机构提供23家境外上市公司相关审计工作底稿，其中向美国证监会和美国公众公司会计监督委员会(PCAOB)提供的共计14家。此外，2019年10月中美双方对香港会计师事务所审计的、存放在中国内地的在美上市公司审计工作底稿调取事宜也达成共识，目前合作渠道是畅通的。

在上市公司审计监管方面，中国证监会一贯高度重视通过加强对会计师事务所等"资本市场看门人"的监管执法，推动服务机构建立健全质量控制体系、提高执业质量，持续促进财务信息披露质量的提升。与此同时，中国证监会积极推进与境外审计监管机构的合作。对于美国PCAOB要求入境检查在PCAOB注册的中国会计师事务所，双方合作从未停止，一直在寻找一个各方都能接受的检查方案。2013年中国证监会、中国财政部与美国PCAOB签署了执法合作谅解备忘录，并向PCAOB提供了4家审计工作底稿。2016年至2017年，中美双方对一家在PCAOB注册的中国会计师事务所开展了试点检查工作，中方团队协助PCAOB对会计师事务所的质量控制体系以及3家在美上市公司的审计工作底稿进行了检查，试图找到一条有效的检查途径。应该说，双方合作是有成效的。2018年以来，双方为继续推进审计监管合作保持沟通，中方参考国际审计监管合作的惯例，多次向PCAOB提出对会计师事务所开展联合检查的具体方案建议，最近一次是2020年4月3日。

企业跨境上市有利于丰富当地资本市场投资选择和提升投资收益，实践证明是共赢的选择。提升上市公司信息披露质量是各国监管机构的共同职责，深化跨境监管执法合作符合全球投资者的共同利益。中国证监会始终抱着敬畏市场、敬畏法治、敬畏风险、敬畏投资者的监管理念，愿意与包括美国在内的境外证券监管机构加强合作，共同打击跨境违法违规行为，依法保护各国投资者的合法权益。

(资料来源：证监会就瑞幸咖啡财务造假事件答记者问[EB/OL]. 上海证券报·中国证券，https://finance.sina.com.cn/roll/2020-04-27/doc-iirczymi8711444.shtml)

**案例点评**

作为未来的金融从业者、会计从业者，要从这个事件中吸取教训，一定要在未来的工作中遵循诚实守信、客观公正、专业胜任的职业道德。

1. 下载并安装模拟股票交易软件。
2. 使用软件查阅个股及大盘的各项指标，并能对数据、图形进行解释分析。
3. 构造投资组合，以100万元初始资金进行模拟交易，周期1个月。记录选股理由、未来走势判断、交易明细。

# 复习思考题

## 一、单选题

1. 下面不属于有价证券的是(　　)。
   A. 股票　　　　B. 债券　　　　C. 保单　　　　D. 证券投资基金
2. 有价证券按发行方式的不同，可以分为公募证券和(　　)。
   A. 上市证券　　B. 政府证券　　C. 资本证券　　D. 私募证券
3. 我国现行法律明确规定，股票与企业债券的公开发行应当由(　　)承销。
   A. 证券经营机构　　　　　　　B. 证券交易所
   C. 证券业协会　　　　　　　　D. 证券评级机构
4. 以下属于防守型行业的是(　　)。

A. 公用事业　　　　B. 计算机　　　　C. 房地产　　　　D. 钢铁
5. 对证券进行分散化投资的目的是(　　)。
   A. 取得尽可能高的收益
   B. 尽可能回避风险
   C. 在不牺牲预期收益的前提条件下降低证券组合的风险
   D. 复制市场指数的收益

二、多选题

1. 某公司拟上市发行股票,已知股票每股面额为1元,按照我国《公司法》要求,该公司的股票发行价格可以是(　　)元。
   A. 20　　　　B. 0.5　　　　C. 1　　　　D. 5.4
2. 世界著名的股票价格指数包括(　　)。
   A. 标准·普尔500指数　　　　B. 日经指数
   C. 道琼·斯指数　　　　　　　D. 《金融时报》指数
3. 境外上市外资股是指股份公司向境外投资者募集并在境外上市的股份。下面不属于境外上市外资股的是(　　)。
   A. A股　　　　B. B股　　　　C. N股　　　　D. S股
4. 通过交易所的交易主机完成竞价交易的结果有(　　)。
   A. 全部成交　　　B. 部分成交　　　C. 不成交　　　D. 次日成交
5. 股东对公司的所有权是一种综合权利,表现为(　　)。
   A. 参加股东大会　　　　　　B. 投票表决
   C. 收取利息　　　　　　　　D. 参与公司日常管理

三、简答题

1. 股票的含义。
2. 股票的性质有哪些?
3. 股票的特征有哪些?
4. 普通股股东有哪些权利?

四、计算题

1. 某股票股权登记日的收盘价为20.5元,每10股派发现金红利4.00元,送1股转增3股;则次日除权除息开盘参考价为多少?
2. 某上市公司上一年度每股收益2.29元,若该公司所在行业平均市盈率为15倍,当前公司的股价在13.46元至19.20元之间震荡,判断其股票是否具有投资价值。

# 阅读推荐与网络链接

1. 中国证券业协会. 金融市场基础知识[M]. 北京:中国金融出版社,2018.
2. 姜国华. 财务报表分析与证券投资[M]. 北京:中国金融出版社,2012.

3. 赵文君，赵学增. 证券投资基础与实务[M]. 北京：中国金融出版社，2010.

4. 李国义. 证券投资学实训教程[M]. 北京：科学出版社，2017.

5. 证监会就瑞幸咖啡财务造假事件答记者问[EB/OL]. 上海证券报·中国证券，http://finance.sina.com.cn/roll/2020-04-27/doc-iirczymi8711444.shtml.

# 第三章 债 券

## 学习要点

- 掌握债券的基本要素。
- 熟悉债券票面利率的分类。
- 掌握债券的其他条款。
- 熟悉中国债券品种。

## 核心概念

债券的基本要素　债券类型　债券品种

**浙江省交通投资集团有限公司 2016 年可续期公司债券(第一期)发行公告**

2016 年 2 月 18 日,浙江省交通投资集团向上海证券交易所提交可续期公司债申请条件,3 月 3 日获得中国证监会批文,成为上海证券交易所首单由中国证监会核准的公开发行的可续期公司债券。具体来说,浙江省交通投资集团作为主体和债项评级双 AAA 的公司,于 2016 年 3 月 8 日发行票面利率 3.6%的 20 亿元人民币债券,期限为 5+N。5 年后,公司可选择延长债券期限,但面临利率上浮 2%等特殊条款。

(资料来源:浙江省交通投资集团有限公司 2016 年可续期公司债券(第一期)发行公告[EB/OL].证券时报,http://finance.sina.com.cn/roll/2016-03-08/doc-ifxpzzhk2467390.shtml)

浙江省交通投资集团发行的上海证券交易所首单可续期公司债的创新之处在于:该债券没有明确到期期限,与以往债券的定义相背离。此外,可续期公司债包含一些特殊条款,比如可续期选择权、利息递延支付条款、强制付息事件、发行人行使续期选择权时的利率跳升机制、递延付息下的限制事件等。在我国可续期公司债初始发展时期,按规定这类公司债只能采用小公募或者私募方式发行。

可续期公司债不存在明确到期期限,若利息支付可以累积递延,那么该品种是否在一定程度上符合股票的定义?

# 第一节 债券概述

## 一、债券的概念

说好稳稳的幸福呢？.mp4

债券是指持券人可以在特定的时间内取得固定的收益并预先知道取得收益的数量和时间，如固定利率债券、优先股股票等，所以固定收益证券也称为债务证券。例如，公司债券的发行人承诺每年向债券持有人支付固定的利息。现在固定收益证券已经变成一个非常不精确的名词，例如许多欠有选择权的债券(如可转换债券)，或具有特殊现金流的债券(如浮动利率债券)，也被称为固定收益证券，尽管这些债券未来的现金流的数额和日期都不是固定的，其期限及支付条款可能是多种多样的。

债券是公司筹资的重要形式。固定收益证券的收益与发行人的财务状况相关程度低，除非发行人破产或违约，证券持有人将按规定数额取得收益。债券是最典型的固定收益证券，本书所称的固定收益证券主要指债券。

## 二、债券的基本要素

债券是一种有价证券，是社会各类经济主体为筹集资金而向债券投资者出具的、承诺按一定利率定期支付利息并到期偿还本金的债权债务凭证。债券尽管种类多种多样，但在内容上都要包含基本要素。这些要素是指发行的债券上必须载明的基本内容，这是明确债权人和债务人权利与义务的主要约定。

### 1. 债券面值

债券面值是指债券的票面价值，是发行人对债券持有人在债券到期后应偿还的本金数额，也是企业向债券持有人按期支付利息的计算依据。债券的面值与债券实际的价格并不一定是一致的，价格大于面值称为溢价，小于面值称为折价，等于价格称为平价。面值与债券到期日价值是一致的，也是债券投资收益中最主要的部分，如果是零息债券，那么投资者的全部收入都只来自面值。为了便于债券统一标准化发行，在各国的金融市场上，债券面值一般都是固定值，目前我国发行的债券一般是每张面值为人民币 100 元，美国债券面值一般为 1000 美元。债券偿还的方式有以下几种。

(1) 到期一次直接偿还债券。在债券整个偿还期内，溢价或折价都已全部摊销，因此，无论当初是按面值发行还是折价或溢价发行，应付的账面价值均等于面值，不会因偿付发生损益。这样，应付债券可按债券面值归还本金，并从账上注销。

(2) 提前从证券市场买回债券。公开上市的债券，其市价随市场利率的升降而变动。债券市场的升降以及利率的增减变动，都为企业提供调度资金，获取利益的机会。例如，债券的市价下跌到一定的程度，若举债企业有足够的资金可供调度，则可从公开的证券市场上提前购回发行在外的债券予以注销，以减轻负债。如果提前偿还的债券不是规定的付息日，则必须将上个付息日至提前偿还日之间的利息付清，并在注销债券的同时注销相关的未来摊销溢价、折价及债券发行成本。

(3) 向债券持有人提前赎回债券。债券赎回是指债券发行人在债券到期时或到期前，因某些约定事项的发生，以债券发行说明书中规定的参照价格买回其发行在外的债券的行为。

(4) 分期分批偿还。本金分成若干批次分期偿还，其偿还形式可根据债券发行时规定的办法进行，或采用分批抽签，或按债券号码的顺序的办法还本。上海证券交易所 2014 年 3 月 3 日宣布，从即日起将采用减少面值方式处理债券分期偿还业务，以提高债券分期偿还业务办理效率。国信证券主承销的"2009 年长春城市开发(集团)有限公司公司债券"(债券简称：09 长城开；债券代码：122982)为上海证券交易所首单采用该方式偿还本金的债券。该期债券附设本金提前偿还条款，自存续期第 5 年起，逐年分别按照发行总额 30%、30%和 40%的比例偿还债券本金，在分期偿还本金时，"09 长城开"投资者账户中的债券持仓数量保持不变，每张债券对应的债券面值相应减少。为了避免误导债券投资者，以减少面值方式办理债券分期偿还的债券，简称之前加"PR"以示提醒。

(5) 举借新债偿还旧债：企业举债经营若有利可图，而长期债券到期前已定下继续利用外借长期资金，则可以发行新债券，偿还旧债券。举借新债还旧债的具体方法，既可以是直接交换，即直接用新债券换回旧债券，也可以是用现金偿还。例如根据国务院的相关规定，对于纳入地方政府预算的企业债券，各地可发行政府债券进行置换。

### 2. 偿还期

债券偿还期是指债券上载明的偿还债券本金的期限，即债券发行日至到期日之间的时间间隔。公司要结合自身资金周转状况及外部资本市场的各种影响因素来确定公司债券的偿还期。按偿还期分类，通常可以将债券划分为短期债券、中期债券、长期债券等，短期债券通常在 1 年内到期，中期债券在 1～10 年内到期，而长期债券则是 10 年以上到期。可展期债券，在到期日投资者有选择权，他可以要求清偿该债券的本息，也可以按照事先约定的条款继续持有债券几年，而票面利率则是原来债券的利率。永久债券(Perpetual Bonds)是一种不规定本金返还期限，可以无限期地按期取得利息的债券。享有这种好处的代价是支付较一般浮息债券更高的利差，债券发行人一般多为商业银行。其发行目的是扩充银行的自有资金实力。剩余期限指债券交割日距离最终还本付息还有多长时间，一般以年为计算单位，投资者更关注的是债券剩余期限。

### 3. 付息期

债券的付息期是指企业发行债券后的利息支付时间。它可以是到期一次性支付，或 1 年、半年或者 3 个月支付一次。在考虑货币时间价值和通货膨胀因素的情况下，付息期对债券投资者的实际收益有很大影响。

按照利息支付方式的不同，债券可以分为附息债券和零息债券。附息债券(coupon bond)简称"息票债券"，是指在债券券面上附有息票的债券，或是按照债券票面载明的利率及支付方式支付利息的债券。息票上标有利息额、支付利息的期限和债券号码等内容。持有人可从债券上剪下息票，并据此领取利息。如今，对于大多数附息债券而言，投资者不必通过呈递息票领取利息了，而是可以定期收到发行人支付的利息。

零息债券是指不附息票，在到期日时一次性支付本利的债券。这里的零息，不是指票面利息一定是零。零息债券一共有两种：一种是贴现债券，另一种是利随本清债券。贴现债券又称贴水债券，是指在票面上不规定利率，发行时按某一折扣率以低于票面金额的价格发行，到期时仍按面值偿还本金的债券，发行价与票面金额之差额相当于支付的利息。例如以 80 元的价格购买了面值为 100 元的 5 年期的贴现债券，那么在 5 年到期后，可兑付到 100 元的现金，其中 20 元的差价即为债券的利息。利随本清债券指到期时和本金一起一次性付息，也可称为到期付息债券。付息特点一是利息一次性支付；二是债券到期时支付。例如某 5 年期面值 100 元国债票面利率 3%，规定到期一次性获得本息，那么这种债券就是利随本清债券，该债券到期日可以获得 115 元。

零息债券有很多独到之处，其中之一就是再投资风险低，而价格风险高。但只要投资者持有至到期，那么投资者就可以获得确定的收益。市场中零息债券并不是很多，为了让投资者买到零息债券，国外金融中介机构把付息国债分拆成零息债券。例如把 30 年的付息国债分拆为 60 种零息债券，期限分别为 0.5 年、1 年、直到 30 年，这样的国债称为本息分离债券，英文简称为 STRIPS(Separate Trading Registered Interest and Principal Securities)。

4. 票面利率

债券的票面利率是指债券利息与债券面值的比率，是发行人承诺以后一定时期支付给债券持有人报酬的计算标准。债券票面利率的确定主要受市场无风险利率、发行者的资信状况、偿还期限和利息计算方法以及当时资金市场上资金供求情况等因素的影响。票面利率的确定方式可细分为三类：固定利率债券、累进利率债券和浮动利率债券。

1) 固定利率债券

固定利率债券指在发行时规定利率在整个偿还期内不变的债券。例如一只债券的面值为 100 元，票面利率为 6%，按年付息，那么该债券每年所获得的利息就是 6 元。如果半年付息一次，那么投资者每半年就可以获得 3 元的利息。

固定利率债券不考虑市场变化因素，因而其筹资成本和投资收益可以事先预计，不确定性较小。但债券发行人和投资者仍然必须承担市场利率波动的风险。如果未来市场利率下降，发行人能以更低的利率发行新债券，则原来发行的债券成本就显得相对高昂，而投资者则获得了相对现行市场利率更高的报酬，原来发行的债券价格将上升；反之，如果未来市场利率上升，新发行债券的成本增大，则原来发行的债券成本就显得相对较低，而投资者的报酬则低于购买新债券的收益，原来发行的债券价格将下降。

2) 累进利率债券

累进利率债券又称利率递增债券，是指以利率逐年累进方法计息的债券。其利率随着时间的推移，后期利率将比前期利率更高，有一个递增率，呈累进状态。例如第一年为 6%，第二年为 7%，第三年为 8%，等等。这种债券期限为浮动式，利率与期限挂钩，采取分段累进计息方式。例如中国工商银行 1987 年 10 月发行的累进利息金融债券，期限为 5 年，满 1 年兑付，利率按 9%计算；满 2 年兑付，第一年利率仍为 9%，第二年利率按 10%计算，2 年平均利率 9.5%；满 3 年兑付，第一年利率为 9%，第二年利率为 10%，第三年利率按 11%计算，3 年平均利率 10%，依次类推。该债券的特点是：期限浮动，最短期限为 1 年，最长期限为 5 年，债券持有者可在最短与最长期限之间随时到发行银行兑付，不满 1 年不能兑付，超过 5 年部分不计息。目前，累进利率债包含两类：一类是可转债，每年的票面利率都不一样，有逐年递升(step up)的特征；另一类是含有调整票面利率条款的债，票面利率通常是在存续期的前 N 年保持不变，后面几年的票面利率取决于发行人是否行权，票面利率调整条款总是与债券回售条款成对出现。

3) 浮动利率债券

浮动利率债券是指发行时规定债券利率随市场利率定期浮动的债券，也就是说，债券利率在偿还期内可以进行变动和调整。浮动利率债券的利率通常根据市场基准利率加上一定的利差来确定：

$$利息率 = 基准利率 + 固定利差$$

基准利率通常是被市场广泛认同的利率，国际上通常选择伦敦同业拆借利率(LIBOR)、美国国债到期收益率，目前国内的基准利率主要有定期存款利率、上海同业拆借利率(SHIBOR)、7 天回购利率、贷款利率等。利差的大小取决于该债券违约风险和流动性风险的大小，风险越高，利差越大。

例如，有一只债券，期限为 5 年，利息按季支付，季度利息则按以下公式确定：

$$利率 = 3\text{-month LIBOR} + 1.5\%$$

这只债券的基准利率，就是三个月的 LIBOR。若第一个季度 3 个月 LIBOR 是 4.5%，那么第一个季度的年利率是 6%，相当于第一个季度的季度利率是 1.5%。

有时浮动利率的确定，是基准利率乘以某一个倍数，加上一个固定值，这种浮动利率债券，就被称为杠杆化的浮动利率债券，例如：

$$利率 = b \times 基准利率 + 固定值$$

浮动利率债券的种类较多，如规定有利率浮动下限的浮动利率债券、规定利率达到指定水平时可以自动转换成固定利率债券、附有选择权的浮动利率债券，以及在偿还期的一段时间内，实行固定利率，另一段时间内实行浮动利率的混合利率债券。

由于债券利率随市场利率浮动，采取浮动利率债券形式，可以避免债券的实际收益率与市场收益之间出现重大差异，使发行人的成本和投资者的收益与市场变动趋势相一致。从市场表现来看，浮动利率债券的市场价格较为平稳，其买卖差价较小，债券发行人所负担的利息与市场利率的差额不大，该券种的流动性也较高，充分体现了此种创新性金融工具的作用。浮动利率债券自 20 世纪 80 年代以后得到了长足的发展，成为国际资本市场上重要的金融创新，其品种和发行条件也日趋多样化和复杂化，但债券利率的这种浮动性，也使发行人的实际成本和投资者的实际收益事前带有很大的不确定性，从而导致较高的风险。

4) 逆浮动利率债券

与浮动利率债券相反，逆浮动利率债券则是在一个固定值的基础上，减去基准利率：

$$利率 = 固定值 - 基准利率$$

基准利率越高，逆浮动债券利率就越低；相反，基准利率越低，则逆浮动利率债券利率就越高。例如，有一逆浮动利率债券期限为 3 年，利息按季支付，每季度的利息率则按以下公式确定：

$$利率 = 12\% - 3\text{-month LIBOR}$$

假设第一个季度 3 个月的 LIBOR 为 4%，那么该债券第一个季度的年利率为 8%，相当于季度利率为2%。有时逆浮动利率的确定用固定值减去基准利率的某一个倍数，这种逆浮动利率债券就被称为杠杆化的逆浮动利率债券。

当基准利率上升时，逆浮动利率债券的票息支付将下降，同时债券价格和利率呈反方向变动，价格也要下降，在这种双重作用下，逆浮动利率债券价格下降得更多；反之亦然。所以逆浮动利率债券的风险要比浮动利率债券和固定利率债券风险大。反向浮动利率债券相对基础债券大大放大了久期，因此反向浮动利率债券的价格波动很大。在利率上升时期会带来较大损失，在利率下降时期会带来较大收益。比如著名的美国奥兰治县破产事件就与反向浮动利率债券有关。

5) 通胀指数化债券(Inflation - Indexed Bonds，IIB)

通胀指数化债券是本金和利息的到期支付根据通货膨胀情况的相应变动而调整，以规避长期债券购买力风险的债券。英国称之为通货膨胀指数公债(Index-Linked Gilts)，美国称之为财政部通货膨胀保护债券(Treasury Inflation-Protected Securities，TIPS)，虽然命名不同，但其本质是一样的，都能保证本金和收益的实际价值不变。

以美国的财政部通货膨胀保护债券为例，该债券固定息票率和浮动本金额中，本金部分将按照美国劳工部的月度非季调城市 CPI 指数进行调整，在保障本金不受通胀影响的同时，其固定息票率通常低于普通同期债券。

## 三、债券的其他条款

### 1. 嵌入权利

可转换债券(Convertible Bond)是可转换公司债券的简称，又称可转债，是一种可以在特定时间、按特定条件转换为普通股股票的特殊企业债券。可转换债券兼具债权和期权的特征。本质上讲，可转换债券是在发行公司债券的基础上，附加了一份期权，允许购买人在规定的时间范围内将其购买的债券转换成指定公司的股票。

可交换债券(Exchangeable Bond，EB)全称为"可交换他公司股票的债券"，是指上市公司股份的持有者通过抵押其持有的股票给托管机构进而发行的公司债券，该债券的持有人在将来的某个时期内，能按照债券发行时约定的条件用持有的债券换取发债人抵押的上市公司股权。可交换债券是一种内嵌期权的金融衍生品。可交换债券的标的为母公司所持有的子公司股票，为存量股，发行可交换债券一般并不增加其上市子公司的总股本，但在转股后会降低母公司对子公司的持股比例。

可回售债券则给予投资人以事先规定的价格将债券提前卖还给发行人的权力，这种情况一般出现在利率上升、债券价格下降的时候。由此可知，投资者持有的回售权是一个在标的价格下跌的时候出售标的资产的权力，所以它是一个看跌期权。在存在回售条款的情况下，投资者有权根据设定的价格出售债券，这将限制投资者因为利率上升而遭受损失。

可赎回债券是指债券发行人在债券到期时或到期前，因某些约定事项的发生，以债券发行说明书中规定的参照价格买回其发行在外的债券的行为。公司行使公司债券的赎回权，按一定价格提前偿还债券，从而减轻利息负担，所以它是一个看涨期权。为了弥补提前赎回对债权人的损害，赎回价格通常高于债券面值或账面价值，即为赎回损失。如果赎回价格低于债券的账面价值，则为赎回利益。

延期债券又称"延续债券",是公司债券中的一种,可以延期偿付本金的债券。具体而言,这种本金偿付的延期又可分为以下两种情况。

(1) 在债券到期时,债务人无力偿付,又不能借新债还旧债,在征得债权人同意后,可将债券本息偿付予以延期。同时,原可转换公司债券的转股权也相应延期。延期后,债务人可据情况对利率进行调整。

(2) 债务人在发行债券时可在发行契约中先设置延付条款,根据发行者提出的新利率要求发行人给予延期兑付,直至预设日期,或几个预约日期中的一个日期。这种债券一般期限较短,对筹资人来说,在需要继续发行债券,而投资者又愿意继续购买时,采用该种债券可省去手续费和发行费。对投资者而言,有权要求将债券的偿还期延期到某一特定日期,可灵活自由地调整其资产组合。

本金的延期偿付,对于债务人来讲可缓解其支付的暂时困难,对于债券的持有人而言却增加了投资风险,这是延期后的债券应当调整其利率的主要原因。上述两种情况中的第一种,当债券本金偿付期将临前考虑是否延期时,必须与持券人共同决定。在国内,可续期企业债、可续期中票、可续期公司债属于永续类的新型债券,它介于传统债券和股票之间,且集两者优势于一身,符合一定条件的可续期债券具有拓宽融资渠道、补充股东权益、降低资产负债率、票息税前抵扣、避免摊薄股本等优势。对于符合条件的可续期债兼具债股双重属性,可以作为权益工具入账,并作为企业资本金的有效补充,明显改善企业资产负债结构;同时也有助于丰富企业债务融资品种,有效降低企业融资成本。

**2. 偿债基金条款**

许多债券会附有偿债基金条款(sinking fund provision)。偿债基金亦称"减债基金",要求发行者在债券到期之前的几年内——尤其是当债券快要到期时偿还一定数量的债券。债券发行者通过经常性地向偿债基金注入款项来向基金的受托人提供资金。这笔累积下来的偿债基金最终将被用来偿还到期的债券,或者是被用来偿还一定数量未到期的债券——其方法是在公开债券市场购买债券,或是随机要求赎回并还清。

由于偿债基金条款减少了债券到期时违约的可能性,因此这是一项对债券持有者具有吸引力的条款。这样,附有偿债基金条款的债券使得其持有者面临的风险下降,因此一般来讲,它们的收益要低于那些其他条件相同但没有偿债基金条款的债券。很多发达国家都设立了偿债基金制度,一般是在债券实行分期偿还方式下才予设置。偿债基金一般是每年从发行公司盈余中按一定比例提取,也可以每年按固定金额或以发行债券比例提取。

减债基金制度在西方国家国债发行过程中,运用比较普遍。减债基金比较完善的是日本,除了转换公司债采用减债基金外,国债减债基金特别会计法等也都规定了要设置减债基金。1967年形成的现行减债基金制度规定了减债基金财源的交纳和偿还资金的划转。

**3. 抵押担保条款**

信用债市场担保方式大致分为三类:保证、质押和抵押,是目前国内企业发行债券的主要增信方式之一。

保证指债务人以外的第三人为债务人履行债务而向债权人所做的担保,属于人的担保。而抵押和质押是指担保人以一定财产提供的担保，属于物的担保。保证的方式包括一般保证和连带责任保证，一般保证是指保证人与债权人约定当债务人不能履行债务时由保证人承担保证责任的行为。保证的最大特点就是保证人享有先诉抗辩权。连带责任保证是指保证人与债权人约定保证人与债务人对债务承担连带责任的行为。连带责任保证的债务人在没有履行债务时债权人可以要求债务人履行债务，也可以要求保证人在其保证范围内承担保证责任，在连带保证责任中保证人不享有先诉抗辩权。

抵押担保，是指债务人或者第三人不转移财产的占有，将该财产作为债权的担保。当债务人不履行债务时，债权人有权依法将该财产折价或者拍卖。变卖该财产的价款优先受偿。

质押担保，是指债务人或第三人将其动产或者权利移交债权人占有，债务人不履行债务时，债权人有权依法将该动产或者权利折价、拍卖，变卖的价款优先受偿。

## 四、债券的特点

债券体现的是债券持有人与债券发行者之间的债权、债务关系，具有以下特征。

(1) 偿还性。债券一般都规定偿还期限，发行人必须按约定条件偿还本金并支付利息。

(2) 流通性。债券一般都可以在流通市场上自由转让。

(3) 安全性。与股票相比，债券通常规定有固定的利率。与企业绩效没有直接联系，收益比较稳定，风险较小。此外，在企业破产时，债券持有者享有优先于股票持有者对企业剩余资产的索取权。

(4) 收益性。债券的收益性主要表现在两个方面：一是投资债券可以给投资者定期或不定期地带来利息收入；二是投资者可以利用债券价格的变动，买卖债券赚取差额。

## 五、债券与股票的区别

(1) 性质不同。债券的发行者与投资者之间是债权债务关系，而股东与股份公司之间是所有权关系。

(2) 责任不同。债券持有人不能参与发行公司的经营管理活动，而股票持有人通过一定形式参与公司的经营管理。

(3) 期限不同。债券必须有到期日，而股票没有。

(4) 发行主体不同。股票只能由股份公司发行，而债券的发行主体并不限于股份公司。

(5) 财务处理不同。公司发行债券所筹集的资金列为公司的负债，所需支付的债息作为公司的成本费用支出；而发行股票所筹集的资金列为公司的资产，股票的股息、红利则属于利润分配。

(6) 收益不同。债券收益具有稳定性，其收益率是确定的，一般与企业经营状况无关；而股票收益具有不稳定性，其收益与企业经营状况密切相关。

(7) 清偿顺序不同。当企业因经营不善破产倒闭或解散时，债券优于股票清偿。

## 第二节 债券的种类

### 一、美国的债券品种和债券市场

#### (一)美国债券发行情况

科普可转债.mp4

截至 2016 年第二季度,美国债券市场存量规模达到 40.7 万亿美元,是美国 GDP 的 2.25 倍。而同期美国上市公司市值约为 25 万亿美元,是美国债券市场规模的 61.43%;同期欧元区债券市场规模折合为 17.47 万亿美元,是美国债券市场规模的 42.92%。在过去 20 年中,美国债券的年平均发行量达到 5.18 万亿美元,近五年来的发行量也保持在 6 万亿美元以上,如图 3-1 所示。

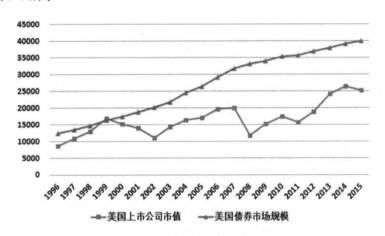

图 3-1 美国债券市场规模与上市公司市值比较(单位:十亿美元)

#### (二)美国债券市场品种类别

美国债券市场中,国债规模占据三分之一以上,抵押贷款相关债券、企业债券规模分别排名第二与第三位,占比分别达到 23.51%、21.94%,三者规模占比高达 80.86%。

在所有债券品种中,一方面,美国国债与企业债券在总发行量中的占比逐年提高,达到六成左右。另一方面,抵押贷款相关债券也值得关注,其 20 年来的年平均发行量达到 1.71 万亿美元,是除美国国债外的第二大发行量债券,如图 3-2 所示。

美国国债是由美国财政部发行的国家债券,属于政府债券。按照期限,可以将国债进一步划分为国库券(Treasury Bills,期限 1 年以内)、国库票据(Treasury Notes,期限为 1 年以上 10 年以下)、国库公债(Treasury Bonds,期限 10 年以上)。其中国库券的发行量约占国债的 40%,是美国债券市场信用最好、流动性最强、交易量最大的品种。而国库票据则是美国资本市场的可流通证券中占比最大的。

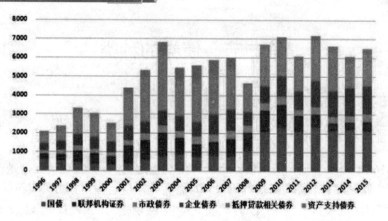

图 3-2　美国债券市场发行量(单位：十亿美元)

联邦机构证券与美国国债一样，同属于政府债券，多数可以享受免税待遇。但是不同的是，它是由各种各样的美国政府代理机构和组织发行的债券。由于债务方是政府机构，所以该类债券的清偿能力好、收益稳定，但是由于其发行和还本付息均不列入联邦预算之内，所以还是有一定的信用风险。

市政债券又称地方政府债券，是美国州政府或地方政府或市政府发行的，主要用以弥补地方政府财政赤字或者投资于地方特定项目建设的债券。美国的市政债券一般发行期限较长，平均年限在 15 年以上。

### (三)美国债券市场投资人结构

美国债券市场投资者结构分散，债券利率的决定机制比较市场化，单一投资者对市场价格的影响较小。美国债券市场的参与者主要包括个人投资者、海外和国际投资者、保险公司、共同基金、养老基金、银行机构等。随着美国债券规模的不断增大，各类参与者的债券投资规模也在逐渐提升，但各参与者间的债券规模占比情况却有较大的变化，其中个人投资者投资债券的规模占比最大，其次是共同基金和货币当局，如图 3-3 所示。

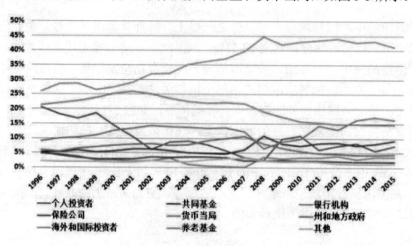

图 3-3　美国债券市场投资人机构

由于美国的国际货币地位高,而且安全性、流动性较高,所以一直是全球资金的避险投资标的。因此,当面对国际市场存在较大的风险事件时,出于避险需求,就会使投资美国国债成为许多投资人的主要选择。

在过去 20 年中,海外和国际投资者的国债规模占比逐年提升,至 2015 年已达 41.07%,且有继续上升的趋势,个人投资者和养老基金的国债规模虽在增长,但占比却逐年下降,目前分别保持在 7%～15%。

## 二、我国债券品种

债券是重要的金融工具之一,债券市场为我国经济建设提供了大量资金。与我国股票市场相比,时间上,债券市场起步更早;规模上,债券市值与股票市值相当,由于股市波动较大,在股市大涨的年份市值超过债券,截至 2016 年 6 月底,债券市值超过 40 万亿元,存量规模达 57.59 万亿元;在波动上,债券市场与股市方向大多时候相反。债券市场的存在对我国的经济发展和金融稳定有着重要意义。

### (一)我国债券历史发展

根据历史上我国债券市场规模结构变化和主要券种发行情况,我国债券市场发展可以分为以下几个阶段。

**传统阶段(1950—1958 年)**:新中国成立初期,为了支持经济恢复和建设,我国发行过"人民胜利折实公债"和"国家经济建设公债",1958 年后发行被终止。

**空白阶段(1958—1980 年)**:无债券发行。

**萌芽阶段(1981—1986 年)**:改革开放后,1981 年,财政部正式发行国债,主要采取行政摊派方式。20 世纪 80 年代初,一些企业自发向社会或内部集资,类似债权融资,形成信用债的雏形。1985 年,银行和非银金融机构开始发行金融债券。

**起步阶段(1987—1993 年)**:1987 年,《企业债券管理暂行条例》颁布,企业债开始发展。1988 年,我国尝试通过商业银行和邮政储蓄的柜台销售方式发行实物国债,同年,财政部批准在全国 61 个城市进行国债流通转让的试点,场外交易市场初步形成。1990 年 12 月,上海证券交易所成立,国债开始在交易所交易,形成场内交易市场。1993 年,由于企业债扩张带来一些潜在的金融风险,《企业债券管理条例》发布,企业债发行受限,进入规范发展阶段。

**完善阶段(1994—2004 年)**:1994 年 4 月,国家开发银行第一次发行政策性银行债。1995 年,国债招标发行试点成功,国债发行利率开始实行市场化,这标志着我国债券发行的市场化正式开始。1996 年,政府决定选择有条件的公司进行可转换债券的试点,可转债市场开始发展。1997 年 6 月,中国人民银行发文通知商业银行全部退出上海和深圳交易所的债券市场,将其所持有的国债、融资券和政策性金融债统一托管于中央国债登记结算公司,并进行债券回购和现券买卖,全国银行间债券市场启动。2002 年,在吸取中央银行融资券成功经验的基础上,央行推出了央行票据,央票成为货币政策的重要工具之一。2004 年,兴业银行首次发行金融次级债,为商业银行补充附属资本增加了渠道。

**扩张阶段(2005 年至今)**:2005 年 4 月,《信贷资产证券化试点管理办法》颁布,标志资产证券化正式进入中国的资本市场;同年 5 月,短期融资券试水,并且在发审上实行注册制,这为企业债的市场化发行奠定了基础,也是信用债市场开始加速的起点。2007 年 10 月,第一只公司债面世交易所市场。2008 年 4 月,中期票据问世,实行注册制,在期限上丰富了企业债券品种。2009 年 4 月,由财政部代发的第一只地方政府债问世,填补了我国地方债的空白,同年 11 月,我国第一只中小非金融企业集合票据发行成功,进一步完整了企业债品种。2010 年,交易商协会发布《银行间债券市场非金融企业超短期融资券业务规程(试行)》,超短期融资债券推出。2011—2012 年,由于金融危机而暂停的各资产证券化试点陆续重启。2015 年 1 月,《公司债券发行与交易管理办法》发布,公司债发行主体由上市公司扩大至所有公司制法人(除地方融资平台),公司债发行爆发式增长,同年,由于地方政府债务置换开展,地方政府债也大幅增加。

从规模上来看,债券市场规模扩大,与品种的扩充和市场制度变迁紧密相关。债券市场总值从最初的 40 亿元发展到今天的 40 万亿元,其中 1987 年附近、1995 年、1996 年、2003 年附近和 2015 年发行量都有明显的增长。1987 年附近是源于企业债的发展和场外交易市场的形成,1995 年是市场化发行的开始,2003 年附近,央行票据的出现为总规模扩大做出了较大贡献,2015 年则是源于公司债发行主体的扩大和地方政府债务置换。

从品种上来看,信用债发展晚于利率债,创新产品出现更晚,但均发展迅猛。1996 年信用债规模开始占据一定比例,随后逐渐扩大,近几年已占近半壁江山,创新产品在 2000 年前后开始出现,现已初具规模。经济的发展需要金融支持,债券作为一种直接融资工具,期望发行的主体规模大、类型多,需要不同品种的债券来实现这些需求。

### (二)中国债券品种

从 1981 年恢复国债发行以来,我国债券市场一步步发展,从摊派发行到市场化发行,从单一市场到场内场外多层次市场,债券品种也在不断丰富和扩大。《中共中央国务院关于深化投融资体制改革的意见》提出,要加大创新力度,丰富债券品种,进一步发展企业债券、公司债券、非金融企业债务融资工具、项目收益债等,支持重点领域投资项目通过债券市场筹措资金。债券品种的丰富,对融资方而言,意味着更多的主体能采用发行债券的方式获得资金;对于投资者而言,意味着投资方式和投资渠道的增加。不同品种的债券,发行机构、投资主体、交易市场等都有区别,了解不同的债券品种及相关市场情况,是进一步研究债券市场和债券投资的基础。

第一层,根据债券性质是单纯还是复合,分为一般债券和类固收产品。除了基本的债券,目前市场上存在一些具有(或包含)固定收益性质的产品,比如资产支持证券的优先级、可转债、分级基金的 A 类等,这些产品规模不大但发展不错,市场关注度较大,由于具有一定债券性质,因此在债券研究中也会涉及。所以,根据产品性质是一般的债券还是具有复合性质的类固收产品,进行第一层划分。第二层,根据发行主体信用程度,一般债券又分为利率债和信用债。在一般债券中,根据发行主体、担保情况、付息方式、募集方式、债券形态等不同,债券的种类可以有多种划分方式,发行主体的不同对于债券的性质影响较大,为便于归类分析债券情况,本书主要采用发行主体分类。根据发行人的信用情况,发行人可以分为两大类,对应的债券也分为两大类。一类是利率债,发行人为国家或信用等级与国家相当的机构,因而债券信用风险极低,收益率中枢变动主要受到利率变动影响(流动性、税收、久期等因素也有影响,但不是划分利率债和信用债的基础),因此称为利率债;另一类是信用债,即发行人没有国家信用背书,发行人信用情况是影响债券收益率的重要因素。

### 1. 利率债

利率债主要包括国债、地方政府债、政策性银行债、央行票据和政府机构债券等品种,是一类风险较低的债券。国债和地方政府债由财政部监管,而政策性银行债、央行票据和政府机构债券由中国人民银行监管。

1) 国债

国债是中央政府为筹集财政资金而发行的一种政府债券。国债以国家信用为基础发行,风险较小,因此也被称为"金边债券"。发行国债筹集的资金,一般用于平衡财政收支、进行公共基础设施建设等,此外,国债也是货币政策的工具之一。50年期国债就是国债期限是50年的附息国债,在银行间债券市场发行。我国财政部仅在2009年11月27日发行了1次50年期国债。

2) 地方政府债

地方政府债是地方政府发行的债券,发行债券的资金一般用于地方性公共基础设施的建设。

我国地方政府债经历了禁止发行、代发代还、自发代还和自发自还几个阶段。新中国成立初期,一些地方政府为了筹集资金修路建桥,曾经发行过地方债券。1993年,发行地方政府债的行为被国务院制止了,原因是"怀疑地方政府承付的兑现能力"。1995年起实施的《中华人民共和国预算法》明确规定,地方政府不得发行地方政府债券。2009年4月,为应对金融危机、刺激经济发展,由财政部代理发行的2000亿元地方债券问世。2011年,《2011年地方政府自行发债试点办法》出台,上海、浙江、广东、深圳开展地方政府自行发债试点,由财政部代办还本付息。2013年,又新增了江苏和山东两个自行发债试点。2014年,《2014年地方政府债券自发自还试点办法》颁布,经国务院批准,上海、浙江、广东、深圳、江苏、山东、北京、江西、宁夏、青岛10个省(区)市试点地方政府债券自发自还,并引入市场信用评级,意味着地方债发行朝着市场化路径迈出了实质性步伐。截至2016年6月30日,我国地方政府债存量为8.27万亿元。

3) 政策性银行债

政策性银行债也称政策性金融债,是我国政策性银行(国家开发银行、中国农业发展银行、中国进出口银行)为筹集信贷资金而发行的债券。在政策性银行债的发行说明书中,也会提到"出现头寸短缺时,中国人民银行将通过再贷款等方式提供资金支持",说明政策性银行债具有央行信用支撑,同样是风险极低的债券。1994年4月,国家开发银行首次发行政策性银行债,发行方式为派购发行。市场化发行由国家开发银行于1998年9月推出。1999年,中国进出口银行尝试市场化发行。2004年,中国农业发展银行开始发行政策性银行债券。从政策性银行债发行量来看,结构上国家开发银行发行的占比最大,总量上在各类债券中规模最大。2004年以前,仅有国家开发银行和中国进出口银行两家发行政策性银行债,其中以国家开发银行为主,占比在90%左右,近年来进出口银行和农业发展银行的规模也不断增加，国家开发银行发行的占比逐年下降，但仍在 40%以上。2011 年起，政策性银行债发行总规模超过国债，目前已是我国债券市场上发行量和存量规模最大的品种，截至 2016 年 6 月 30 日，我国政策性银行债存量为 11.64 万亿元。

4) 央行票据

央行票据是中国人民银行在银行间市场发行的短期债券，期限为 3 个月到 3 年。其发行目的是调节商业银行的超额准备金，主要针对外汇储备增加而导致的基础货币过快增长，是中国人民银行调节基础货币的货币政策工具之一。央行票据在 20 世纪 90 年代就开始被作为货币政策工具使用，2004 年，3 年期的央行票据首次发行，2005 年，中国人民银行公布了央行票据发行时间表，确定了央行票据在公开市场操作中的地位。后来，由于一、二级市场收益率倒挂，央行发行成本过高，2011 年 1 年期央行票据停止发行，由于货币政策转向、央行放开对长期流动性的锁定等原因，2013 年 3 个月期和 3 年期央行票据陆续停止发行。2013 年 12 月以来，没有新的央行票据发行。截至 2016 年 6 月 30 日，我国央行票据存量为 4222 亿元。

5) 政府机构债券

政府机构债券是由政府支持的公司或金融机构发行，并由政府提供担保。我国目前将政府机构债券区分为：政府支持债券和政府支持机构债券——中国铁路总公司发行的铁路建设债券为政府支持债券；中央汇金公司发行的债券为政府支持机构债券。

### 2. 信用债

信用债是指政府之外的主体发行的、约定了确定的本息偿付现金流的债券，具体包括商业银行金融债、企业债、公司债、非金融企业债务融资工具等。

1) 商业银行金融债

作为金融债中的一种，商业银行金融债专指商业银行作为主体发行的金融债，主要包括三种类型。

(1) 商业银行普通债。符合《金融债券发行办法》规定的一般条件，募集资金作为商业银行负债计入报表，资金用途没有特别限定，通常用于替换存量负债或者投资新的资产项目。

(2) 商业银行二级资本债(次级债)。《商业银行次级债券发行管理办法》(2004 年)第二条规定，商业银行次级债券(简称"次级债")是指商业银行发行的、本金和利息的清偿顺序列于商业银行其他负债之后、先于商业银行股权资本的债券。经中国银行业监督管理委员会批准，次级债券可以计入附属资本。事实上，在 2013 年《商业银行资本管理办法(试行)》施行、资本充足率标准修改之前，所有商业银行次级债均计入附属资本。

《商业银行资本管理办法(试行)》(2013 年)施行后，将资本的划分由原《商业银行资本充足率管理办法》(已失效)规定的"核心资本和附属资本"变更为"核心一级资本、其他一级资本和二级资本"。与之相应，"次级债"这一概念也基本被"二级资本债"所替代——在新规下，只有"二级资本债"(附加条件的次级债)才能计入银行附属资本，而普通次级债无法计入附属资本，只能计入银行负债。[①]

---

① 2013 年新规施行后，所有新增银行次级债均为二级资本债。

何为"计入银行附属资本"？通俗理解，就是类似股权募资计入银行的资本金而不增加银行负债，不仅大大提高银行的资本金充足率(资本总额增加)，而且报表上不体现为银行负债。这对银行而言至关重要。也正因如此，作为"计入银行附属资本"的对价，二级资本债的清偿顺序位列银行其他负债之后。①

次级债与二级资本债的区别在于，二级资本债均须附加"减记条款"：《商业银行资本管理办法(试行)》(2013年)第四十四条规定："商业银行2010年9月12日至2013年1月1日之间发行的二级资本工具，若不含有减记或转股条款，但满足本办法附件1规定的其他合格标准，2013年1月1日之前可计入监管资本，2013年1月1日起按年递减10%，2022年1月1日起不得计入监管资本。"②

(3) 商业银行专项债。与公司债、企业债有几个政策性强、募集资金定向投放的专项债券品种一样，商业银行金融债也有专项债品种，主要是"小微企业专项金融债""三农专项金融债""绿色金融债"，在此不展开叙述。

2) 企业债

企业债指的是具有法人资格的企业发行的债券，发行主体多为国企和非上市公司。企业债的发展，经历了扩张、调整和再次发展几个阶段。我国企业债的出现始于20世纪80年代企业对内或对外集资的行为，1987年，《企业债券管理暂行条例》颁布实施，对企业债实行集中管理分级审批，自此企业债开始第一次扩张。20世纪90年代初，由于经济过热，债券融资需求增加，企业债发行有失控风险，对才起步的企业债管理形成了冲击，1993年8月，《企业债券管理条例》出台，企业债发行受限，进入规范发展阶段。1998年，央行提出了调整企业债管理制度的建议并得到国务院同意，企业债开始了再次发展。2011年，国务院对《企业债券管理条例》进行了修订。2015年10月，发改委出台《关于进一步推进企业债券市场化方向改革有关工作的意见》，简化了审批流程。截至2016年6月30日，我国企业债存量为3.19万亿元。企业债跨市场交易较多，大多在银行间市场和上交所市场交易。企业债可以在单个市场上市交易，也可以跨市场上市交易，根据最新数据估算，所有企业债中跨市场交易的占比达80%以上。在不考虑重复统计的情况下，约55%的企业债在银行间市场交易，44%在上交所交易。

根据发行主体是否属于城投平台类公司，企业债可以细分为城投债和产业债。1998年企业债开始再次发展，初期由于对发行规模要求较高，发行主体集中在大型央企，在发展过程中发行主体虽然也有所扩张，但还是以国企为主。根据发行企业隶属关系分类，企业债基本分为中央企业债券和地方企业债券两类，前者的发行人为隶属于中央政府的重点企业(主要在电力、化工、有色金属、铁路、能源、交通、重点原材料等产业)，后者的发行人为隶属于地方政府的工商企业及金融性质投资公司。

3) 公司债

公司债指的是有限责任公司和股份有限公司发行的债券。公司债根据其发行对象的不

---

① 假设银行作为被告要求偿债，首先要清偿诸如存款、同业拆借等一般负债，其次再清偿二级资本债，最后再对银行股东进行分配。

② 减记条款，通俗理解就是银行破产时，银行有权单方面宣布将对二级资本债的投资人承担的本金利息偿付义务一笔勾销。对于投资损失，采取普通股的形式支付。

同，可以分为公募公司债和私募公司债，而公募债又分为大公募和小公募。大公募公司债面向公众投资者，而小公募和私募公司债仅面向合格投资者。2007年8月，证监会发布了《公司债券发行试点办法》，规范管理公司债的发行。后来，为适应债券市场改革发展的新形势，证监会对《公司债券发行试点办法》进行了修订。2015年1月，《公司债券发行与交易管理办法》发布，公司债发行主体由上市公司扩大至所有公司制法人(除地方融资平台外)，公开发行采用核准制，非公开发行实行备案制，发行条件放宽，发行量从之前的千亿级规模跃至万亿规模。截至2016年6月30日，我国公司债存量为3.03万亿元。

4) 非金融企业债务融资工具

非金融企业债务融资工具(简称债务融资工具)是指具有法人资格的非金融企业(以下简称企业)在银行间债券市场发行的，约定在一定期限内还本付息的有价证券。债券融资工具发行对象为银行间债券市场的机构投资者，包括银行、证券公司、保险资产管理公司、基金公司等。债券融资工具发行参与方包括主承销商、评级公司、增信机构、审计师事务所、律师事务所等中介服务机构，需要对发行的企业进行财务审计，并对企业和融资工具进行评级。主承销商负责撰写募集说明书，安排企业进行信息披露等工作。债务融资工具采用市场化定价方式，融资工具的发行利率根据企业和融资工具级别，结合银行间市场资金面情况进行定价，一般低于银行贷款基准利率。发行期限可以根据资金需求灵活安排。发行方式市场化，按照交易商协会相关工作指引注册发行，一次注册后可根据资金需求及市场情况分期发行，不需要监管机构审批。非金融企业债务融资工具目前主要包括自贸试验区债务融资工具(F-CP)、超短期融资券(SCP)、中小企业集合票据(SMECN)、短期融资券(CP)、中期票据(MTN)、定向工具(PPN)、资产支持票据(ABN)、项目收益票据(PRN)、债务融资工具(DFI)、绿色债务融资工具(GN)等。

### 3. 资产支持证券

资产证券化是指发起人将未来能产生现金流的存量资产组合，出售给一个特殊目的载体(Special Purpose Vehicle，SPV)，实施一定的信用增级后，由SPV向投资人发行以该资产组合本身为支付保证和信用基础的证券，将缺乏流动性的金融资产变成具有流通性的金融产品。一个资产证券化项目下，一般分为优先A、优先B和次级证券。优先级约定固定利率或浮动利率，次级不约定收益率。若项目收益高于预期，支付优先级本息后的收益归属于次级持有者。发生加速清偿事由后，所有收到的现金将先用于支付交易税费、优先A档证券的利息和本金，然后支付优先B档证券的利息和本金，最后余下的部分支付给次级档证券的持有者。对于优先级的资产支持证券，收益基本能够得到保证，收益及期限可以确定，因此相当于固定收益产品。我国在20世纪末开始对资产证券化业务(包括房地产资产证券化、出口应收款证券化和不良资产证券化)的探索。2005年开始进行资产证券化业务试点；2008年由于国际金融危机影响而暂停；2011—2012年，各资产证券化试点才陆续重启；2013年3月，证监会发布《证券公司资产证券化业务管理规定》，降低了证券公司从事资产证券化业务的准入门槛，提高资产证券化设立与审核效率；同年12月，央行和银监会发布《关于规范信贷资产证券化发起机构风险自留比例的文件》，降低风险自留要求，监管有所放开。2014年年底，证监会颁布《证券公司及基金管理公司子公司资产证券化业务管理规定》等规定，将资产证券化业务开展主体范围和基础资产范围扩大，并取消行政审批；银监会发布《关于信贷资产证券化备案登记工作流程的通知》，信贷资产证券化业务将由审批制改为业务备案制。随着经济的需求、制度的完善和监管的放松，资产证券化发展扩大，由试点逐渐走向常规。

我国资产证券化产品目前主要有三类：一是由银监会审批发起机构资质、中国人民银行主管发行的信贷资产支持证券；二是由中国银行间市场交易商协会主管的资产支持票据；三是由证监会主管、主要以专项资产管理计划为特殊目的载体的企业资产支持证券。其中，信贷资产支持证券规模最大，其次为企业资产支持证券，资产支持票据规模最小。截至 2018 年年末，我国信贷资产证券化产品累计发行 597 单，金额 27098.49 亿元，总体呈现逐年增长趋势。比 2017 年发行数量增加 21 单、增幅 15.67%，发行规模增加 3341.06 亿元、增幅 55.90%。2018 年信贷资产证券化发行所涉及基础资产主要为个人住房抵押贷款、不良贷款、汽车贷款、企业贷款、消费性贷款等，其中信用卡不良贷款资产证券化发行计入不良贷款统计，2018 年各基础资产发行占比如图 3-4 所示。

图 3-4　我国信贷资产证券化发行趋势图

## 第三节　债券的投资策略

## 一、债券的估值

### (一)债券估值的决定因素

债券回购投资.mp4

(1) 债券的价格是由其未来现金流入量的现值决定的。

(2) 债券未来现金收入由各期利息收入和到期时债券的变现价值两部分组成。

### (二)一年付息一次的附息债券的价格

$$P = \frac{I_1}{1+r} + \frac{I_2}{(1+r)^2} + \cdots + \frac{I_n+F}{(1+r)^n} = \sum_{t=1}^{n}\frac{I_t}{(1+r)^t} + \frac{F}{(1+r)^n}$$

式中：$I_t$——各期利息收入；

　　　$F$——债券到期时的变现价值；

　　　$n$——债券的付息期数；

　　　$r$——市场利率(或贴现率)。

半年付息一次的附息债券的价格为：

$$P=\frac{\frac{1}{2}I_1}{1+r/2}+\frac{\frac{1}{2}I_2}{(1+r/2)^2}+\cdots+\frac{\frac{1}{2}I_{2n}+F}{(1+r/2)^{2n}}=\sum_{t=1}^{2n}\frac{\frac{1}{2}I_t}{(1+r/2)^t}+\frac{F}{(1+r/2)^{2n}}$$

【例 3-1】 某公司于 2020 年 5 月 1 日购买一张票面额为 1000 元的债券，票面利息为 8%，每年 5 月 1 日支付一次利息，并于 5 年后 4 月 30 日到期。当时的市场利率为 10%，请为该债券定价。

$$P=\frac{80}{1+10\%}+\frac{80}{(1+10\%)^2}+\cdots+\frac{80+1000}{(1+10\%)^5}=\sum_{t=1}^{5}\frac{80}{(1+10\%)^t}+\frac{1000}{(1+10\%)^5}=924.28(元)$$

【例 3-2】 某公司发行票面金额为 100 000 元，票面利率为 8%，期限为 5 年的债券。该债券每年 1 月 1 日、7 月 1 日付息一次，到期归还本金。①当时的市场利率为 10%，计算该债券的价值；②当市价为 92 000 元时，判断是否买入？

$$P=\frac{\frac{1}{2}\times100\,000\times8\%}{1+\frac{10\%}{2}}+\frac{\frac{1}{2}\times100\,000\times8\%}{\left(1+\frac{10\%}{2}\right)^2}+\cdots+\frac{\frac{1}{2}\times100\,000\times8\%+100\,000}{\left(1+\frac{10\%}{2}\right)^{2\times5}}$$

$$=\sum_{t=1}^{2\times5}\frac{\frac{1}{2}\times100\,000\times8\%}{\left(1+\frac{10\%}{2}\right)^t}+\frac{100\,000}{\left(1+\frac{10\%}{2}\right)^{2\times5}}$$

$$=92\,278(元)$$

债券目前的市价为 92 000 元，债券价值为 92 278 元，大于市价，如果不考虑其他风险问题，应该购买债券，可以获得大于 10%的收益。

### (三)零息债券的价格

某些债券在其存续期内不支付利息，投资者收益的获取是通过购买价格和到期值的差额来实现的。我们将这类特殊的债券称为零息债券。而零息债券唯一的现金流就是到期后票面价值的赎回。

零息债券的价格为：

$$P=\frac{F}{(1+r)^n}$$

式中：F——零息债券到期时的变现价值；

  n——债券的付息期数；

  r——市场利率(或贴现率)。

【例 3-3】 计算 8 年后到期，到期价值为 1000 美元，年市场利率为 8%的零息债券的价格。

$$P=\frac{1000}{(1+8\%)^8}=533.9028(美元)$$

## (四)一次性还本付息债券的价格

有些债券在其存续期内不支付利息,到期时一次性偿还本金和利息。我们将这类债券称为一次性还本付息债券。而一次性还本付息债券的现金流就是到期后票面价值及利息的赎回。

一次性还本付息债券的价格为:

$$P = \frac{F+I}{(1+r)^n}$$

式中:$F$——债券的票面价值;

$I$——债券到期时的利息收入总和;

$r$——市场利率(或贴现率)。

【例 3-4】 某债券为一次性还本付息债券,期限为 5 年,该债券的票面金额为 1000 元,票面利率为 8%,以单利计息。若贴现率为 10%,则该债券的价格是多少?

$$P = \frac{1000 + 5 \times 1000 \times 8\%}{(1+10\%)^5} = 869.29(元)$$

## (五)贴现债券的价格

贴现债券,指债券券面上不附有息票,发行时按规定的折扣率,以低于债券面值的价格发行,到期按面值支付本息的债券。

$$P = F \times \left(1 - r \times \frac{t}{360}\right)$$

式中:$F$——债券的票面价值;

$t$——债券的到期天数;

$r$——市场利率(或贴现率)。

【例 3-5】 已知某债券为贴现债券,面值为 1000 元,期限为 180 天,贴现率若为 10%,该债券的发行价格应定多少比较合适?

$$P = 1000 \times \left(1 - 10\% \times \frac{180}{360}\right) = 950(元)$$

该债券的发行价格应定为 950 元比较合适。

## (六)债券价格的波动性

由债券(不内嵌期权)的定价公式可看出:债券的价格和债券的预期收益率成反向变动。当预期收益率升高的时候,债券的价格会下跌;当预期收益率下降的时候,债券的价格会上涨。表 3-1 列出了 10 种不同债券在不同收益率下的价格。

表 3-1　10 种债券在不同收益率下的价格表

| 票面利率 | 期限(年) | 收益率水平 | | | | | | |
|---|---|---|---|---|---|---|---|---|
| | | 10.00% | 10.01% | 10.10% | 10.50% | 11.00% | 12.00% | 13.00% |
| 0.00% | 5 | 61.39 | 61.36 | 61.1 | 59.95 | 58.54 | 55.84 | 53.27 |
| 0.00% | 10 | 37.69 | 37.65 | 37.33 | 35.94 | 34.27 | 31.18 | 28.38 |
| 0.00% | 20 | 14.2 | 14.18 | 13.94 | 12.92 | 11.75 | 9.72 | 8.05 |
| 7.00% | 5 | 88.42 | 88.38 | 88.06 | 86.65 | 84.92 | 81.6 | 78.43 |
| 7.00% | 10 | 81.31 | 81.25 | 80.77 | 78.65 | 76.1 | 71.33 | 66.94 |
| 7.00% | 20 | 74.26 | 74.19 | 73.58 | 70.97 | 67.91 | 62.38 | 57.58 |
| 9.00% | 5 | 96.14 | 96.1 | 95.76 | 94.28 | 92.46 | 88.96 | 85.62 |
| 9.00% | 10 | 93.77 | 93.71 | 93.17 | 90.85 | 88.05 | 82.8 | 77.96 |
| 9.00% | 20 | 91.42 | 91.34 | 90.63 | 87.56 | 83.95 | 77.43 | 71.71 |
| 12.00% | 5 | 107.72 | 107.68 | 107.32 | 105.72 | 103.77 | 100 | 96.41 |

将债券的价格和其收益率描绘在平面坐标图上，如图 3-5 所示。

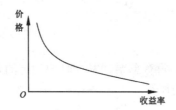

图 3-5　价格与收益率之间的关系

从图 3-5 可以看出收益率和债券价格的关系不是线性关系，而是一种非线性关系，一般称这种非线性关系为**凸性**(convex)。这时再用债券的定价公式来计算债券的价格就有失准确。所以，我们引入了久期的概念。

Macaulay 为了评估债券的平均还款期限，定义了久期。即将每次支付现金所用的时间加权平均，而权重为每次支付的现金流的现值占现金流现值总和(即债券的价格)的比率。采用这种方法定义的久期为 Macaulay 久期。

$$\text{Macaulay久期(一定期限内)} = \frac{\sum_{t=1}^{n} t\text{PVCF}_t}{\text{PVTCF}}$$

式中：$\text{PVCF}_t$——$t$ 时刻的现金流的现值；

　　　$t$——现金流支付的时间；

　　　$n$——债券到期之前利息支付的次数；

　　　PVTCF——债券贴现流贴现值的总和。

上面的公式给出的是在利息支付时间间隔内的久期计算公式，1 年内的久期计算公式为：

$$\text{Macaulay久期(年)} = \frac{\text{Macaulay久期}}{k}$$

式中：$k$——每年支付的利息次数。

**【例 3-6】** 某 5 年期债券票面金额为 100 元,票面利率为 10%,半年付息一次,初始收益率为 11%,各项数据见表 3-2,计算其久期。

表 3-2 半年付息一次的债券的久期计算各项数值列表

| 时间 t | 现 金 流 | 贴现值 PVCF | t×PVCF |
| --- | --- | --- | --- |
| 1 | 5 | 4.739 336 493 | 4.739 336 493 |
| 2 | 5 | 4.492 262 079 | 8.984 524 157 |
| 3 | 5 | 4.258 068 321 | 12.774 204 96 |
| 4 | 5 | 4.036 083 717 | 16.114 334 87 |
| 5 | 5 | 3.825 671 769 | 19.128 358 85 |
| 6 | 5 | 3.626 229 165 | 21.757 374 99 |
| 7 | 5 | 3.437 184 043 | 24.060 288 3 |
| 8 | 5 | 3.257 994 353 | 26.063 954 83 |
| 9 | 5 | 3.088 146 306 | 27.793 316 76 |
| 10 | 105 | 61.470 210 84 | 614.702 108 4 |
| 总和 | | 96.231 187 09 | 776.147 802 6 |

$$\text{Macaulay久期(半年)} = \frac{776.147\,802\,6}{96.231\,187\,09} = 8.07$$

$$\text{Macaulay久期(一年)} = \frac{8.07}{2} = 4.04$$

对于半年付息的 Macaulay 久期,可以采用下面的简化公式来计算:

$$\text{Macaulay久期(半年)} = \left(\frac{1+y}{y}\right)H + \left(\frac{y-i}{y}\right)n(1-H)$$

式中:$y$——年收益率的 1/2;

$H$——利息现值之和占债券价格的比率;

$i$——半年的利率;

$n$——利息支付次数。

在本例中,利息现值之和为 37.688 129 元,债券价格为 96.231 187 元,半年支付的利息为 5 元,则有:

$$H = \frac{37.688\,129}{96.231\,187} = 0.391\,64$$

$$\text{Macaulay久期(半年)} = \left(\frac{1+0.055}{0.055}\right) \times 0.391\,64 + \left(\frac{0.055 - 0.05}{0.055}\right) \times 10 \times (1 - 0.391\,64) = 8.07$$

## 二、债券的风险与收益

### (一)债券的风险

债券投资者可能面临多种风险,违约风险、利率风险和流动性风险是债券投资中最主要的风险。

## 1. 违约风险

### 1) 违约风险定义

违约风险又称信用风险，是指证券发行人在证券到期时无法还本付息而使投资者遭受损失的风险。它通常针对债券而言，债券投资最主要的风险就是信用风险。一般来说，政府债券的信用风险最小，理论上认为中央政府债券是信用风险最低的债券，譬如我国的国债，这主要是由于政府具有征税和发行货币的权利。当然也有一些政局不稳的国家政府债券信用风险也很高。而地方政府债券，由于其偿还来源不同，违约风险有很大的区别，例如地方政府发行的一般责任债券是以其税收作为偿还来源，信用风险很低，而地方政府发行的收益债券，是以某一投资项目所产生的收益，或者使用净现金流量作为偿还来源，风险较高。一般情况下，非中央政府债券是有信用风险的，而信用风险的大小，可以用债券的信用等级来衡量，高级别债券信用风险低，而低级别债券信用风险高。

### 2) 信用级别与评级公司

债券信用评级(bond credit rating)是以企业或经济主体发行的有价债券为对象进行的信用评级。债券信用评级大多是企业债券信用评级，是对具有独立法人资格企业所发行某一特定债券，按期还本付息的可靠程度进行评估，并标示其信用程度的等级。这种信用评级，是为投资者购买债券和证券市场债券的流通转让活动提供信息服务。国家财政发行的国库券和国家银行发行的金融债券，由于有政府的保证，不参加债券信用评级。地方政府或非国家银行金融机构发行的某些有价证券，则有必要进行评级。目前国际上公认的最具权威性的信用评级机构，主要有美国标准·普尔公司和穆迪投资服务公司。上述两家公司负责评级的债券很广泛，包括地方政府债券、公司债券、外国债券等，由于它们占有详尽的资料，采用先进科学的分析技术，又有丰富的实践经验和大量专门人才，因此它们所做出的信用评级具有很高的权威性，如表 3-3 所示。

表 3-3 美国穆迪投资者服务公司和标准·普尔公司的债券信用级别

| S&P | | Moody's | |
| --- | --- | --- | --- |
| AAA | 最高级别 | Aaa | 最高质量 |
| AA | 高级别 | Aa | 高质量 |
| A | 上中级别 | A | 上中级 |
| BBB | 中级别 | Baa | 下中级 |
| BB | 下中级别 | Ba | 具有投机因素 |
| B | 投机级别 | B | 通常不值得正式投资 |
| CCC | 完全投机级别 | Caa | 可能违约 |
| CC | 最大投机级别 | Ca | 高度投机性，经常违约 |
| C | 规定盈利时付息但未能盈利付息 | C | 违约 |
| D | 违约，但尚有一些残余价值 | D | 最低级 |

不同的债券级别有着不同的经济含义。以标准·普尔公司的债券信用级别为例，债券级别的经济含义如下。

AAA 级：这是最高级别的债券，表示债券发行人还本付息的能力极强。

AA 级：表示债券发行人有很强的还本付息能力，它与 AAA 级相比，只有很小的差别。

A 级：表示债券发行人有较强的还本付息能力，但其还本付息能力容易受到环境变动和经济条件变动等不利因素的影响。

BBB 级：表示有足够的还本付息能力，但由于在条规中规定了一旦经济条件发生变化便修正偿付指标，因而可能导致还本付息能力的削弱。

BB 级、B 级、CCC 级、CC 级：表示在还本付息能力上具有投机性，其中 BB 级表示投机程度最低，CC 级表示投机程度最高。由于这类债券看起来有一定质量，还有一些保障性特征，但这些因素被大量的不确定性或风险所淹没，因而这类债券随着条件变化具有很大的风险。

C 级：表示不能支付利息的债券。

D 级：表示违约债券，本息应付未付。

上述级别从 AA 级到 B 级通常可用"＋"号和"－"号进行微调，如"AA＋"表示级别略高于 AA 级，但又略低于 AAA 级，"BB－"表示级别略低于 BB 级，但又略高于 B 级等。根据债券风险程度的大小，债券的信用级别一般分为 10 个等级，最高是 AAA 级，最低是 D 级。

我国采用中国人民银行下发的《信贷市场和银行间债券市场信用评级规范》中规定的符号及对应含义，来表明发债主体及特定债券的信用风险情况。中长期债券信用评级等级划分为三等九级，符号表示为：AAA、AA、A、BBB、BB、B、CCC、CC、C。短期债券信用评级等级划分为四等六级，符号表示为：A-1、A-2、A-3、B、C、D。

债券信用级别不是一成不变的，而是由评级公司随时监控和调整，债券级别可能提升，也可能下降，如果债券本身或者发行公司的信用级别发生出乎意料的下调，将扩大违约风险溢价，从而降低债券价格。

**2. 利率风险**

债券的风险也来源于利率风险。债券投资与股票投资不同，属于资金借贷，而不是权益投入，所以债券投资契约中有明确借贷利率，一般是票面利率。票面利率分为固定利率和浮动利率，由于市场利率不是一成不变的，因此固定利率的债券会面临较大的利率风险，即使浮动利率债券，因其利率浮动机制的差异也会不同程度地面临利率风险。利率的变化有可能使债券的投资者面临两种风险：价格风险和再投资风险。

1) 价格风险

利率的价格风险是指利率的变动导致债券价格与收益率发生变动的风险。固定票面利率的债券价格受市场利率变动的影响，当市场利率上升时，债券价值下降；反之则债券价格上升。当市场利率上升时，固定票面利率的债券原票面利率较低，因此现金流量对投资者的吸引力下降，从而导致债券价值下降。反之，当市场利率下降时，固定票面利率就相对上升，带来的现金流量就显得比较有吸引力，因此债券价值上升。对投资者来说，以某种投资金额购买债券，当市场利率变动时，其投资的债券价值也会变动，造成不确定的风险。此种利率风险属于市场风险，也即市场利率变动造成债券市场价格不确定的风险。利率变动导致的价格风险是债券投资者面临的最主要风险。

### 2) 再投资风险

利率变化会影响债券利息收入的再投资收益的变化，由于市场利率下降，利息的收益能力也就下降，这就是债券的再投资收益风险。不同的债券，其票面利率是不同的，票面利率不同的债券，其再投资收益的风险大小也是不一致的，一般来说，票面利率越高的债券，其再投资收益风险也越大。零息债券没有再投资风险。

此外，某些债券的本金支付与市场利率密切相关，如可赎回债券，当市场利率下降时，可赎回债券的发行者就会倾向于赎回债券，这一风险使得债券的投资者不可能获得因为市场利率下降本来能够获得的资本利得。

### 3. 流动性风险

流动性(Liquidity)是指将一项投资性资产转化成现金所需要的时间和成本。在较短的时间以接近市价的价格将资产转换成现金，则称该资产有较高的流动性。与之相对应，在较短时间内要将某一项资产转化成现金而必须以远低(高)于其市价的价格出售(购买)，则称该资产流动性差。流动性差的资产因涉及较高的交易成本(卖出该资产而承受较大的价格折扣)，其市场价格应比同类流动性高资产的价格低，或者说，投资者对该资产要求较高的预期收益。这种流动性低的资产与同类流动性高资产的预期收益差额就是流动性溢价(Liquidity Premium)。流动性风险，是指债券不能在短期内以合理价格变现的风险。国债的流动性好，流动性溢价很低；小公司发行的债券流动性较差，流动性溢价相对较高。

债券投资者面临的风险远不止这些，其他的风险还包括汇率风险、通货膨胀风险、波动性风险、收益率曲线风险、事件风险和税收风险等，但这些风险只有在特定的场合才比较突出。

## (二)债券的收益

任何一项投资的结果都可以用收益率来衡量，通常收益率的计算公式为：

$$收益率 = \frac{收入 - 支出}{支出} \times 100\%$$

投资期限一般用年来表示；如果期限不是整数，则转换为年。通常情况下，收益率受许多不确定因素的影响，因而是一个随机变量。收益率有两种：到期收益率和持有期收益率。前者是投资者在债券发行的那一天购买债券，一直持有该债券到期日为止的收益率；后者是指投资者在到期日之前的任意一天买入该债券，持有一段时间后将其卖出，并没有持有到期，在持有该债券的这段时间里的收益率。为了能够简化收益率的计算，采用以下估算公式计量固定收益证券的收益率。

### 1. 附息债券的到期收益率估算公式

$$R_{到期} = \frac{C + (F - P_{买入价})/n}{P_{买入价}} \times 100\%$$

式中：$R_{到期}$——附息债券的到期收益率；

$C$——附息债券的一次利息收入；

$F$——附息债券票面金额；

$F - P_{买入价}$——附息债券的价差收入；

$n$——附息债券的到期期限。

**【例 3-7】** 某投资者以 950 元的价格购买了一只票面价值为 1000 元,票面利率为 8%,期限为 5 年的附息债券。投资者一直持有该债券到期,请问:该债券的到期收益率为多少?

$$R = \frac{1000 \times 8\% + (1000 - 950)/5}{950} \times 100\% = 9.47\%$$

**2. 附息债券的持有期收益率估算公式**

$$R_{持有期} = \frac{C + (P_{卖出价} - P_{买入价})/t}{P_{买入价}} \times 100\%$$

式中:$R_{持有期}$——附息债券的持有期收益率;

$C$——附息债券的一次利息收入;

$P_{卖出价} - P_{买入价}$——附息债券的价差收入;

$t$——附息债券的持有期限。

**【例 3-8】** 某投资者以 950 元的价格购买了一只票面价值为 1000 元,票面利率为 8%,期限为 5 年的附息债券。投资者持有该债券 2 年后以 980 元的价格卖出,请问:该债券的持有期收益率为多少?

$$R_{持有期} = \frac{1000 \times 8\% + (980 - 950)/2}{950} \times 100\% = 10\%$$

**3. 一次性还本付息债券到期收益率估算公式**

$$R_{到期} = \frac{(F + I - P_{买入价})/n}{P_{买入价}} \times 100\%$$

式中:$R_{到期}$——一次性还本付息债券的到期收益率;

$I$——一次性还本付息债券的利息收入;

$F$——附息债券票面金额;

$F + I - P_{买入价}$——一次性还本付息债券的价差收入;

$n$——一次性还本付息债券的到期期限。

**【例 3-9】** 某投资者以 950 元的价格购买了一只票面价值为 1000 元,票面利率为 8%,期限为 5 年的一次性还本付息债券(利息按单利计算)。投资者一直持有该债券到期,请问:该债券的到期收益率为多少?

$$R_{到期} = \frac{(1000 + 1000 \times 8\% \times 5 - 950)/5}{950} \times 100\% = 9.47\%$$

**4. 一次性还本付息债券持有期收益率估算公式**

$$R_{持有期} = \frac{(P_{卖出价} - P_{买入价})/t}{P_{买入价}} \times 100\%$$

式中:$R_{持有期}$——一次性还本付息债券的持有期收益率;

$P_{卖出价} - P_{买入价}$——一次性还本付息债券的价差收入;

$t$——一次性还本付息债券的持有期限。

【例 3-10】 某投资者以 950 元的价格购买了一只票面价值为 1000 元，票面利率为 8%，期限为 5 年的一次性还本付息债券(利息按单利计算)。投资者持有该债券 1 年后以 990 元的价格卖出，请问：该债券的持有期收益率为多少？

$$R_{持有期} = \frac{(990-950)/1}{950} \times 100\% = 4.21\%$$

5. 贴现债券的到期收益率估算公式

$$R_{到期} = \frac{F - P_{买入价}}{P_{买入价}} \times \frac{365}{n} \times 100\%$$

式中：$R_{到期}$——贴现债券的到期收益率；

　　　$F$——贴现债券票面金额；

　　　$P_{买入价}$——贴现债券的买入价格；

　　　$n$——贴现债券的到期天数。

【例 3-11】 已知某债券为贴现债券，面值为 1000 元，期限为 180 天，某投资者以 950 元的价格买入。若投资者持有该贴现债券到到期日后卖出，请问：该债券的到期收益率为多少？

$$R_{到期} = \frac{1000-950}{950} \times \frac{365}{180} \times 100\% = 10.67\%$$

6. 贴现债券的持有期收益率估算公式

$$R_{持有期} = \frac{P_{卖出价} - P_{买入价}}{P_{买入价}} \times \frac{365}{t} \times 100\%$$

式中：$R_{持有期}$——贴现债券的持有期收益率；

　　　$P_{卖出价} - P_{买入价}$——贴现债券的价差收入；

　　　$t$——贴现债券的持有天数。

【例 3-12】 已知某债券为贴现债券，面值为 1000 元，期限为 180 天，某投资者以 950 元的价格买入。若发行 90 天后，该债券在市场上以 980 元卖出，则持有人的持有期收益率是多少？

$$R_{持有期} = \frac{980-950}{950} \times \frac{365}{90} \times 100\% = 12.80\%$$

## 本章小结

(1) 掌握债券的含义，学会用列举法举出日常生活中常见的固定收益证券，明白固定收益证券收益产生的源泉。

(2) 掌握债券的基本要素。了解债券的其他要素，理解债券中嵌入其他权利的内容。

(3) 掌握国际上关于债券的分类，熟悉中国的债券品种。

(4) 熟悉债券的估值方法，熟悉债券的风险类型，掌握债券收益率的计算。

债券根据不同标准可以有不同的划分方法，综合来看，有以下分类。

| 债券分类 | | |
| --- | --- | --- |
| 划分角度 | 具体依据 | 债券类型 |
| 债务人和债权人情况 | 发行主体 | 政府债券和企业债券 |
|  | 信用保证 | 担保债券和信用债券 |
|  | 债券确定 | 记名债券和无记名债券 |
| 债券的发行和流通条件 | 发行地域 | 国内债券和国际债券 |
|  | 流通情况 | 流通债券和非流通债券 |
| 债券本身特征 | 计量单位 | 实物债券和货币债券 |
|  | 偿还期限 | 定期债券和不定期债券 |
|  | 有无利息 | 有息债券和无息债券 |
|  | 利率变化 | 固定利率债券和浮动利率债券 |
|  | 利息支付 | 一次付息债券和分次付息债券 |

现实中，根据发行主体资质的不同还存在其他分类，比如公司债券根据发行者信用等级、财务状况的不同还可以分为大公募、小公募和私募发行。"十二五"时期和"十三五"时期，上海证券交易所还创新发展出了可续期债券、绿色债券和双创债券等品种。

### 工商银行将发行首只"一带一路"绿色气候债券

工商银行卢森堡分行 9 月 26 日宣布将发行首只"一带一路"绿色气候债券。这只债券将于卢森堡证券交易所"环保金融交易所"(LGX)专门板块挂牌上市。工商银行首单绿色债券获得气候债券标准认证，募集资金将用于支持该行全球范围内已经投放或未来即将投放的四类合格绿色信贷项目，包括可再生能源、低碳及低排放交通、能源效率和可持续水资源管理。

自 2017 年 5 月首届"一带一路"国际合作高峰论坛成功举办以来，中国政府加快构建绿色金融体系，深入参与国际合作，支持发起"一带一路"绿色投资原则，积极推动"一带一路"投资绿色化，助力沿线国家和地区实现可持续发展，打造绿色"一带一路"。我国绿色金融体系不断完善，为绿色"一带一路"提供绿色资金和智力支持。

包括中国在内的许多发展中国家，尤其是"一带一路"沿线国家和地区，大都面临不同程度的环境和气候变化挑战。要实现《巴黎协定》有关减排目标，全球范围内每年需要新增绿色投资数万亿美元，而单靠政府部门显然无法满足如此巨大的资金需求。这就要求我们充分发挥金融市场的功能，通过产品和体制创新，动员私人部门开展绿色投资，形成支持绿色发展的投融资体系。近年来，中国人民银行与相关部委认真落实《关于构建绿色金融体系的指导意见》等一系列支持绿色金融发展的政策文件，初步形成了系统性推动绿色金融发展的政策框架，形成了全球最大的绿色金融市场之一。截至 2018 年年底，我国金融机构和企业在国内外共发行各类绿色债券超过 7000 亿元。最新数据显示，2019 年第一季度我国绿色债券发行规模同比增长 178%。

（资料来源：工商银行将发行首只"一带一路"绿色气候债券[EB/OL]. 中国金融信息网，https://www.sohu.com/a/195755478_99945497）

**案例点评**

我国绿色金融市场的发展对建设绿色"一带一路"和支持沿线国家实现绿色与可持续发展具有重要意义。第一，中国的金融机构可以为"一带一路"绿色项目提供融资，满足沿线国家的绿色投资需求；第二，共建"一带一路"国家的机构和国际金融机构可以在我国发行绿色债券，直接为绿色项目建设提供资金支持；第三，中国在构建绿色金融体系、发展绿色金融市场方面所积累的经验可以为"一带一路"沿线国家和地区提供借鉴。深入开展国际合作，推动绿色金融成为国际主流议题，提升"一带一路"国家对绿色金融的理解和支持。

## 债券收益与风险评估

**一、实训目的**

了解债券的市场价格与收益率的关系；债券的主要风险为利率风险，久期和凸性是刻画债券的两个重要特征。本实训要求熟悉债券的久期概念，掌握久期的计算。

**二、操作示例**

例 1：某 15 年到期债券，息票年利率为 10%，面值为 1000 元，试分析债券票面利率与市场利率的关系。

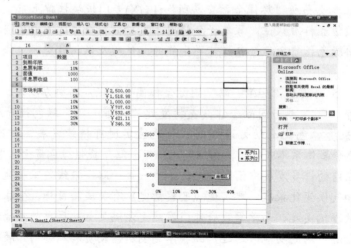

例 2：债券久期计算(原理)。

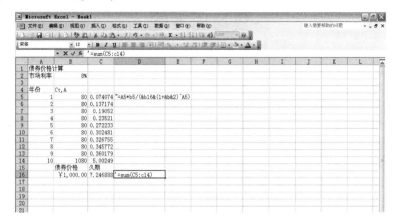

例 3：久期度量债券的价格相对贴现率的弹性。

$$\frac{\mathrm{d}P}{\mathrm{d}r} = \sum_{t=1}^{N} \frac{-tC_t}{(1+r)^{t+1}} = -\frac{\mathrm{d}P}{1+r} \text{（求导）}$$

例 4：Excel 久期函数计算久期。

# 复习思考题

## 一、选择题

1. 现代大多数公司的债券都具有"赎回"的特性，或者说它们的债券契约中包含赎回条款。那么债券发行公司常常在(　　)的情况下，在债券未到期以前赎回一部分在外流通的债券。

   A. 发行在外的债券的票面利率较高，当前市场利率较低
   B. 发行在外的债券的票面利率较低，当前市场利率较高
   C. 发行在外的债券的票面利率较高，当前市场利率较高
   D. 发行在外的债券的票面利率较低，当前市场利率较低

2. 根据债券定价原理，债券的价格与债券的收益率具有(　　)的关系。

   A. 当债券价格上升时，债券的收益率上升
   B. 当债券价格上升时，债券的收益率下降
   C. 当债券价格上升时，债券的收益率不变
   D. 二者没有相关关系

3. 中期债券的偿还期在(　　)。

   A. 1年以上、5年以下　　　　　　　　B. 1年以上、10年以下
   C. 半年以上、1年以下　　　　　　　　D. 1年以上、1年半以下

4. (　　)是反映债券违约风险的重要指标。

   A. 流动性　　　　B. 债券面值　　　　C. 债券评级　　　　D. 息票率

## 二、判断题

1. 公司债券投资者一般不可参与公司的经营管理。　　　　　　　　　　(　　)
2. 国债不存在投资风险。　　　　　　　　　　　　　　　　　　　　　(　　)
3. 如果市场利率下降，已上市国债的市场价格，在正常情况下是下降。　(　　)
4. 债券的偿还性是指债券的变现能力。　　　　　　　　　　　　　　　(　　)
5. 回购协议的回购方是以有价证券做抵押向另一方贷款。　　　　　　　(　　)

## 三、简答题

1. 如何理解债券？
2. 债券发行价格有哪几种？
3. 什么是净价交易？什么是全价交易？
4. 什么是含权债券？
5. 资产证券化如何分类？

## 阅读推荐与网络链接

1. [美]芭芭拉.S.佩蒂特(Barbara S.Petitt),杰拉尔德.E.平托(Jerald,E. Pinto). 固定收益证券分析(原书第3版)[M]. 张德成,韩振开,李函霏,译. 北京:机械工业出版社,2019.
2. 姚长辉. 固定收益证券:定价与利率风险管理[M]. 北京:北京大学出版社,2015.
3. 龚仰树. 金融市场与风险管理系列教材:固定收益证券[M]. 上海:上海财经大学出版社,2016.
4. 银行间市场交易商协会,http://www.nafmii.org.cn/.
5. 上海银行间拆放利率,http://www.shibor.org/.
6. 工商银行将发行首只"一带一路"绿色气候债券[EB/OL]. 中国金融信息网,https://www.sohu.com/a/195755478_99945497.

# 第四章　证券投资基金

## 学习要点

- 掌握证券投资基金的含义与特点。
- 掌握证券投资基金的类型。
- 掌握证券投资基金的交易。
- 熟悉证券投资基金的投资策略。

## 核心概念

证券投资基金　基金管理人　基金托管人　基金申购　基金赎回

引导案例

　　2020年伊始，基金销售市场呈现一片火热景象。截至2020年1月9日，市场共成立6只新基金，总发行规模达到232.46亿元，平均发行规模达到38.74亿元。这6只新成立的基金几乎全是爆款产品，比如，汇添富大盘核心资产首募规模突破百亿元。景顺长城品质成长首募规模突破60亿元，南方创利3个月定开债首募30亿元，万家科技创新仅发行1天就因首募规模达到上限而提前结束募集。而还在等候成立的交银内核驱动混合更是提前锁定"2020第一只爆款基金"的称号，最新销售规模已经突破500亿元，按照60亿元限额规定，最终持有人规模将按比例配售。

　　基金提前结束募集主要有几种情况：一是每年第一季度是基金最好卖的季节，该季度的资金特别充沛，公司出于保护投资者利益，提前结束募集；二是今年年初A股整体走势较好，各路资金都在抢先布局，提前结束募集可能是期待一轮春季躁动行情；三是各家机构对A股未来行情判断较乐观，一些个人投资者也都看好基金投资，导致新基金很容易出现爆款。

　　金百临咨询首席分析师秦洪在接受《国际金融报》记者采访时表示，2019年是基金大年，基金的收益率远超预期和上证综指，形成典型的赚钱示范效应。与此同时，舆论对于散户投资不足的相关报道，也推动更多中小投资者通过购买基金进入A股市场。

（资料来源：雪球，https://xueqiu.com/4198399524/139048488）

中国资本市场经过 30 多年的发展，层次逐渐完善，品种日益丰富，投资者不断成熟，基金作为一种重要的投资品种凭借专家管理、收益稳定等特点越发受到中小投资者的青睐，在家庭投资中的比重大幅提高。那么，基金是如何建立起来的？如何进行运作管理？投资者如何进行投资？通过本章内容的学习，你会一一找到答案。

# 第一节　证券投资基金概述

基金市场
百花争艳.mp4

## 一、证券投资基金的含义

证券投资基金是指通过发售基金份额，将众多投资者的资金集中起来，形成独立财产，由基金托管人托管，基金管理人管理，以投资组合的方法进行证券投资的一种利益共享、风险共担的集合投资方式。

证券投资基金通过发行基金份额的方式募集资金，个人投资者或机构投资者通过购买一定数量的基金份额参与基金投资。基金所募集的资金在法律上具有独立性，由选定的基金托管人保管，并委托基金管理人进行股票、债券等分散化组合投资。基金投资者是基金的所有者。基金投资收益在扣除由基金承担的费用后的盈余全部归基金投资者所有，并依据各个投资者所购买的基金份额的多少在投资者之间进行分配。

世界各国和地区对投资基金的称谓有所不同，证券投资基金在美国被称为"共同基金"(mutual fund)，在英国和我国香港特别行政区被称为"单位信托基金"(unit trust)，在欧洲一些国家被称为"集合投资基金"或"集合投资计划"(collective investment scheme)，在日本和我国台湾地区被称为"证券投资信托基金"(securities investment trust)。

## 二、证券投资基金的特点

证券投资基金之所以在许多国家受到投资者的广泛欢迎，与证券投资基金本身的特点有关。作为一种现代化投资工具，证券投资基金所具备的特点是十分明显的。

### (一)集合理财，专业管理

证券投资基金是将零散的资金汇集起来，交给专业机构投资于各种金融工具，以谋取资产的增值。基金实行专业理财制度，由受过专门训练、具有比较丰富的证券投资经验的专业人员运用各种技术手段收集、分析各种信息资料，预测金融市场上各个证券品种的价格变动趋势，制定投资策略和投资组合方案，从而最大限度地避免投资决策失误，提高投资收益。

## (二)组合投资，分散风险

以科学的投资组合降低风险、提高收益是基金的另一大特点。在投资活动中，风险和收益总是并存的，因此，"不能将鸡蛋放在一个篮子里"。但是，要实现投资资产的多样化，需要一定的资金实力。对小额投资者而言，由于资金有限，很难做到这一点，而基金则可以帮助中小投资者解决这个困难，即可以凭借其集中的巨额资金，在法律规定的投资范围内进行科学的组合，分散投资于多种证券，实现资产组合多样化。通过多元化的投资组合，一方面借助于资金庞大和投资者众多的优势使每个投资者面临的投资风险变小；另一方面利用不同投资对象之间收益率变化的相关性，达到分散投资风险的目的。

## (三)利益共享，风险共担

基金投资的收益在扣除基金托管人和基金管理人按规定收取的托管费和管理费后，所有盈余按各投资者所持有的基金份额比例进行分配。

## (四)严格监管，信息透明

各国监管机构都对基金业实行严格的监管，对各种有损投资者利益的行为进行严厉打击，并强制基金进行较为充分的信息披露。

## (五)独立托管，保障安全

基金管理人只负责基金资产的投资运作，不负责基金财产的保管，基金财产由独立于基金管理人的基金托管人负责。两者相互制约、相互监督的制衡机制，保护了投资者的利益。

# 三、证券投资基金的参与主体

## (一)证券投资基金的当事人

我国的基金依据基金合同设立，基金投资者、基金管理人与基金托管人是基金的当事人。

### 1. 基金投资者

基金投资者即基金份额持有人，是基金的出资人、基金资产的所有者和基金投资收益的受益人。按照《中华人民共和国证券投资基金法》(以下简称《证券投资基金法》)的规定，我国基金投资者享有以下权利：分享基金财产收益，参与分配清算后的剩余基金财产，依法转让或者申请赎回其持有的基金份额，依据规定要求召开基金份额持有人大会，对基金份额持有人大会审议事项行使表决权，查阅或者复制概况披露的基金信息资料，对基金管理人、基金托管人、基金份额发售机构损害其合法权益的行为依法提出诉讼。

## 2. 基金管理人

基金管理人是基金产品的募集者和基金的管理者，其最主要职责就是按照基金合同的约定，负责基金资产的投资运作，在风险控制的基础上为基金投资者争取最大的投资收益。基金管理人在基金运作中具有核心作用，公开募集基金的基金管理人应当履行下列职责：①依法募集资金，办理基金份额的发售和登记事宜；②办理基金备案手续；③对所管理的不同基金财产分别管理、分别记账，进行证券投资；④按照基金合同的约定确定基金收益分配方案，及时向基金份额持有人分配收益；⑤进行基金会计核算并编制基金财务会计报告；⑥编制中期和年度基金报告；⑦计算并公告基金资产净值，确定基金份额申购、赎回价格；⑧办理与基金财产管理业务活动有关的信息披露事项；⑨按照规定召集基金份额持有人大会；⑩保存基金财产管理业务活动的记录、账册、报表和其他相关资料；⑪以基金管理人名义，代表基金份额持有人利益行使诉讼权利或者实施其他法律行为；⑫国务院证券监督管理机构规定的其他职责。

在我国，公募基金管理人可由依法设立的基金管理公司、资产管理公司、证券公司担任，以基金管理公司为主。截至 2020 年 4 月，我国已有 143 家基金管理人，管理基金规模 16.64 万亿元。私募基金管理人包括私募证券投资基金管理人，私募股权、创业投资基金管理人，其他私募投资基金管理人，私募资产配置类管理人。截至 2020 年 3 月，我国已有 24584 家私募基金管理人，管理资产规模 114.25 万亿元。

## 3. 基金托管人

为了保证基金资产的安全，《证券投资基金法》规定，基金资产必须由独立于基金管理人的基金托管人保管，从而使得基金托管人成为基金的当事人之一。基金托管人的主要职责包括：①安全保管基金财产；②按照规定开设基金财产的资金账户和证券账户；③对所托管的不同基金财产分别设置账户，确保基金财产的完整性与独立性；④保存基金托管业务活动的记录、账册、报表和其他相关资料；⑤按照基金合同的约定，根据基金管理人的投资指令，及时办理清算、交割事宜；⑥办理与基金托管业务活动有关的信息披露事项；⑦对基金财务会计报告、中期和年度基金报告出具意见；⑧复核、审查基金管理人计算的基金资产净值和基金份额申购、赎回价格；⑨按照规定召集基金份额持有人大会；⑩按照规定监督基金管理人的投资运作；⑪国务院证券监督管理机构规定的其他职责。在我国，基金托管人由依法设立并取得基金托管资格的商业银行和证券公司担任，截至 2019 年 11 月，我国共有 47 家基金托管人。

基金投资者和基金管理人、基金托管人是委托受托的关系，基金投资人是受托人，委托基金管理人对基金资产进行管理、委托基金托管人对基金资产进行保管。资金托管人对基金管理人管理、运作基金的合法合规性进行监督，二者是相互制衡的关系。

### (二)证券投资基金市场服务机构

基金管理人、基金托管人既是基金的当事人，又是基金的主要服务机构。除基金管理人与基金托管外，基金市场还有许多面向基金提供各类服务的其他机构。这些机构主要包括基金销售机构、销售支付机构、份额登记机构、估值核算机构、投资顾问机构、评价机构、信息技术系统服务机构以及律师事务所、会计师事务所等。

### 1. 证券投资基金销售机构

基金销售是指基金宣传推介、基金份额发售或者基金份额的申购、赎回，并收取以基金交易(含开户)为基础的相关佣金的活动。基金销售机构是指从事基金销售业务活动的机构，包括基金管理人以及经中国证券监督管理委员会(以下简称中国证监会)认定的可以从事基金销售的其他机构。目前可申请从事基金代理销售的机构主要包括商业银行、证券公司、期货公司、保险公司、保险代理公司、证券投资咨询机构、独立基金销售机构。

### 2. 证券投资基金销售支付机构

基金销售支付是指基金销售活动中基金销售机构、基金投资人之间的货币资金转移活动。基金销售支付机构是指从事基金销售支付业务活动的商业银行或者支付机构。基金销售支付机构从事销售支付活动的，应当取得中国人民银行颁发的《支付业务许可证》(商业银行除外)，并制定完善的资金清算和管理制度，能够确保基金销售结算资金的安全、独立和及时划付。基金销售支付机构从事公开募集基金销售支付业务的，应当按照中国证监会的规定进行备案。

### 3. 证券投资基金份额登记机构

基金份额登记是指基金份额的登记过户、存管和结算等业务活动。基金份额登记机构是指从事基金份额登记业务活动的机构。基金管理人可以办理其募集基金的份额登记业务，也可以委托基金份额登记机构代为办理基金份额登记业务。公开募集基金份额登记机构由基金管理人和中国证监会认定的其他机构担任。基金份额登记机构的主要职责包括：建立并管理投资人的基金账户；负责基金份额的登记；基金交易确认；代理发放红利；建立并保管基金份额持有人名册；法律法规或份额登记服务协议规定的其他职责。

### 4. 证券投资基金估值核算机构

基金估值核算是指基金会计核算、估值及相关信息披露等业务活动。基金估值核算机构是指从事基金估值核算业务活动的机构。基金管理人可以自行办理基金估值核算业务，也可以委托基金估值核算机构代为办理基金估值核算业务。基金估值核算机构拟从事公开募集基金估值核算业务的，应当向中国证监会申请注册。

### 5. 证券投资基金投资顾问机构

基金投资顾问是指按照约定向基金管理人、基金投资人等服务对象提供基金以及其他中国证监会认可的投资产品的投资建议，辅助客户做出投资决策，并直接或者间接获取经济利益的业务活动。基金投资顾问机构是指从事基金投资顾问业务活动的机构。基金投资顾问机构提供公开募集基金投资顾问业务的，应当向工商登记注册地中国证监会派出机构申请注册。未经中国证监会派出机构注册，任何机构或者个人不得从事公开募集基金投资顾问业务。基金投资顾问机构及其从业人员提供投资顾问服务，应当具有合理的依据，对其服务能力和经营业务进行如实陈述，不得以任何方式承诺或者保证投资。

### 6. 证券投资基金评价机构

基金评价是指对基金投资收益和风险或者基金管理人管理能力进行的评级、评奖、单一指标排名或者中国证监会认定的其他评价活动。评级是指运用特定的方法对基金的投资收益和风险或者基金管理人的管理能力进行综合性分析,并使用具有特定含义的符号、数字或者文字展示分析的结果。基金评价机构是指从事基金评价业务活动的机构。基金评价机构从事公开募集基金评价业务并以公开形式发布基金评价结果的,应当向基金业协会申请注册。基金评价机构及其从业人员应当客观公正,依法开展基金评价业务,禁止误导投资人,防范可能发生的利益冲突。目前的评级机构主要有4类:专门进行评级的机构,如晨星评级;投资咨询机构,如天相投顾;证券公司,如银河证券、海通证券;指定媒体,如中国证券报、上海证券报、证券时报等。

### 7. 证券投资基金信息技术系统服务机构

基金信息技术系统服务是指为基金管理人、基金托管人和基金服务机构提供基金业务核心应用软件开发、信息系统运营维护、信息系统安全保障和基金交易电子商务平台等的业务活动。从事基金信息技术系统服务的机构应当具备国家有关部门规定的资质条件或者取得相关资质认证,具有开展业务所需要的人员、设备、技术、知识产权等条件,其信息技术系统服务应当符合法律法规、中国证监会以及行业自律组织等的业务规范要求。

### 8. 律师事务所和会计师事务所

律师事务所和会计师事务所作为专业、独立的中介服务机构,为基金提供法律、会计服务。

## (三)基金监管机构和自律组织

### 1. 基金监管机构

为了保护基金投资者的利益,世界上不同国家和地区都对基金活动进行严格的监督管理。基金监管机构通过依法行使审批或核准权,依法办理基金备案,对基金管理人、基金托管人以及其他从事基金活动的服务机构进行监督管理,对违法违规行为进行查处,因此其在基金的运作过程中有重要的作用。

### 2. 基金自律组织

证券交易所是基金的自律管理机构之一。我国的证券交易所是依法设立的,不以营利为目的,为证券的集中和有组织的交易提供场所和设施,履行国家有关法律法规、规章、政策规定的职责,实行自律性管理的法人。一方面,封闭式基金、上市开放式基金和交易型开放式指数基金等需要通过证券交易所募集和交易,必须遵守证券交易所的规则;另一方面,经中国证监会授权,证券交易所对基金的投资交易行为还承担着重要的监控职责。

基金自律组织是由基金管理人、基金托管人及基金市场服务机构共同成立的同业协会。同业协会在促进同业交流、提高从业人员素质、加强行业自律管理、促进行业规范发展等方面具有重要的作用。我国的基金自律组织是2012年6月7日成立的中国证券投资基金业协会。

## 四、证券投资基金与股票、债券的比较

与直接投资股票或债券不同,证券投资基金是一种间接投资工具。一方面,基金投资者通过购买基金份额的方式间接进行证券投资;另一方面,证券投资基金以股票、债券等金融证券为投资对象。

证券投资基金与股票、债券的不同之处如下。

(1) 反映的经济关系不同。股票反映的是一种所有权关系,是一种所有权凭证,投资者购买股票后就成为公司的股东;债券反映的是债权债务关系,是一种债权凭证,投资者购买债券后就成为公司的债权人;基金反映的则是一种信托关系,是一种受益凭证,投资者购买基金份额就成为基金的受益人。

(2) 所筹资金的投向不同。股票和债券是直接投资工具,筹集的资金主要投向实业领域;基金是一种间接投资工具,所筹集的资金主要投向有价证券等金融工具或产品。

(3) 投资收益与风险大小不同。通常情况下,股票价格的波动性较大,是一种高风险、高收益的投资品种;债券可以给投资者带来较为确定的利息收入,波动性也较股票要小,是一种低风险、低收益的投资品种;基金投资于众多金融工具或产品,能有效分散风险,是一种风险相对适中、收益相对稳健的投资品种。

## 五、证券投资基金的起源与发展

证券投资基金的出现与世界经济的发展有着密切关系,世界上第一只公认的证券投资基金——"海外及殖民地政府信托"(The Foreign And Colonial Government Trust)诞生在1868年的英国。为了拓展海外殖民地的经济建设,英国政府批准成立了一家海外投资信托,由投资者集体出资、专职经理人负责管理和运作。为确保资本的安全和增值,还委托律师签订了文字契约,由此产生了一种新型信托契约型间接投资模式。它在许多方面为现代投资基金的产生奠定了基础。

投资基金真正的大发展是在美国。1924年由200多名哈佛大学教授出资5万美元在波士顿成立的"马萨诸塞投资信托基金"(Massachusetts Investment Trust)被公认为是美国开放式公司型共同基金的鼻祖。

20世纪80年代末,一批由中资或外资金融机构在境外设立的"中国概念基金"相继推出,这些"中国概念基金"一般均是由国外及我国香港等地基金管理机构单独或者与境内机构联合设立,投资于在香港上市的大陆企业或者大陆企业的股票。这被认为是改革开放以后证券投资基金的萌芽。1997年11月,国务院证券委员会颁布了《证券投资基金管理暂行办法》,为我国证券投资基金的规范发展奠定了法律基础。1998年3月27日,经中国证监会批准,新成立的南方基金管理公司和国泰基金管理公司分别发起设立了规模均为20亿元的两只封闭式基金——"基金开元"和"基金金泰",由此拉开了中国证券投资基金试点的序幕。随后,1998年4月,华夏基金公司发起设立了兴华基金,华安基金管理公司发起设立了安信基金。

经过 20 年的发展，中国证券投资基金行业法律法规不断健全和完善，《证券投资基金法》已于 2015 年重新修订；基金公司的业务和产品不断创新，除了传统的公募基金业务外，企业年金业务、社保基金、特定客户资产管理等业务有了较快发展，出现了各类股票型、债券型分级基金产品，行业、债券、黄金、跨市场和跨境等 ETF 产品，短期理财债券型基金产品，T+0 和具有支付功能的货币市场基金和场内货币市场基金等新产品；互联网金融与基金业有效结合，网络已日益成为基金营销的主要渠道；混业化与大资产管理的局面逐渐形成。

国际投资基金协会(IIFA)委托美国投资公司协会(ICI)发布的最新数据显示，截至 2019 年第二季度，全球开放式基金规模为 51.4 万亿美元，刷新近五年统计数据新高。美洲拥有全球开放式基金总资产的 52%，欧洲以 35%占比位列第二，非洲和亚太地区合计占比 14%。中国开放式基金规模 1.8 万亿美元，比上年末增长 351.31 亿美元，在全球开放式基金中占比 3.5%，位居新兴经济体发展前列。

## 第二节 证券投资基金的类型

指数基金的
魔力.mp4

按照不同标准对证券投资基金分类，既是基金管理人设立和运作管理基金的基础，有利于监管机构进行管理，也是投资者对证券投资基金投资的前提。随着资本市场的发展，证券投资基金的种类和品种也日新月异，不断丰富。

## 一、按组织形式进行分类

### (一)契约型基金

契约型基金是证券投资基金投资者、管理人、托管人三者作为基金的当事人，通过签订基金契约的形式建立和运作的一种证券投资基金。契约型基金是基于信托关系建立起来的，通过契约规范基金的运作管理和基金当事人的行为。目前我国的证券投资基金均是采取契约型的组织形式进行运作。

### (二)公司型基金

公司型基金是依据基金公司章程设立，在法律上具有独立法人地位的股份公司。公司型基金以发行股份的方式募集资金，投资者购买基金公司的股份后，以基金持有人的身份成为基金公司的股东，凭其持有的股份依法享有投资收益。公司型基金在组织形式上与股份有限公司类似，最高权力机构为股东大会，由股东选举董事会，由董事会选聘基金管理人管理基金。目前，国外尤其是美国的基金绝大部分采取的是公司型组织方式。

### (三)契约型基金与公司型基金的区别

契约型基金与公司型基金虽然都是证券投资基金，但在基金的运营依据、筹集资金性质、投资者地位等方面存在区别。

### 1. 基金的运作法律依据不同

契约型基金依据基金契约营运基金，公司型基金依据基金公司章程和《公司法》营运基金。契约型基金在设立和操作上更为简单易行；公司型基金的法律关系明确清晰，监督机制较为完善。当然，二者的运作和管理都受《证券法》《证券投资基金法》等基本法律的规范。

### 2. 所筹资金的性质不同

契约型基金的资金是通过发行基金份额筹集起来的信托财产；公司型基金的资金是通过发行普通股股票筹集起来的，是公司法人的资本。公司型基金具有法人资格，而契约型基金没有法人资格。

### 3. 基金投资者的地位不同

契约型基金的投资者购买基金份额后成为基金契约的当事人之一，投资者既是基金的委托人，即基于对基金管理人的信任，将自己的资金委托给基金管理人管理和营运；又是基金的受益人，即享有基金的受益权。公司型基金的投资者购买基金公司的股票后成为该公司的股东，具有决策参与权。因此，公司型基金的投资者比契约型基金投资者的地位要高。

## 二、按运作方式进行分类

证券投资基金按是否可自由赎回和基金规模是否固定，可分为封闭式基金和开放式基金。

### (一)封闭式基金

封闭式基金有明确的运作期限，新修订的《证券投资基金法》对封闭式基金的运作期限没有严格限制。封闭式基金份额可以在依法设立的证券交易场所交易，但基金份额持有人不得申购和赎回基金，因此封闭式基金份额总额在基金合同期限内固定不变。由于封闭式基金在封闭期内不能申购和赎回，投资者只能通过证券经纪商在二级市场上进行基金的交易，封闭式基金的价格由二级市场投资者的供求关系决定。截至 2020 年 4 月，封闭式基金总数为 938 只，占基金总数的 13.76%。

### (二)开放式基金

开放式基金是指没有明确的运作期限，在基金运作过程中，基金投资者可以在指定的时间、地点进行申购、赎回，但不能买卖的基金，因此基金份额总额不固定。为了满足投资者赎回资金、实现变现的要求，开放式基金一般都从所筹资金中拨出一定比例，以现金形式保持这部分资产。这虽然会影响基金的盈利水平，但作为开放式基金来说是必需的。截至 2020 年 4 月，开放式基金总数为 6038 只，占基金总数的 86.24%，是基金市场的主流。

### (三)封闭式基金与开放式基金的区别

封闭式基金与开放式基金的区别如下。

#### 1. 存续期限不同

封闭式基金有固定的期限,经持有人大会通过并经主管机关同意可以适当延长期限。开放式基金没有固定期限,投资者可随时向基金管理人赎回基金份额,若大量赎回,甚至会导致基金清算。

#### 2. 发行规模限制不同

封闭式基金的规模是固定的,在封闭期限内未经法定程序认可不能增加发行。开放式基金没有发行规模限制,投资者可随时提出申购或赎回申请,基金规模随之增加或减少。

#### 3. 基金份额交易场所和方式不同

封闭式基金的基金份额在封闭期限内不能申购、赎回,但为方便投资者变现,往往在证券交易所挂牌买卖,持有人可以在证券交易所卖出,交易在基金投资者之间完成,交易价格由二级市场上投资者供求关系决定。开放式基金的投资者在首次发行结束一段时间后,在交易日中可以随时向基金管理人或中介机构提出申购或赎回申请。绝大多数开放式基金不上市交易,交易在投资者与基金管理人或其代理人之间进行。

#### 4. 基金份额的交易价格计算标准不同

封闭式基金与开放式基金的基金份额首次发行价都是按面值加一定百分比的认购费计算,但成立以后的交易计价方式不同。封闭式基金的买卖价格受市场供求关系的影响,常出现溢价或折价现象,并不一定反映单位基金份额的净资产值。开放式基金的交易价格则取决于基金份额净资产值的大小,其申购价一般是基金份额净资产值加一定的购买费,赎回价是基金份额净资产值减去一定的赎回费,不直接受市场供求影响。

#### 5. 交易费用不同

投资者在买卖封闭式基金时,在基金价格之外要支付手续费;投资者在买卖开放式基金时,则要支付申购费和赎回费。开放式基金和封闭式基金不论是计费标准还是计费模式都是不一样的。

#### 6. 投资策略不同

封闭式基金在封闭期内基金规模不会减少,没有赎回压力,因此可进行长期投资,基金资产的投资组合能有效地在预定计划内进行。开放式基金因基金份额可随时赎回,为应付投资者随时赎回兑现,所募集的资金不能全部用来投资,更不能把全部资金用于长期投资,必须保持基金资产的流动性,组合资产中需保留一部分现金和高流动性的金融工具。

我国《证券投资基金法》规定:按照基金合同的约定或者基金份额持有人大会的决议,并经国务院证券监督管理机构核准,可以转换基金运作方式。

## 三、按投资对象进行分类

证券投资基金按投资对象不同划分,可分为股票型基金、债券型基金、混合型基金和货币市场基金四种形式。

### (一)股票型基金

所谓股票型基金,是指 80%以上的基金资产投资于股票的基金。股票基金的投资目标侧重于追求资本利得和长期资本增值,比较适合长期投资。与其他类型的基金相比,股票型基金的风险较高,但预期收益也较高。

股票可以根据所在市场、规模、性质以及所属行业等归结为几种主要类型:按投资市场划分,股票型基金可分为国内股票基金、国外股票基金与全球股票基金三大类;按投资股票规模划分,可分为小盘股票基金、中盘股票基金与大盘股票基金;根据投资股票性质的不同,可分为价值型股票基金、成长型股票基金、平衡型股票基金;按投资风格划分,可分为大盘价值型基金、大盘平衡型基金、大盘成长型基金、中盘价值型基金、中盘平衡型基金、中盘成长型基金、小盘价值型基金、小盘平衡型基金、小盘成长型基金等;按行业划分,可分为行业股票基金和行业轮动股票基金。

2008 年次贷危机后 A 股市场行情持续低迷,导致股票型基金增速缓慢,截至 2020 年 4 月,市场上共有 1223 只股票型基金,占公募基金市场总数的 18%左右。

### (二)债券型基金

债券型基金,是指 80%以上的基金资产投资于债券的基金,对追求稳定收入的投资者具有较强的吸引力。债券型基金的波动性通常要小于股票型基金,因此常常被投资者认为是收益、风险适中的投资工具。此外,当债券型基金与股票型基金进行适当的组合投资时,常常能较好地分散投资风险。

根据债券型基金自身特点,债券型基金可以分为两大类:一类为标准债券型基金,仅投资于固定收益类金融工具,不能投资于股票市场,常称为"纯债基金",如鹏华纯债债券(206015);另一类为普通债券型基金,即主要进行债券投资(80%以上基金资产),但也投资于股票市场,这类基金在我国市场上占主要部分。

此外,根据债券发行者划分,可以将债券分为政府债券、企业债券、金融债券等;根据债券到期日划分,可以将债券分为短期债券、长期债券等;根据债券信用等级划分,可以将债券分为低等级债券、高等级债券等。与此相对应,也就产生了以某一类债券为投资对象的债券型基金。截至 2020 年 4 月,市场上共有约 1560 只债券型基金,约占公募基金市场总数的 23%。

### (三)混合型基金

混合型基金是指投资于股票、债券以及货币市场工具,且不符合股票型基金和债券型基金分类标准的基金。混合型基金的风险低于股票型基金,预期收益则要高于债券型基金。根据股票、债券投资比例以及投资策略的不同,混合型基金可以分为偏股型基金、偏债型基金、股债平衡型基金和灵活配置型基金等类型。

#### 1. 偏股型基金

偏股型基金中股票的配置比例较高，配置比例范围是 50%～70%；债券的配置比例较低，配置比例范围是 20%～40%。

#### 2. 偏债型基金

一般来说，偏债型基金中债券的配置比例较高，股票的配置比例较低。

#### 3. 股债平衡型基金

在这种基金中，股票和债券的配置比例较为均衡，基本都处于 40%～60%。

#### 4. 灵活配置型基金

在这种基金中，股票和债券的投资比例没有固定范围。随着基金经理对股票市场和债券市场未来走势判断的不同而动态调整组合股票和债券的配置比例。

截至 2020 年 4 月，我国共有 2760 只混合型基金，占公募基金市场总数的 41%左右。

### (四)货币市场基金

货币市场基金是以货币市场工具为投资对象的一种基金，货币市场工具通常指到期日不足 1 年的短期金融工具，如现金；1 年以内(含 1 年)的银行定期存款、大额存单；剩余期限在 397 天以内(含 397 天)的债券；期限在 1 年以内(含 1 年)的债券回购；期限在 1 年以内(含 1 年)的中央银行票据；剩余期限在 397 天以内(含 397 天)的资产支持证券等。货币市场进入门槛通常很高，属于场外交易市场，在很大程度上限制了一般投资者的进入，而货币市场基金的投资门槛极低，可以低至 0.01 元，因此，货币市场基金为普通投资者进入货币市场提供了重要通道。

与其他类型基金相比，货币市场基金具有风险低、流动性好的特点。货币市场基金是厌恶风险、对资产流动性和安全性要求较高的投资者进行短期投资的理想工具，或是暂时存放现金的理想场所。需要注意的是，货币市场基金的长期收益率较低，并不适合长期投资。截至 2020 年 4 月，我国共有 335 只货币市场基金，约占公募基金市场基金总数的 5%。

## 四、按投资目标进行分类

证券投资基金按投资目标划分，可分为成长型基金、收入型基金和平衡型基金。

### (一)成长型基金

成长型基金追求的是基金资产的长期增值。为了达到这一目标，基金管理人通常将基金资产投资于信誉度较高、有长期成长前景或长期盈余的所谓成长型公司的股票。

### (二)收入型基金

收入型基金主要投资于可带来现金收入的有价证券，以获取当期的最大收入为目的。

收入型基金资产的成长潜力较小,损失本金的风险相对也较低,一般可分为固定收入型基金和股票收入型基金。固定收入型基金的主要投资对象是债券和优先股,因而尽管收益率较高,但长期成长的潜力很小,而且当市场利率波动时,基金净值容易受到影响。股票收入型基金的成长潜力比较大,但易受股市波动的影响。

### (三)平衡型基金

平衡型基金将资产分别投资于两种不同特性的证券上,并在以取得收入为目的的债券及优先股和以资本增值为目的的普通股之间进行平衡。平衡型基金的主要目的是从其投资组合的债券中得到适当的利息收益,与此同时又可以获得普通股的升值收益。

## 五、按投资策略进行分类

证券投资基金按投资理念的不同划分,可分为主动型基金和被动(指数)型基金。

### (一)主动型基金

主动型基金是一类力图超越基准组合表现的基金。基金管理人通过甄选投资证券,建立投资组合,力图超越同类基金的平均收益水平。

### (二)被动(指数)型基金

被动型基金不主动寻求取得超越市场的表现,而是试图复制指数的表现,一般选取特定指数作为跟踪的对象,因此通常又被称为指数型基金。指数型基金就是选择一个特定市场的指数进行跟踪,根据指数的成分股(计算指数时使用的股票)来构造投资组合,使得基金的收益与这个市场指数的收益大致相同,从而达到一个被动地投资于市场的效果。相比主动型基金,指数型基金的被动跟踪一方面可以解决择时困境的问题;另一方面可以有效降低交易费用和聘请投资顾问的成本,增加基金的净利润和可分配利润。

世界上第一只指数型基金——先锋500(Vanguard 500 Index Fund)由约翰·博格创立的领航投资(The Vanguard Group)发行。投资大师巴菲特曾这样评价:"如果非要在华尔街给谁立一个雕像,以纪念为普通投资者贡献最大的人的话,那么这个人非约翰·博格莫属。"而他也不止一次在伯克希尔哈撒韦的股东大会上指出,定投指数基金是中小投资者的最佳投资选择。

## 六、特殊类型基金

随着证券投资基金市场的发展、投资者需求的多元化、监管要求的变化,基金品种不断调整和创新,保本基金和分级基金将根据禁止刚性兑付和防控投资风险的要求退出历史舞台;ETF、LOF、QDII 等基金数量日益增多,并在基金市场上扮演越来越重要的角色;发起式基金、FOF、养老目标基金、理财型基金等创新品种根据基金公司治理和投资者财富管理的最新要求而不断创立出来。

## (一)ETF 与 ETF 联结基金

### 1. ETF

ETF 是 Exchange Traded Funds 的简称,常被译为"交易所交易基金"或"交易型开放式指数基金"。ETF 是一种在交易所上市交易,并且可以申购和赎回,基金份额可变的基金。ETF 结合了封闭式基金与开放式基金的运作特点,投资者一方面可以像封闭式基金一样在交易所二级市场进行 ETF 的买卖;另一方面又可以像开放式基金一样申购、赎回,且一、二级市场可以分离交易。ETF 申购是用一揽子证券品种换取 ETF 份额,赎回时也是换回一揽子证券而不是现金,申购、赎回门槛较高,一般为 50 万份基金以上。这种交易制度使该类基金存在一、二级市场之间的套利机制,当 ETF 基金净值低于价格时,投资者可在一级市场申购 ETF 基金份额,在二级市场卖出;当 ETF 基金净值高于价格时,投资者可在二级市场买入基金份额,在一级市场赎回。投资者在一、二级市场之间的套利可有效防止类似封闭式基金的大幅折价。此外,ETF 的投资策略是完全被动跟踪指数,所有的 ETF 基金都是指数型基金,具有指数基金的特点和优势。

上海证券交易所于 2004 年推出的上证 50ETF 是第一只 ETF,上海证券交易所将上证 50 指数授权给华夏基金使用,华夏基金管理公司成为第一个 ETF 基金的管理人。此后,上海证券交易所陆续推出上证 180ETF、高红利股票指数 ETF、大盘股指数 ETF、行业 ETF。目前,ETF 的投资标的已经覆盖到债券、另类投资品等多个领域。

### 2. ETF 联结

由于 ETF 的申购、赎回是在交易所进行,而且门槛较高,导致没有开立证券账户的中小投资者无法参与申购、赎回。在这种情况下,ETF 联结基金应运而生。ETF 联结基金将其绝大部分基金财产投资于跟踪同一标的指数的 ETF(简称"目标 ETF")、密切跟踪标的指数表现、采用开放式运作方式、可以在场外申购或赎回的,每一只 ETF 基金就对应一只 ETF 联结基金。根据中国证监会的相关指引,ETF 联结基金投资于目标 ETF 的资产不得低于基金资产净值的 90%,其余部分应投资于标的指数的成分股和备选成分股以及中国证监会规定的其他证券品种,从性质上看,可以将 ETF 联结基金看作是一种指数型的基金中的基金。ETF 联结的投资门槛和普通开放式基金并无区别,极大地方便了中小投资者的参与。

## (二)LOF(上市开放式基金)

上市开放式基金(Listed Open-ended Funds,LOF),是一种可以同时在场外市场进行基金份额申购、赎回,在交易所进行基金份额交易,并通过份额转托管机制将场外市场与场内市场有机地联系在一起的新的基金运作方式。深圳证券交易所推出的 LOF 在世界范围内具有首创性。

## (三)QDII 基金

QDII 基金是指在一国境内设立,经该国有关部门批准从事境外证券市场的股票、债券等有价证券业务的证券投资基金。我国的 QDII 基金是指经中国证监会、中国人民银行批准，向国家外管局申请外汇投资额度投资海外证券市场的基金。截至 2019 年 12 月 31 日，QDII 的外汇投资额度共计 1039.83 亿美元，其中商业银行占 148.40 亿美元、证券类金融机构占 468.80 亿美元、保险类机构占 339.53 亿美元、信托类机构占 83.10 亿美元，基金市场上共有 151 只 QDII 基金。

不同于只能投资于国内市场的公募基金，QDII 基金可以进行国际市场投资。通过 QDII 基金进行国际市场投资，不但为投资者提供了新的投资机会，而且由于国际证券市场常常与国内证券市场具有较低的相关性，也为投资者降低组合投资风险提供了新的途径。但与此同时，QDII 基金也蕴含着普通公募基金的流动性风险、汇率风险和政治风险。

### (四)发起式基金

基金管理人及高管作为基金发起人认购基金的一定数额方式发起设立的基金，叫作发起式基金。发起式基金降低了募集成立的门槛，同时强化了基金退出机制，即发起式基金需在基金合同中约定，基金合同生效 3 年后，若基金资产规模低于 2 亿元的，基金合同自动终止，同时不得通过召开持有人大会的方式延续。发起式基金不受普通公募基金成立条件限制。基金公司成立发起式基金需在募集资金时使用公司股东资金、公司固有资金、公司高级管理人员和基金经理等人员的资金，认购的基金金额不少于 1000 万元，持有期限不少于 3 年。

### (五)FOF

FOF(Fund of Funds)是一种专门投资于其他投资基金的基金。FOF 并不直接投资股票或债券，其投资范围仅限于其他基金，通过持有其他证券投资基金而间接持有股票、债券等证券资产，它是结合基金产品创新和销售渠道创新的基金新品种。

一方面，FOF 将多只基金捆绑在一起，投资 FOF 等于同时投资多只基金，但比分别投资的成本大大降低；另一方面，与基金超市和基金捆绑销售等纯销售计划不同的是，FOF 完全采用基金的法律形式，按照基金的运作模式进行操作；FOF 中包含对基金市场的长期投资策略，与其他基金一样，是一种可长期投资的金融工具。

### (六)养老目标基金

养老目标基金，是指以追求养老资产的长期稳健增值为目的，鼓励投资人长期持有，采用成熟的资产配置策略，合理控制投资组合波动风险的创新型基金。首批有 14 只养老目标基金获准于 2018 年 8 月 6 日发行，均以 FOF 形式运作，如工银瑞信养老目标日期 2035 三年持有期混合型基金(FOF)，"2035"即退休时间为 2035 年，意味着 2035 年退休的投资者适合投资，三年限定了投资者的最短投资期限，若投资者 2020 年申购，则最早的赎回时间为 2023 年。

### (七)理财型基金

理财型基金是以理财为目标的证券投资基金，理财基金的投资标的和运作管理与货币基金相似，分红直接转投资、净值始终为 1，具备安全性高、收益稳定的特点。理财型基金具有以下特点。

(1) 投资门槛较高。银行理财产品的投资门槛一般为 5 万元，而理财型基金的门槛一般为 100 万元以上，如泰博瑞贵金属理财基金投资门槛为 100 万元。

(2) 交易费用为 0。与货币市场基金一样，理财型基金一般不收取认购费、申购费、赎回费，但会收取少量管理费、托管费。

(3) 有运作期限。理财基金的运作期限包括 7 天、14 天、28 天、30 天、60 天、90 天等，在运作期到期之前不能赎回，如华夏理财 30 天 A(001057)，运作期为 30 天。

## 第三节　证券投资基金的交易

### 一、开放式基金交易

#### (一)开放式基金的认购

让基金定点亮
你的生活.mp4

基金认购指投资者在募集期购买基金份额。

**1. 开放式基金的认购步骤**

开放式基金的认购，分为申请和确认两个步骤。

(1) 申请。投资人首先需向基金管理人提出认购申请，方式为金额申请，基金注册登记机构在基金认购结束后，再按基金份额的认购价格，将申请认购基金的金额换算为投资者应得的基金份额。投资者在募集期内可以多次认购基金份额，一般情况下，已经正式受理的认购申请不得撤销。

(2) 确认。销售机构对认购申请的受理并不代表该申请一定成功，而仅代表销售机构确实接受了认购申请，申请的成功与否应以注册登记机构的确认结果为准。认购的最终结果要待基金募集期结束后才能确认。认购申请被确认无效的，认购资金将退回投资人资金账户。

**2. 开放式基金的认购费率和收费模式**

在具体实践中，基金管理人会针对不同类型的开放式基金、不同认购金额等设置不同的认购费率。目前，我国股票型基金的认购费率一般按照认购金额设置不同的费率标准，最高一般不超过 1.5%，债券型基金的认购费率通常在 1%以下，货币型基金一般认购费率为 0。

在基金份额认购上存在两种收费模式：前端收费模式和后端收费模式。前端收费模式是指在认购基金份额时就支付认购费用的付费模式；后端收费模式是指在认购基金份额时不收费，在赎回基金份额时才支付认购费用的收费模式。后端收费模式设计的目的是鼓励投资者长期持有基金，因为后端收费的认购费率一般会随着投资时间的延长而递减，甚至不再收取认购费用。目前，绝大多数基金都只采用前端收费的模式。

### 3. 开放式基金认购费用与认购份额的计算

根据规定,基金认购费用将统一按净认购金额为基础收取,相应的基金认购费用与认购份额的计算公式为:

$$净认购金额=认购金额/(1+认购费率)$$
$$认购费用=净认购金额×认购费率$$
$$认购份额=净认购金额/基金份额面值$$

【例 4-1】 如果某投资者认购某基金 50 000 元,该基金认购费率为 1%,且其认购当日基金面值为 1.00 元/份,请问:认购费用和认购份额各为多少?

净认购金额=50 000/(1+1%)=50 000/1.01=49 504.95(元)
认购费用=50 000−49504.95=495.05(元)
认购份额=49 504.95/1.00=49 504.95(份)

如果在封闭期内,银行利息为 2.3 元,则认购份额=(49 504.95+2.3)/1.00=49507.25(份)。

## (二)开放式基金的申购和赎回

### 1. 申购和赎回的概念

投资者在开放式基金合同生效后,申请购买基金份额的行为通常被称为基金的申购。开放式基金的赎回是指基金份额持有人要求基金管理人购回所持有的开放式基金份额的行为。

### 2. 申购和赎回的原则

1) 未知价交易原则

投资者在申购和赎回开放式基金(货币市场基金按 1 元申购赎回除外)时并不能即时获得买卖的成交价格。申购、赎回价格只能以申购、赎回日交易时间结束后基金管理人公布的基金份额净值(基金净资产/基金总份额)为基准进行计算。这与股票、封闭式基金等大多数金融产品按已知价原则进行买卖不同。

2) 金额申购、份额赎回原则

开放式基金申购以金额申请,赎回以份额申请。这是适应未知价格情况下的一种最为简便的交易方式。除 ETF 以外的普通开放式基金申购门槛较低,一般不超过 100 元,货币市场基金低至 0.01 元。

### 3. 申购和赎回费用

1) 申购费用

投资者在办理开放式基金申购时,一般需要缴纳申购费,和认购费一样,申购费可以采用在基金份额申购时收取的前端收费方式,也可以采用在赎回时从赎回金额中扣除的后端收费方式。前端收费方式下,基金管理人可以选择根据投资人申购金额分段设置申购费率,申购规模越大,费率越低。后端收费方式下,基金管理人可以选择根据投资人持有期限不同分段设置申购费,持有时间越长,费率越低,甚至免收申购费,但对于持有期低于 3 年的投资人,基金管理人不得免收其后端申购费。

开放式基金的申购费率与其风险密切相关,一般不会超过 1.5%,略高于认购费率,股票型基金的申购费率最高,混合型基金和债券型基金次之,货币市场基金免收申购费,但近年来,随着混合型基金日益受到投资者青睐,个别混合型基金的申购费率会高于股票型基金。

基金销售机构可以对基金销售费用实行一定的优惠。

2) 赎回费用

基金管理人办理开放式基金份额的赎回,应当收取赎回费。场外赎回可按份额在场外的持有时间分段设置赎回费率;场内赎回为固定赎回费率,不可按份额持有时间分段设置赎回费率。赎回费在扣除手续费后,余额不得低于赎回费总额的 25%,并应当归入基金财产。

3) 销售服务费

基金管理人可以从开放式基金财产中计提一定比例的销售服务费,用于基金的持续销售和给基金份额持有人提供服务。在我国,只有货币市场基金收取销售服务费而不收取认购费、申购费和赎回费。

### 4. 申购和赎回的计算

1) 申购计算

申购费用与申购份额的计算公式如下:

$$净申购金额=申购金额/(1+申购费率)$$

$$申购费用=净申购金额\times 申购费率$$

$$申购份额=净申购金额/基金份额净值$$

一般规定基金份额份数以四舍五入的方法保留小数点后两位以上,由此产生误差的损失由基金资产承担,产生的收益归基金资产所有,但不同的基金招募说明书中约定不一样,有些也采用"基金份额小数点两位以后部分舍去"的方式。

【例 4-2】 某投资者通过场外(某银行)投资 1 万元申购某上市开放式基金,假设基金管理人规定的申购费率为 1.5%,申购当日基金份额净值为 1.025 元,则其申购手续费和可得到的申购份额是多少?

净申购金额=申购金额/(1+申购费率)=10000/(1+1.5%)=9852.22(元)

申购费用=净申购金额×申购费率=9852.22×1.5%=147.78(元)

申购费用=申购金额-净申购金额=147.78(元)

申购份额=净申购金额/基金份额净值=9852.22÷1.025=9611.92(份)

即投资者投资 1 万元申购基金,假设申购当日基金份额净值为 1.025 元,可得到 9611.92 份基金单位。

2) 赎回计算

赎回金额的计算公式如下:

$$赎回金额=赎回总额-赎回费用$$

$$赎回总额=赎回数量\times 赎回日基金份额净值$$

$$赎回费用=赎回总额\times 赎回费率$$

赎回费率一般按持有时间的长短分级设置。持有时间越长,适用的赎回费率越低。

**【例 4-3】** 某投资者赎回上市开放式基金 1 万份基金单位，持有时间为 1 年半，对应的赎回费率为 0.5%。假设赎回当日基金单位净值为 1.0250 元，则其可得净赎回金额是多少？

赎回总金额= 10 000×1.025 = 10 250(元)
赎回手续费=10250×0.005 = 51.25(元)
净赎回金额= 10 250-51.25 = 10 198.75(元)

即投资者赎回 1 万份基金单位，假设赎回当日基金单位净值为 1.025 元，则可得到 10 198.75 元净赎回金额。

### (三)与开放式交易相关的其他概念

#### 1. 开放式基金份额的转换

开放式基金份额的转换是指投资者不需要先赎回已持有的基金份额，就可以将其持有的基金份额转换为同一基金管理人管理的另一基金份额，投资者从 A 基金转入 B 基金相当于申购 B 基金份额，赎回 A 基金份额。基金份额的转换一般采取未知价法，按照转换申请日的基金份额净值为基础计算转换基金份额数量。

由于基金的申购和赎回费率不同，当转入基金的申购费率高于转出基金的申购费率而存在费用差额时，一般应在转换时补齐。目前绝大多数基金转换差价收取方法为：从高费率基金转到低费率基金不收补差费，从低费率基金转到高费率基金收取补差费，补差费率为两基金之间对应的申购费率差。

开放式基金转换操作一方面节省了申购、赎回需要重复支付的费用；另一方面也节省了申购、赎回确认的时间，是节约投资者交易成本并提高交易效率的一种业务模式。

#### 2. 巨额赎回

1) 巨额赎回的概念

单个开放日基金净赎回申请超过基金总份额的 10%时，为巨额赎回。单个开放日的净赎回申请，是指该基金的赎回申请加上基金转换中该基金的转出申请之和，扣除当日发生的该基金申购申请及基金转换中该基金的转入申请之和后得到的余额。

2) 巨额赎回的处理

当发生巨额赎回及部分延期赎回时，基金管理人应立即向中国证监会备案，并在 3 个工作日内在至少一种中国证监会指定的信息披露媒体进行公告，并说明有关处理方法。

出现巨额赎回时，基金管理人可以根据基金当时的资产组合状况决定接受全额赎回或部分延期赎回。

(1) 接受全额赎回。当基金管理人认为有能力兑付投资者的全额赎回申请时，按正常赎回程序执行。

(2) 部分延期赎回。当基金管理人认为兑付投资者的赎回申请有困难，或认为兑付投资者的赎回申请进行的资产变现可能使基金份额净值发生较大波动时，基金管理人可以在当日接受赎回比例不低于上一日基金总份额 10%的前提下，对其余赎回申请延期办理。对单个基金份额持有人的赎回申请，应当按照其申请赎回份额占申请赎回总份额的比例确定该单个基金份额持有人当日办理的赎回份额。未受理部分除投资者在提交赎回申请时选择将当日未获受理部分予以撤销外，延迟至下一开放日办理。转入下一开放日的赎回申请不享有赎回优先权，并将以下一个开放日的基金份额净值为基准计算赎回金额。以此类推，直到全部赎回为止。

基金连续 2 个开放日以上发生巨额赎回，如基金管理人认为有必要，可暂停接受赎回申请；已经接受的赎回申请可以延缓支付赎回款项，但不得超过正常支付时间 20 个工作日，并应当在至少一种中国证监会指定的信息披露媒体公告。

### 3. 开放式基金的非交易过户

开放式基金非交易过户是指不采用申购、赎回等基金交易方式，将一定数量的基金份额按照一定规则从某一投资者基金账户转移到另一投资者基金账户的行为，主要包括继承、司法强制执行等方式。接受划转的主体必须是合格的个人投资者或机构投资者。

### 4. 基金份额的转托管

基金持有人可以办理其基金份额在不同销售机构的转托管手续。转托管在转出方进行申报，基金份额转托管一次完成。一般情况下，投资者于 T 日转托管基金份额成功后，转托管份额于 T+1 日到达转入方网点，投资者可于 T+2 日起赎回该部分基金份额。

### 5. 基金定投

基金定投不是基金类型，而是一种基金的投资方式，是定期等额投资基金的简称，指在固定的时间以固定的金额投资到指定的开放式基金中。固定的时间指投资者在选定投资标的后，要设置一个固定的申购日期，一般支持按周和按月两种投资周期，如周五或每月 10 日；固定金额是每个申购日期的申购金额，投资者可根据个人的收入情况和投资需求自行设置，如每月 1000 元。定投的金额和日期都可进行调整，投资者需确保投资账户中有足够金额进行投资，投资者赎回不等于解除定投协议。

## 二、封闭式基金交易

### (一)封闭式基金的认购

封闭式基金主要有网上发售与网下发售两种方式。网上发售是指通过与证券交易所的交易系统联网的全国各地的证券营业部，向公众发售基金份额的发行方式。网下发售方式是指通过基金管理人指定的营业网点和承销商的指定账户，向机构或个人投资者发售基金份额的方式。

目前募集的封闭式基金通常为创新型封闭式基金。创新型封闭式基金按 1 元募集，外加券商自行按认购费率收取认购费方式进行。拟认购封闭式基金份额的投资人必须开立沪、深证券账户或沪、深基金账户及资金账户，根据自己计划的认购量在资金账户中存入足够的资金，并以"份额"为单位提交认购申请。认购申请已经受理就不能撤单。

## (二)封闭式基金的交易

封闭式基金发行结束后,不能按基金净值买卖,投资者可委托券商(证券公司)在证券交易所按市价(二级市场)买卖,直到到期日。

### 1. 封闭式基金的交易规则

封闭式基金的交易时间为每周一至周五(法定公众节假日除外),每天 9:30—11:30、13:00—15:00。

封闭式基金的交易遵从"价格优先、时间优先"的原则。价格优先是指较高价格买进申报优先于较低价格买进申报,较低价格卖出申报优先于较高价格卖出申报。时间优先是指买卖方向、价格相同的,先申报者优先于后申报者。先后顺序按交易主机接受申报的时间确定。

封闭式基金的报价单位为每份基金价格。基金的申报价格最小变动单位为 0.001 元。买入与卖出封闭式基金份额,申报数量应当为 100 份或其整数倍。基金单笔最大数量应当低于 100 万份。

目前,沪、深证券交易所对封闭式基金的交易与股票交易一样实行价格涨跌幅限制,涨跌幅比例为 10%(基金上市首日除外)。同时,我国封闭式基金在达成交易后,二级市场交易份额和股份的交割是在 T+0 日,资金交割是在 T+1 日完成。

### 2. 封闭式基金的交易费用

按照沪、深证券交易所公布的收费标准,我国基金交易佣金不得高于成交金额的 0.3%(深圳证券交易所特别规定该佣金水平不得低于代收的证券交易监管费和证券交易经手费,上海证券交易所无此规定),起点 5 元,不足 5 元的按 5 元收取,由证券公司向投资者收取。该项费用由证券登记公司与证券公司平分。目前,在沪、深证券交易所上市的封闭式基金交易不收取印花税。

# 第四节 证券投资基金的投资策略和资产配置及投资效果评价

说说基金投资那些事儿.mp4

证券投资基金管理人为实现在降低风险的前提下获得最大的收益,必须建立科学有效的投资决策和执行系统,并制定明确的投资目标。不同类型的基金有各不相同的投资理念、投资目标、投资对象和投资策略。

## 一、证券投资基金的投资策略

基金的投资策略主要分为两大类:积极的投资策略(active investment strategy,或主动投资)和消极的投资策略(passive investment strategy,或被动投资)。采用积极投资策略的基金是欲通过积极的组合管理和市场时机的把握来获取高于市场平均收益的回报;而消极的投资策略就是复制市场组合,争取获得与市场指数相同的回报。两种投资策略是基于投资者对市场效率(market efficiency)的不同认识。认为市场定价有效率的投资者倾向于支持被动的投资策略,而认为市场定价失效/暂时失效的投资者则坚持采用积极的投资策略。

## (一)积极投资策略

采用积极投资策略的投资者一般会用两种方式构筑投资组合。一种是自下而上(bottom-up);另一种是自上而下(top-down)。

自下而上的组合构筑方法,主要关注对个别股票的分析,而对宏观经济和资本市场的周期波动不是很重视。基金管理人主要通过基本面分析的方法,来预测股票的未来收益,然后根据股票所处的行业及其他一些参数确定股票的内在价值,通过比较股票的内在价值和现行市价决定是否要将股票纳入投资组合。最后的组合是满足这些选股条件的个别股票的集合。自下而上投资策略的特点是股票个数较少,且行业分布较不均匀。

自上而下的投资策略则是基金管理人对宏观经济环境进行评估,并预测近期经济前景,在此基础上决定资金在资本市场上的配置。当基金投资组合中包含债券时,基金经理必须首先确定股票、债券和现金等价物如何配置。其次确定股票市场上如何在不同板块和行业之间分配资金。根据预期的经济前景,基金管理人对股票市场各个板块和行业进行分析,从而选出那些可能获得最高收益的市场板块和行业进行重点配置。最后,在决定了板块和行业的资金分布之后,再决定在每个板块和行业中个别股票的分布。采用自上而下的投资策略,基金组合中个股的行业分布较为均匀,股票的个数也较多。

## (二)消极投资策略

根据现代投资组合理论,在定价有效率的市场中,"市场组合"给单位风险提供了最高的收益率水平。市场组合在理论上包含整个市场的股票。构造市场组合时,每只股票在组合中的权重应该是该股票的总市值/全市场资本总额,这种以市场组合作为投资的消极策略就是指数化投资策略。

根据市场条件的不同,通常有三种指数复制方法,即完全复制、抽样复制和优化复制。三种复制方法所使用的样本股票的数量依次递减,但是跟踪误差通常依次增加。

### 1. 完全复制

完全复制是指购买所有指数成分证券,完全按照成分证券在指数中的权重配置资金,并在指数结构调整时也同步调整来实现与指数完全相同的收益率。这种方法简单明了,跟踪误差较小,同时也是其他复制方法的出发点。

在理论上,完全复制是最好的策略,但完全复制实际操作难度较大。对于流动性较差的成分股,复制过程中买卖的冲击成本会对复制效果造成较大的影响;债券指数化投资过程流动性问题更加显著,有些债券流动性较差,甚至几天都没有一笔交易,由此导致完全复制是不可能实现的。

### 2. 抽样复制

指数的风险收益特征可以抽象为若干因子的变动,这些因子包括行业因子以及风格因子;抽样复制则是在尽可能保留因子个数和因子结构不变的情况下,对较少的股票来复制因子,从而减少复制指数所用的股票个数。由于因子模型并不能百分之百完全描述指数的风险收益特征,因子所不解释的残余部分会造成跟踪误差。

### 3. 优化复制

优化复制方法从一揽子样本证券开始,用数学方法计算一定历史时期内(样本期)各样本证券的最优组合,使之在样本期内能够达到对标的指数的最佳拟合状态。优化复制的优点是所使用的样本证券最少,缺点是这种方法隐含假设成分证券的相关性在一段时间内是相对静态且可预测的,由此导致该方法往往具有较高的跟踪误差。

### (三)量化投资策略

量化投资是将投资理念及策略通过具体指标、参数设计体现到具体的模型中,让模型对市场进行不带任何情绪的跟踪。相对于传统投资方式来说,量化投资具有快速高效、客观理性、收益与风险平衡、个股与组合平衡四大特点。量化投资技术几乎覆盖投资的全过程,包括估值与选股、资产配置与组合优化、订单生成与交易执行、绩效评估和风险管理等,在各个环节都有不同的方法及量化模型。量化投资策略有很多种类,包括自上而下的资产配置、行业配置和风格配置,以及自下而上的数量化选股,其中数量化选股可以从ROE、EPS等基本面因素或者波动率、换手率、市场情绪等市场面因素入手,也可以基于上述多个因素构建多因子模型。

## 二、证券投资基金的资产配置

### 1. 确定投资目标和限制因素

通常需要考虑到风险偏好、流动性需求和时间跨度要求,还需要注意实际的投资限制、操作规则和税收问题。比如,货币市场基金就常被投资者作为短期现金管理工具,因为其流动性好,风险较低。

### 2. 确定资本市场期望值

这一步骤非常关键,包括利用历史数据和经济分析,要考虑投资在持有期内的预期收益率。

### 3. 确定资产组合类项

一般来说,资产配置的几种主要资产类型有:货币市场工具、固定收益证券、股票、金融衍生品、海外资产等。

### 4. 确定有效组合边界

找出在既定风险水平下可获得最大预期收益的资产组合,确定风险修正条件下投资的指导性目标。

### 5. 寻找最佳投资组合

在满足投资者面对的限制因素的前提下,选择最能满足其风险收益目标的资产组合,确定实际的资产配置战略。

## 三、证券投资基金的投资效果评价

### (一)证券投资基金的收益率

证券投资基金的收益率是投资者购买基金的最重要的因素，对于一般投资者来说，衡量基金收益效果的收益率有如下几个。

1. 简单收益率计算

证券投资基金的简单收益率的计算不考虑分红再投资时间价值的影响，即用证券投资基金期末净值减去期初净值后再除以期初净值。

$$R = \frac{(\text{NAV}_t + D - \text{NAV}_{t-1})}{\text{NAV}_{t-1}} \times 100\%$$

式中：$R$——简单收益率；

$\text{NAV}_t$、$\text{NAV}_{t-1}$——期末、期初基金的份额净值；

$D$——在考察期内，每份基金的分红金额。

【例4-4】假设某基金在2018年12月3日的份额净值为1.4848元/份，2019年6月1日的份额净值为1.7886元/份，期间基金曾经在2019年2月28日每10份派息2.75元，2019年5月23日每10份派息1.58元，那么这一阶段该基金的简单收益率是多少？

简单收益率=(1.7886-1.4848+0.275+0.158)/1.4848×100%=49.62%

2. 时间加权收益率

证券投资基金的简单收益率由于没有考虑分红的时间价值，因此只能是一种基金收益率的近似计算。时间加权收益率由于考虑到了分红再投资，能更准确地对证券组合(基金)的真实投资表现做出衡量。

时间加权收益率的前提是：投资者选择红利再投资方式，即红利分配时资产管理者以分配后价格为投资者购买该证券组合(基金)，则时间加权收益率为：

$$R = [(1+R_1)(1+R_2)(1+R_3)\cdots(1+R_n) - 1] \times 100\%$$

$$= \left[ \frac{\text{NAV}_1}{\text{NAV}_0} \cdot \frac{\text{NAV}_2}{\text{NAV}_1 - D_1} \cdots \frac{\text{NAV}_n}{\text{NAV}_{n-1} - D_{n-1}} - 1 \right] \times 100\%$$

式中：$R_1$——第一次分红之前的收益率；

$R_2$——第一次和第二次分红之间的收益率；

$\text{NAV}_0$——期初份额净值；

$\text{NAV}_1$、$\text{NAV}_2\cdots\text{NAV}_n$——除息前一日份额净值；

$D_1$、$D_2\cdots D_n$——份额基金分红。

【例4-5】设基金在2018年12月1日份额净值为1.3058元，2019年9月1日份额净值为1.4562元，基金在2019年3月1日每10份派息3元，且除息前一日份额净值为1.5293元，请问：时间加权收益率是多少？

$$R_1 = \frac{1.5293 - 1.3058}{1.3058} \times 100\% = 17.12\%$$

$$R_2 = \left(\frac{1.4562}{1.5293 - 0.3} - 1\right) \times 100\% = 18.48\%$$

$$R = [(1+R_1)(1+R_2) - 1] \times 100\% = 38.76\%$$

### (二)风险调整收益衡量方法

前面介绍了几种平均收益率的计算方法,但仅计算出基金的平均收益率并不足以准确地评估基金业绩。事实上,承担风险的大小在决定投资组合的收益上具有基础性作用,因此高回报的基金可能仅仅是由于其承担了较高的风险,而表现较差的基金并不一定是由于基金经理的投资能力不足,可能只是因为其风险暴露较低。下面介绍考虑风险调整的基金业绩评估方法。

#### 1. 特雷诺指数

特雷诺指数等于考察期内证券投资基金的平均收益率减去平均的无风险收益率后除以证券投资基金承担的系统风险,特雷诺指数给出了基金份额系统风险的超额收益率,即证券投资基金在承担单位系统风险时获得的额外报酬。特雷诺指数越大,证券投资基金的绩效表现越好。其计算公式为:

$$T_P = \frac{\overline{R}_P - \overline{R}_f}{\beta_P}$$

式中:$T_P$——特雷诺比率;
　　　$\overline{R}_P$——基金的平均收益率;
　　　$\overline{R}_f$——平均无风险收益率;
　　　$\beta_P$——系统风险。

#### 2. 夏普比率

夏普比率是诺贝尔经济学奖得主威廉·夏普于 1966 年根据资本资产定价模型(CAPM)提出的经风险调整的业绩测评指标。此比率是用某一时期内投资组合平均超额收益除以这个时期收益的标准差。用公式可表示为:

$$S_P = \frac{\overline{R}_P - \overline{R}_f}{\sigma_P}$$

式中:$S_P$——夏普比率;
　　　$\overline{R}_P$——基金的平均收益率;
　　　$\overline{R}_f$——平均无风险收益率;
　　　$\sigma_P$——基金收益率的标准差,非系统风险。

由于分母使用的是基金收益率的标准差,所以可知夏普比率是针对总波动性权衡后的回报率,即单位总风险下的超额回报率。夏普比率数值越大,代表单位风险超额回报率越高,基金业绩越好。

**【例 4-6】** 假设当前一年期定期存款利率(无风险收益率)为 5%，基金 P 和证券市场在一段时间内的表现如表 4-1 所示，计算夏普比率。

表 4-1 基金和证券市场的平均收益率和标准差

| 项目 | 基金 P | 市场 M |
|---|---|---|
| 平均收益率 | 41% | 30% |
| 标准差 | 0.43 | 0.28 |

$$S_P = \frac{41\% - 5\%}{0.43} = 0.84$$

$$S_M = \frac{30\% - 5\%}{0.28} = 0.89$$

可见，在风险调整之前，基金 P 的收益率达到 41%，高于市场平均收益率的 30%。但由于基金 P 波动性太大，其标准差 0.43 高于市场的标准差 0.28，因此经风险调整后的夏普比率，基金 P 低于整个市场水平。这说明基金 P 的风险或者波动性高于整个市场水平，但并不一定说明基金 P 的收益率会比整个市场水平差，只是说明基金 P 取得收益的不确定性更高。

### 3. 詹森指数

詹森指数是由詹森在资本资产定价模型的基础上发展出的一个风险调整差异衡量指标。将管理组合的实际收益率与具有相同风险水平的市场组合的期望收益率比较，两者之差即为詹森指数。其公式为：

$$\alpha_P = (\overline{R}_P - \overline{R}_f) - \beta_P(\overline{R}_M - \overline{R}_f) = \overline{R}_P - [\overline{R}_f + \beta_P(\overline{R}_M - \overline{R}_f)]$$

式中：$\alpha_P$ ——詹森指数；

$\overline{R}_M$ ——市场平均收益率。

若 $\alpha_P = 0$，则说明基金组合的收益率与处于相同风险水平的被动组合的收益率不存在显著差异。当 $\alpha_P > 0$ 时，说明基金表现要优于市场指数表现；当 $\alpha_P < 0$ 时，说明基金表现要弱于市场指数的表现。

夏普比率与特雷诺指数给出的是单位风险的超额收益率，而詹森指数给出的是差异收益率。夏普比率考虑的是总风险，而特雷诺指数考虑的是市场风险。一般而言，当证券投资基金完全分散投资或高度分散，用夏普比率和特雷诺指数所进行的业绩排序是一致的。但当分散程度较差的组合与分散程度较好的组合进行比较时，用两个指标衡量的结果就可能不同。

## 本章小结

(1) 掌握证券投资基金的概念和特点，明确基金管理人、基金托管人、基金份额持有人的权利、义务关系，熟悉基金市场的各参与主体。

(2) 掌握公司型基金和契约型基金的区别，封闭式基金和开放式基金的区别，股票型基金、债券型基金、混合型基金、货币市场基金的概念和特点，主动型基金与被动型基金的区别，ETF、LOF、FOF、发起式基金、养老目标型基金、理财型基金的概念和特点。

(3) 掌握证券投资基金的认购，证券投资基金的申购和赎回，封闭式基金的交易。

(4) 熟悉投资策略和业绩评价。

请针对章先生的情况，为其制定基金定投投资规划。

客户章先生现年 49 岁，居住地上海，某银行钻石级客户，在×××电子城有三家铺面，三家店铺总面积 1000 多平方米，2005 年 1000 多万元购买，经营华为手机销售业务。2018 年三家店铺税前年收入共 80 万元，2018 年 1 月为了扩大经营，在银行办理了 2 年期房产抵押经营性非期供贷款，金额 800 万元，到期日为 2020 年 1 月，贷款利率为 5.4%，按年付息。主要投资智能家居业务，开拓华为智能家居体验店。华为手机销售预计会下挫，不知道如何保持业务增长(华为手机 2018 年销售增长率为 47.3%，2019 年第一季度增长 41%，目前增长态势良好，给定条件跟实际情况不符)。可能是市场统计与我们店面销售存在时间差，由于美国的干扰，店铺的实际出货量一直在下跌，并且未来不看好，利润率也不理想。目前已完成体验店两家，业务收入不明显，处于投入推广期。到期贷款需要偿还，偿还后还需要贷款 1500 万元左右，用于苏州智能家居市场开拓。

章先生妻子章太太现年 45 岁，在物业公司工作，工作时间为 23 年，2018 年税后月收入 13 000 元，有三险，个人养老金提缴 8%，医疗保险金提缴 2%，失业保险金提缴 1%，个人养老金账户余额 22 万元，医疗保险账户 3800 元。

章先生的基本情况与章太太类似，2017 年夫妻俩购买了中国人寿的健康险，每年 10 万元，需要连续支付 20 年。儿子小章 19 岁，现在建平中学读高三，儿子每年的教育支出为 8 万元，其他家庭年消费支出为 30 万元(其中章先生消费占 16 万元，章太太 9 万元，小章 5 万元)。

当前资产配置为：现金 10 万元，活存 55 万元，定存 150 万元，国债 160 万元(3 年期，2021 年 3 月到期，收益率为 3.39%)，2007 年 4 月进入股市，累计投入本金 170 万元，截至 2019 年 1 月，市值 128 万元。家有奥迪汽车一辆，自用，价值 40 万元，自住房产 2 套，在碧云国际，面积 320 平方米，2004 年购买的单价为 6500 元，无贷款，当前价值为 3000 万元。

**如何践行社会责任，各大基金公司们除了捐款还做了这些事**

2019 年 12 月 23 日，兴全社会价值三年持有混合(008378)发行。除了"首批浮动费率基金""谢治宇"的标签外，这只基金还有一个引人注目的注脚：部分管理费捐助公益项目。

其实，从其取名"社会价值"，就可以看出该基金的理念出自兴全基金的"社会责任"系列。2008年，兴全基金设立国内首只社会责任基金，每年从该基金管理费中提取5%用于公益支出。后期陆续成立了5只社会责任专户产品，计提公益金用于大学奖学金、互联网教育等多个公益项目。截至2018年年底，兴全基金的公益支出已经累计超过1.3亿元，两度上榜《福布斯中国慈善榜》。

达则兼济天下，如今支持公益事业已成为实力基金公司的标配。根据基金业协会数据，截至2018年年底，证券基金行业共有11家公募基金公司成立了公益基金会，累计对外捐赠3.36亿元；共有14家公募基金公司成立专项扶贫基金，累计对外捐助1.43亿元。

最早成立公益性慈善基金会的是易方达。2007年，易方达发起广东省易方达教育基金会。12年来，累计向基金会捐款近2亿元。

2008年至今，嘉实基金累计公益投入超过9000万元，形成了教育全谱系支持、公益金融、扶贫救灾三大板块。

2009年，博时基金成立了博时慈善基金会。截至2019年6月，基金会累计捐赠3600万元，用于扶贫济困、社区公益和环境保护等项目，受益万人以上。

2011年7月，南方基金捐资800万元设立广东省南方基金慈善基金会；2017年8月南方基金特别捐资50万元定点帮扶汾西县"光伏农场"扶贫项目的建设等，众多公益支出现已累计超过千万元。

近日，景顺长城基金为四川省阿坝藏族羌族自治州松潘县城关小学建立的一间梦想中心也正式启动运营。公司总经理康乐说："要成为一家受尊敬的资产管理公司，除了是一家投资业绩做得好、客户服务好的公司，还应该是有社会责任感、温暖的公司。"

一些基金公司在多年的公益领域摸索中总结了方法论：兴全基金联动教育主管部门，让教育主管部门参与公益项目的选择、评估，赢得教育部门的支持和帮助，提升教育公益的实施有效性；易方达基金发动全体员工作为基金会的志愿者，公司董事长和总裁都曾在高校为受助学生作专题学术报告和职业规划讲座。大批员工担任学生的职业导师，开展结对交流。

从业内行动可以看到，目前基金公司践行社会责任的方式有：通过基金产品，践行社会责任投资理念；将管理费所得用于公益支出；关注领域主要在教育、文化、环境、产业扶贫，等等。

作为资产管理机构，最直接、最有特色的公益方式莫过于践行社会责任投资理念。2019年12月，易方达基金与荷兰最大的养老金投资公司APG宣布，将联合推出首个中国责任投资固定收益策略，该策略将遵循欧洲责任投资框架，努力契合联合国可持续发展目标。"中国的债券市场需要引入和借鉴更多的成熟理念和市场规则，责任投资对中国市场来说还是相对新生的概念。"易方达基金固定收益投资总监胡剑表示。

此外，越来越多的基金公司加入联合国社会责任投资原则组织(UN PRI)。近日，招商、大成基金纷纷宣布加入其中。

(资料来源：如何践行社会责任，基金公司们除了捐款还做了这些事[EB/OL]. 界面新闻，https://baijiahao.baidu.com/s?id=1653510729261605741&wfr=spider&for=pc)

### 案例点评

马云曾说，企业家分为三类：一类是生意人，什么钱都赚；一类是商人，有所为有所不为；一类是企业家，关注长远，关注社会责任。企业关注社会群体的责任是全球化背景下参与国际竞争的必然要求，正确的企业价值观支配着企业的规范行为。

马云的话为"现代企业家精神"做了很好的注脚。一个企业要想具备社会责任感并满足公众不断变化的期望，需要企业高层有精明的领导。众多企业发展的历史表明，只有那些能够深刻认识社会变化，并预计到这些变化如何影响自身运作的企业，才能成为市场竞争中的幸存者。这些企业与政府监管机构相处更为融洽，对企业利益相关者的需要更加了解，与社区的互动也更为有效。因此，不难看出，社会责任意识是现代企业家精神的重要内涵。

### 思考讨论题

1. 谈谈你对企业家精神的认识？
2. 谈谈你对企业社会责任的认识？

#### 基金产品设计

**实训目的**

掌握基金产品的类型，熟悉基金产品设计的内容，熟悉投资基金决策的流程，能够利用所学基金概念与原理设计基金产品。

**实训内容与要求**

6人一组，其中基金经理1名，其余5人分别担任投资部、研究部、投资部、交易部、风险控制部人员，要求6人按照基金投资决策流程共同设计一款基金产品，产品设计内容包括：①基金产品名称；②基金产品类型；③基金产品投资策略；④基金产品投资范围；⑤基金产品风险等级及适合人群；⑥基金产品费率结构等。

# 复习思考题

## 一、单选题

1. 关于封闭式基金和开放基金的价格形成方式，以下表述错误的是(　　)。
   A. 根据行情变化，封闭式基金交易价格相对于单位资产净值可能出现折、溢价情况
   B. 开放式基金的买卖价格以基金份额净值为基础
   C. 封闭式基金交易价格主要受二级市场供求关系影响
   D. 开放式基金的买卖价格同时也受到市场供求关系的影响

2. 关于上市交易开放式指数基金(ETF)的特点，以下表述错误的是( )。
   A. 只有资金达到一定规模的投资者才能参与 ETF 一级市场的申购和赎回
   B. 在二级市场上按照价格进行竞价交易
   C. 申购时以股票换基金份额，赎回时以基金份额换股票
   D. 有助于确保投资者投资基金获利
3. 证券投资基金的特点不包括( )。
   A. 风险共担　　　　B. 利益共享　　　C. 集中投资　　　D. 专业管理
4. 下列不属于 QDII 基金投资范围的有( )。
   A. 住房按揭支持证券
   B. 银行存款
   C. 经中国证监会认可的国际金融组织发行的证券
   D. 所有公募基金
5. 下列基金类型中投资风险最低的是( )。
   A. 指数基金　　　　　　　　　　B. 债券基金
   C. 股票基金　　　　　　　　　　D. 货币市场基金

## 二、多选题

1. 投资组合管理的一般流程包括( )。
   A. 了解投资者需求　　　　　　　B. 制定投资政策
   C. 投资组合构建　　　　　　　　D. 承诺收益
2. 基金托管人的职责包括( )。
   A. 基金投资运作的监督　　　　　B. 基金资产的保管
   C. 基金资金清算、会计复核　　　D. 基金份额的发售
3. 下列各项中属于开放式基金的特点的有( )。
   A. 开放式基金的买卖价格受到市场供求关系的影响
   B. 基金份额可以在基金合同约定的时间和场所进行申购或者赎回
   C. 交易在投资者与基金管理人之间完成
   D. 基金份额不固定
4. 关于股票型基金的特点，以下表述正确的有( )。
   A. 风险较高，但预期收益也较高
   B. 以追求长期的资本增值为目标
   C. 是应对通货膨胀的有效手段
   D. 适合短期波段操作，通过买卖价差盈利
5. 货币市场基金禁止投资的金融工具有( )。
   A. 可转换债券　　　　　　　　　B. 现金
   C. 信用等级 AAA 级以下的企业债券　　D. 股票

## 三、简答题

1. 简述证券投资基金的特点。
2. 简述基金管理人的职责。

3. 简述 ETF 的特点。
4. 简述 ETF 的套利。

### 四、计算题

某投资者于 2017 年 5 月 8 日申购某开放式基金，申购金额为 150 000 元，申购费率为 1.2%，申购日基金净值为 1.245 元/份，于 2017 年 9 月 18 日赎回该基金全部份额，赎回日基金净值为 1.468 元/份，赎回费率为 0.5%，请问：赎回净额和赎回费用为多少？

# 阅读推荐与网络链接

1. 中国证券投资基金业协会. 证券投资基金(上册)[M]. 北京：高等教育出版社，2017.
2. 中国证券投资基金业协会. 证券投资基金(下册)[M]. 北京：高等教育出版社，2017.
3. 李曜，游搁嘉. 证券投资基金学[M]. 4 版. 北京：清华大学出版社，2018.
4. 何孝星. 证券投资基金管理学[M]. 4 版. 大连：东北财经大学出版社，2018.
5. 老罗. 指数基金投资从入门到精通[M]. 北京：电子工业出版社，2018.
6. 高金窑，王庆瑜. 证券投资基金的择时与风格转换——基于市场流动性视角的研究[J]. 金融论坛，2019(4).
7. 万昕. 关于证券投资基金风险分析与实证研究[J]. 金融经济，2019(4).
8. 太火热！多只基金提前结束募集，未来投资瞄准低估值板块？[EB/OL]. 雪球，https://xueqiu.com/4198399524/139048488
9. 如何践行社会责任，基金公司们除了捐款还做了这些事[EB/OL]. 界面新闻，https://baijiahao.baidu.com/s?id=1653510729261605741&wfr=spider&for=pc

# 第五章 金融衍生工具

## 学习要点

- 掌握金融衍生工具的概念及特征。
- 掌握金融衍生工具的类型。
- 熟悉金融衍生工具的投资策略。

## 核心概念

金融衍生工具 远期 期货 期权 互换

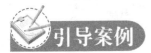

### 疫情之下原油期货出现历史性暴跌 国内抄底投资者损失惨重

新冠疫情对石油需求的冲击对国际油价形成巨大打压，WTI 原油期货在 2020 年 4 月 27 日亚洲交易时段跌幅不断扩大，日内跌幅逾 10%，报 15.54 美元/桶，已从最高时的 60 美元/桶累计下跌了 74%。而就在一周之前，美油期货市场上演史无前例的碾压行情：短短两小时内，纽约商品交易所 5 月交货的 WTI 原油期货接连跌穿从 10 美元到 1 美元十道整数位心理关口，上演原油期货史最疯狂的抛售，在距当日收盘不到半小时前跌为负值，最后收报每桶-37.63 美元，跌幅为 305.97%。但在后半周，油价狂跌的势头止住了，4 月 22 至 24 日，WTI 原油 6 月期货合约连续三个交易日以上涨收盘。

原油跌至 20 年来的低点，投资者纷纷入场抄底，各家金融机构相继推出了挂钩原油的投资品种，其中"中行原油宝"即为代客交易美国原油期货的产品，投资这个产品的投资者虽具有一定投资经验，但很多还是期货市场上的小白，风险承受能力较低，在 5 月份合约即将到期时没有及时平仓或移仓换月，2020 年 4 月 23 日，5 月期货价格结算价跌至负值，投资者纷纷爆仓，不仅亏光本金，还倒欠银行保证金，损失惨重。

(资料来源：国际油价又撑不住了：WTI 原油期货跌超 10%破 16 美元[EB/OL]. 澎湃新闻, http://finance.sina.com.cn/roll/2020-04-27/doc-iircuyvi0044706.shtml)

期货作为一种金融衍生工具，一直是国内外投资者规避风险和投机的重要投资标的，此案例体现了金融衍生工具的高风险性及交易规则的特殊性，投资者只有深入了解金融衍

生工具的特点,掌握每类衍生品的交易规则,熟悉金融衍生工具的投资策略,才能在投资中规避不必要的损失。

## 第一节 金融衍生工具概述

谈远期交易的风险.mp4

### 一、金融衍生工具的概念

金融衍生工具指建立在基础产品或基础变量之上,其价格取决于基础金融产品价格(或数量)变动的派生金融产品。这里所说的基础产品是一个相对的概念,不仅包括现货金融产品(如债券、股票、银行定期存款单等),也包括金融衍生工具。作为金融衍生工具基础的变量种类繁多,主要是各类资产价格、价格指数、利率、汇率、费率、通货膨胀率以及信用等级等,近些年来,某些自然现象(如气温、降雪量、霜冻、飓风)甚至人类行为(如选举、温室气体排放)也逐渐成为金融衍生工具的基础变量。

### 二、金融衍生工具的基本特征

#### (一)跨期性

跨期交易金融衍生工具是交易双方通过对基础工具或基础变量等因素变动趋势的预测,约定在未来某一时间按照一定条件进行交易或选择是否交易的合约。因此,无论是哪一种特定衍生工具的交易,都会使交易者在未来一段时间内或未来某一时点上的现金流发生变化,跨期交易的特点十分突出。这就要求交易者对利率、汇率、股价等因素的未来变动趋势做出相应的判断,而判断得准确与否直接决定交易行为的盈亏。

#### (二)杠杆性

金融衍生工具一般只需要支付少量的保证金或权利金就可签订远期大额合约或互换不同的金融工具。例如,若期货交易保证金为合约金额的 5%,金融期货合约价值 10 000 元,保证金为 500 元,如果合约价值涨到 10 500 元,其收益率为 100%,但如果是全价交易,收益只有 5%,因此收益扩大了 20 倍,杠杆倍数=1/保证金比率。在收益可能成倍放大的同时,交易者所承担的风险与损失也会成倍放大,基础工具价格的轻微变动也许就会带来交易者的大盈大亏。金融衍生工具的杠杆效应在一定程度上决定了它的高投机性和高风险性。

#### (三)联动性

金融衍生工具与相关基础产品或基础变量之间的联系密切,决定了衍生工具的价格与基础产品或基础变量规则变动。这种价格联动关系可以是简单的线性关系,也可以表达为非线性函数或者分段函数。这也是能够通过操作金融衍生工具回避基础产品价格变动风险的原因所在。

## (四)不确定性和高风险性

金融衍生工具的交易后果取决于交易者对基础工具(变量)未来价格(数值)的预测和判断的准确程度,具有不确定性和高风险性,而基础产品价格或基础变量的变动往往会超出市场预期变化,这种不稳定性为金融衍生工具交易带来了高风险。而保证金制度的杠杆效应,可能使投资者大盈,也可能使其大亏,进一步放大风险。金融衍生工具的风险主要包括:信用风险、市场风险、流动性风险、结算风险、操作风险、法律风险等。

## (五)套期保值和投机套利共存

金融衍生工具产生的直接原因是为了规避金融价格波动的风险,进行资产保值。而衍生工具的杠杆效应具备了吸引投机者的条件,这种低成本、潜在高收益的"以小搏大"的交易使相当多的人甘冒风险一试高低,以期投机套利。无论出于何种目的,投机者确实成为衍生工具市场不可或缺的角色,他们以带有赌博色彩的交易行为承担了市场集中的风险,为市场注入了活力,提高了市场运作效率,所以避险者才能在这个市场上转移风险。正是保值者和投机者在市场上的"互相利用",才使金融衍生工具得以生存和发展。

# 第二节 金融衍生工具的类型

## 一、按照产品形态分类

### (一)独立衍生工具

独立衍生工具本身就是独立的金融合约。主要包括远期合约、期权、期货合约、互换合约等。

期货:天使与魔鬼的结合体.mp4

权利的选择--期权.mp4

CDS与美国金融危机.mp4

### (二)嵌入式衍生工具

嵌入式衍生工具是指嵌入非衍生工具(即主合同)中,使混合工具的全部或部分现金流量随特定利率、金融工具价格、商品价格、汇率、价格指数、费率指数、信用等级、信用指数或其他类似变量的变动而变动的衍生工具。嵌入衍生工具与主合同构成混合工具,如可转换公司债券等。

## 二、按照交易场所分类

### (一)交易所交易的衍生工具

交易所交易的衍生工具是指在有组织的证券交易所、期货交易所上市交易的衍生工具。如上证50ETF期权在上海证券交易所交易、大豆期货合约在大连商品交易所交易。

## (二)OTC(over the counter)交易的衍生工具

OTC 交易的衍生工具是指通过各种通信方式，不通过集中的交易所，实行分散的、一对一交易的衍生工具。例如，金融机构之间、金融机构与大规模交易者之间进行的各类互换交易和信用衍生品交易。

# 三、按照基础工具种类分类

## (一)股权类产品的衍生工具

股权类产品的衍生工具是指以股票指数为基础工具的金融衍生工具，主要包括股票期货、股票期权、股票指数期货、股票指数期权以及上述合约的混合交易合约。

## (二)货币衍生工具

货币衍生工具是指以各种货币作为基础工具的金融衍生工具，主要包括远期外汇合约、货币期货、货币期权、货币互换以及上述合约的混合交易合约。

## (三)利率衍生工具

利率衍生工具是指以利率或利率的载体为基础工具的金融衍生工具，主要包括远期利率协议、利率期货、利率期权、利率互换以及上述合约的混合交易合约。

## (四)信用衍生工具

信用衍生工具是以基础产品所蕴含的信用风险或违约风险为基础变量的金融衍生工具，用于转移或防范信用风险，是 20 世纪 90 年代以来发展最为迅速的一类衍生产品，主要包括信用互换、信用联结票据等。

## (五)其他衍生工具

其他衍生工具包括用于管理气温变化风险的天气期货、管理政治风险的政治期货、管理巨灾风险的巨灾衍生产品等。

# 四、按照金融衍生工具自身交易的方法及特点分类

金融衍生工具包括金融远期合约、金融期货、金融期权、金融互换、结构化金融衍生工具。前述 4 种常见的金融衍生工具通常也被称作建构模块工具，它们是最简单和最基础的金融衍生工具，而利用其结构化特性，通过相互结合或者与基础金融工具相结合，能够开发设计出更多具有复杂特性的金融衍生产品。后者通常被称为结构化金融衍生工具，或简称为结构化产品。例如，在股票交易所交易的各类结构化票据、目前我国各家商业银行推广的挂钩不同标的资产的理财产品等都是其典型代表。通过与证券、利率、汇率、指数、基金等各类金融资产表现挂钩，根据多样化的收益支付条款提供潜在回报及控制风险。

## (一)远期合约

### 1. 远期合约的含义

远期合约是 20 世纪 80 年代初兴起的一种保值工具，它是一种交易双方约定在未来的某一确定时间，以确定的价格买卖一定数量的某种金融资产的合约。合约中要规定交易的标的物、有效期和交割时的执行价格等项内容。

### 2. 远期合约的特点

1) 合约的非标准化

远期交易的标的物、交割数量、交割时间、交割地点等都是买卖双方协商确定的，而不像期货合约那样，是事先规定好的。

2) 场外交易，交易比较灵活

远期合约不在交易所中进行集中交易，交易双方可通过协商的方式确定交易时间和交易地点，交易的灵活度较高。非集中交易同时也带来了搜索困难、交易成本较高、存在对手违约风险等缺点。

### 3. 远期合约交易的种类

远期合约交易有以下几种。

1) 股权类资产的远期合约

股权类资产的远期合约包括单个股票的远期合约、一揽子股票的远期合约和股票价格指数的远期合约三个子类。

2) 债权类资产的远期合约

债权类资产的远期合约主要包括定期存款单、短期债券、长期债券、商业票据等固定收益证券的远期合约。如我国全国银行间债券市场的债券远期交易。该交易在全国银行间同业拆借中心进行，中心为市场参与者债券远期交易提供报价、交易和信息服务，并接受中国人民银行的监管。交易数量最小为债券面额 10 万元，交易单位为债券面额 1 万元。交易期限最短为 2 天，最长为 365 天，其中 7 天品种最为活跃。交易成员可在此区间内自由选择交易期限，不得展期。

3) 远期利率协议

远期利率协议是指按照约定的名义本金，交易双方在约定的未来日期交换支付浮动利率和固定利率的远期协议，协议的买方支付以合同利率计算的利息，卖方支付以参考利率计算的利息。

自 2007 年 11 月以来，人民币远期利率协议的参考利率均为 3 个月期上海银行间同业拆借利率。主要品种有 1M×4M、3M×9M、9M×12M 等。如"6×9、8.03%~8.09%"的市场术语做如下解释："6×9"(6 个月对 9 个月，英语称为 six against nine)是表示期限，即从交易日(7 月 13 日)起 6 个月末(即次年 1 月 13 日)为起息日，而交易日后的 9 个月末为到期日，协议利率的期限为 3 个月期。"8.03%~8.09%"为报价方报出的 FRA 买卖价：前者是报价银行的买价，若与询价方成交，则意味着报价银行(买方)在结算日支付 8.03%利率给询价方(卖方)，并从询价方处收取参照利率。后者是报价银行的卖价，若与询价方成交，则意味着报价银行(卖方)在结算日从询价方(买方)处收取 8.09%利率，并支付参照利率给询价方。

4) 远期汇率协议

远期汇率协议指按照约定的汇率，交易双方在约定的未来日期买卖约定数量的某种外币的远期协议。目前国内主要外汇银行均开设远期结售汇业务，同时，在新加坡、我国香港地区，还广泛存在着不交割的人民币远期交易。无本金交割远期外汇交易(non-deliverable forward, NDF)是一种离岸金融衍生产品，交易双方基于对汇率的不同看法，签订非交割远期交易合约，约定远期汇率、期限和金额，合约到期时只需将远期汇率与实际汇率的差额进行交割清算，与本金金额、实际收支毫无关联。

## (二)期货合约

### 1. 期货的定义和特征

1) 期货的定义

期货合约是由交易双方订立的，约定在未来某日按成交时约定的价格交割一定数量的某种商品的标准化协议。1730 年，日本德川幕府正式批准大阪堂岛大米市场的运作，被公认为期货交易所的雏形。1848 年，芝加哥期货交易所(CBOT)成立，1865 年，CBOT 推出标准化期货合约。金融期货是以金融工具为标的物的期货。

2) 期货的特点

(1) 金融期货与金融现货的区别如表 5-1 所示。

表 5-1　金融期货与金融现货的区别

| 区　别 | 金融现货 | 金融期货 |
| --- | --- | --- |
| 交易对象 | 股票、债券或其他金融工具 | 期货合约，质量、规格、数量、交割时间、交割地点都事先规定 |
| 交易目的 | 筹资或投资 | 投机、套期保值、套利 |
| 价格含义 | 当前时点形成的市场均衡价格 | 对金融现货价格未来的预期，发现价格功能，但二者不相等 |
| 交易方式 | 全价交易 | 保证金交易 |
| 结算方式 | 交割 | 交割、对冲平仓 |

(2) 金融远期与金融期货的区别如表 5-2 所示。

表 5-2　金融远期与金融期货的区别

| 区　别 | 金融远期 | 金融期货 |
| --- | --- | --- |
| 场所和组织形式 | 场外双边 | 场内集中 |
| 监管程度 | 监管不严 | 监管严格，交易品种和交易者行为均受到控制 |
| 合约标准化程度 | 非标准化，买卖双方商议 | 标准化 |
| 违约风险 | 较高 | 保证金和每日无负债结算，风险不高 |

## 2. 期货交易的制度

1) 双向交易制度

投资者既能做多也能做空，预测期货合约价格上涨，做多买入；预测期货价格下跌，做空卖出。当价格上涨时做多获利；当价格下跌时做空获利。

2) 集中交易制度

期货交易所是期货市场的核心。期货合约是在期货交易所组织下成交的，具有法律效力。期货价格是在交易所的交易厅里通过公开竞价方式产生的，期货合约的履行由交易所担保，不允许私下交易。

3) 标准化期货合约

期货合约的标准通常由期货交易所设计，经国家监管机构审批上市。期货合约的商品品种、数量、质量、等级、交割时间、交割地点等条款都是既定的，是标准化的，唯一的变量是价格。表 5-3 所示是沪深 300 股指期货合约。

表 5-3　沪深 300 股指期货合约

| 合约标的 | 沪深 300 指数 |
| --- | --- |
| 合约乘数 | 每点 300 元 |
| 报价单位 | 指数点 |
| 最小变动价位 | 0.2 点 |
| 合约月份 | 当月、下月及随后两个季月 |
| 交易时间 | 上午 9:30—11:30，下午 13:00—15:00 |
| 每日价格最大波动限制 | 上一个交易日结算价的±10% |
| 最低交易保证金 | 合约价值的 8% |
| 最后交易日 | 合约到期月份的第三个周五，遇国家法定假日顺延 |
| 交割日期 | 同最后交易日 |
| 交割方式 | 现金交割 |
| 交易代码 | IF |
| 上市交易所 | 中国金融期货交易所 |

4) 对冲机制

对冲(hedging)指分别做两笔品种、数量、期限相同但方向相反的交易，无须进行实物交割，直接清算买卖差价了结头寸。期货交易的主要平仓方式不是交割而是对冲，做多不用接货、做空也无须交货。期货的开仓方向有买、卖两个，对冲平仓方向分别为卖和买，即买入开仓对应卖出平仓、卖出开仓对应买入平仓。

5) 保证金及其杠杆作用

和股票、债券交易不同，期货交易的买卖双方只需缴纳合约价值一定比例的保证金就可以开展交易。设立保证金的主要目的是当交易者出现亏损时能及时制止，防止出现不能偿付的现象，期货合约保证金比例一般在 10%左右，即杠杆效应可以将收益风险放大 10 倍左右。期货交易所有权根据行情需要调整保证金比例并及时向投资者进行公告，如国庆节、春节等周期较长的公众假期前或金融危机等系统性风险发生时，交易所会适当提高期货合约保证金比例以防控风险。

6) 无负债结算制度,逐日盯市

期货交易每日都需进行现金流转,即以每种期货合约在交易日收盘前最后一段交易时间的加权平均成交价作为当日结算价(股指期货每日结算价为最后交易日标的指数最后 1 小时的算术平均价),与每笔交易成交时的价格做对照,计算每个结算所会员账户的浮动盈亏、平仓盈亏、保证金、手续费,进行随市清算。如果投资者保证金不足,须补充保证金或减仓,不按规定减仓,交易所会对投资者进行强制平仓。每日无负债结算制度既有效地防范了结算风险的发生,也在一定程度上考验了投资者的资金管理能力,为防止强行平仓、损失无法挽回,投资者应将仓位控制在合理的比例上,尽量不要满仓交易。

7) 限仓制度

限仓制度是交易所为了防止市场风险过度集中和防范操纵市场的行为,而对交易者持仓数量加以限制的制度。自 2019 年 4 月 22 日结算时起,股指期货日内过度交易行为的监管标准调整为单个合约 500 手,500 手包括当日平仓数量,企业客户、套期保值交易开仓数量不受此限。沪深 300、上证 50 和中证 500 股指期货各合约限价指令每次最大下单数量为 20 手,市价指令每次最大下单数量为 10 手,进行投机交易的客户某一合约单边持仓限额分别为 5000 手、1200 手、1200 手。

8) 大户报告制度

交易所每日根据当日结算情况列出大户报告名单,会员通过服务系统查询名单,将开户、交易、资金来源通过交易系统进行上传,以便交易所审查大户是否有过度投机和操纵市场行为。限仓制度和大户报告制度是降低市场风险,防止人为操纵,提供公开、公平、公正市场环境的有效机制。

9) 每日价格波动限制

每日价格波动限制即涨跌幅限制,主要是为了防范价格波动的风险,如沪深 300 股指期货的涨跌幅限制是 10%。交易所同样可以根据行情需要调整期货合约的涨跌幅限制并及时向投资者公告。

10) T+0 交易

目前,A 股、基金、债券、回购交易实行 T+1 交易。T+1 本质上是证券交易交收方式,指达成交易后,相应的证券交割与资金交收在成交日的下一个营业日(T+1 日)完成。T+0 即达成交易后,交割与资金交收在成交当日完成。

**3. 期货合约的种类**

按照基础工具划分,期货可分为商品期货与金融期货。

1) 商品期货

商品期货是指标的物为实物商品的期货合约。商品期货历史悠久、种类繁多,主要包括农副产品、金属产品、能源产品等几大类。表 5-4 所示是国外主要期货交易所上市交易的商品期货;表 5-5 所示是国内上市交易的商品期货。

表5-4 国外主要期货交易所上市交易的商品期货

| 交易所 | 商品期货合约 |
|---|---|
| 芝加哥 CBOT | 大豆、小麦、玉米、燕麦、稻米、豆油、豆粕 |
| 芝加哥 CME | 活牛、活猪、育牛 |
| 美国 ICE | 咖啡、可可、美棉花、糖11号、橙汁 |
| 纽约 COMEX | 铜、金、银 |
| 纽约 NYMEX | 金、银、原铜、钯金、白金、原油、汽油、燃油、天然气 |
| 欧洲 ICE | I燃油、WTI原油、布伦特原油、柴油、白砂糖 |
| 伦敦 LME | 锡、镍、锌、铜、铅、铝、合金 |

表5-5 国内上市交易的商品期货

| 交易所 | 商品期货合约 |
|---|---|
| 大连商品交易所 | 豆一、豆二、豆油、豆粕、玉米、鸡蛋、胶板、淀粉、粳米、苯乙烯、乙二醇、纤板、铁矿、焦炭、焦煤、塑料、棕榈、PP、PVC |
| 郑州商品交易所 | 苹果、棉花、红枣、棉纱、郑油、普麦、郑麦、早稻、菜粕、菜籽、纯碱、白糖、粳稻、晚稻、郑醇、硅铁、锰硅、PTA、尿素、郑煤、玻璃 |
| 上海期货交易所 | 银、铝、金、铜、热卷、镍、铅、螺纹、锡、不锈钢、线材、锌、沥青、燃油、橡胶、纸浆 |
| 上期能源交易所 | 20号胶、原油 |

2) 金融期货

(1) 外汇期货。

外汇期货又称货币期货,是金融期货中最先产生的品种,主要用于规避外汇风险。1972年,外汇期货由芝加哥商业交易所(CME)所属国际货币市场(IMM)率先推出。目前的外汇期货主要以美元计价,包括欧元、日元;外币兑外币,如欧元兑日元、欧元兑英镑等多个品种。

(2) 利率期货。

利率期货主要是为了规避利率风险而产生的,主要指各类固定收益金融工具。利率期货产生于1975年10月,美国芝加哥期货交易所(CBOT)推出首个以按揭贷款为基础资产利率期货,并于1977年推出国债期货。虽然时间晚,但发展迅速。

利率期货的主要品种如下。

① 债券期货。以国债期货为主的债券期货是各主要交易所最重要的利率期货品种。1992年12月18日,上海证券交易所开办国债期货交易,并于1993年10月25日向社会公众开放。"3·27"国债期货事件,主要是因为期货交易规则不完善。1995年5月17日,证监会暂停国债期货试点。2013年9月6日,5年期国债期货合约在中金所上市交易,标志着暂停将近20年的国债期货恢复交易。

② 主要参考利率期货。常见参考利率包括国债利率、伦敦银行间同业拆放利率(LIBOR)、中国香港银行间同业拆放利率(HIBOR)、欧洲美元定期存款单利率(1981年CME推出,全

球第一个以现金结算期货)和联邦基金利率等。

(3) 股权类期货。

股权类期货以单只股票、股票组合、股票价格指数为基础资产的期货合约。

① 股指期货。股票价格指数期货是以股票价格指数为基础变量的期货交易。1982年，美国堪萨斯期货交易所(KCBT)正式开办世界上第一个股票指数期货交易——价值线性指数期货，此后发展迅速，覆盖了所有指数。包括 CME 的标普、CBOT 的道·琼斯、伦敦的富时 100、中国香港的恒生、新加坡期货交易所的日经 225 等。2006 年 9 月 8 日，中国金融期货交易所正式成立。2010 年 4 月 16 日，沪深 300 股指期货正式上市交易。

② 单只股票期货。以单只股票为基础变量的期货。一般选择流通性好的股票。

③ 股票组合期货。以标准化的股票组合为基础资产的金融期货。2005 年曾推出 3 只以 ETF 为标的物的股票组合期货，但交易不活跃，已于 2011 年停止交易。

表 5-6 所示是国外主要期货交易所上市交易的金融期货；表 5-7 所示是中国金融期货交易所上市交易的金融期货。

表 5-6　国外主要期货交易所上市交易的金融期货

| 交易所 | 金融期货合约 |
| --- | --- |
| 芝加哥 CBOT | 道指、美国国债 |
| 芝加哥 CME | 标普、纳指、澳元、加元、新西兰元、欧元、日元、瑞士法郎、英镑、日经、比特币 |
| 美国 ICE | 美元指数 |
| 欧洲 ICE | 富时 100 |

表 5-7　中国金融期货交易所上市交易的金融期货

| 金融期货类型 | 金融期货合约 |
| --- | --- |
| 股指期货 | 中证 500、沪深 300、上证 50 |
| 国债期货 | 10 年国债、五年国债、2 年国债 |

## (三)期权

### 1. 期权的定义

期权(option)又称选择权，是指其持有者在支付了一定的期权费用之后(权利金)能在规定的期限内按交易双方商定的价格购买或出售一定数量的基础工具的权利。金融期权就是以金融产品为标的物的期权。1973 年，芝加哥期权交易所(CBOE)成立全球第一家期权交易所，1973 年 4 月 26 日开始看涨期权交易，1977 年推出看跌期权，1983 年推出股指期权(标普 100)。1983 年，CME 推出长期国债期权，是首个以金融衍生品为基础资产的衍生品。

### 2. 期权的基本要素

(1) 期权买方。期权的买方以支付一定数量的期权费为代价而拥有了这种权利，但不承担必须买进或卖出的义务。期权交易实际上是一种权利的单方面有偿让渡。

(2) 期权卖方。期权的卖主则在收取了一定数量的期权费后，在一定期限内必须无条件服从买方的选择并履行成交时的允诺。

(3) 权利。买入权(看涨权)和卖出权(看跌权)。

(4) 权利金。即期权的费用、期权的价格，随着期权价值的变化而波动。

(5) 敲定价格。买卖双方事先约定的买入价格或卖出价格，即行权价格。

对于看涨期权，当市场价格高于敲定价格为实值期权，差额越大，权利金越高，行权有利可图；当市场价格等于敲定价格时为平值期权，行权和放弃行权效果一样，均损失权利金；当市场价格低于敲定价格为虚值期权，买方放弃行权。因此，看涨期权的盈亏平衡点为敲定价格加上权利金。

对于看跌期权，当市场价格低于敲定价格为实值期权时，差额越大权利金越高，行权有利可图；当市场价格等于敲定价格时，为平值期权，行权和放弃行权效果一样，均损失权利金；当市场价格高于敲定价格时，为虚值期权，买方放弃行权。由此可见，看跌期权的盈亏平衡点等于敲定价格减掉权利金。

### 3. 期权的特征

期权的主要特征在于它仅仅是买卖权利的交换。

买方支付期权费，获得权利，没有义务。买方盈利无限，亏损有限，只损失权利金。
卖方取得期权费，只有义务，没有权利。卖方盈利有限，亏损无限，只盈利权利金。
期货与期权的区别如表 5-8 所示。

表 5-8 期货与期权的区别

| 区 别 | 期 货 | 期 权 |
| --- | --- | --- |
| 基础资产不同 | 不能以期权为标的物 | 较广泛，可以以期货为标的物 |
| 交易者权利与义务的对称性不同 | 买卖双方的权利义务对等 | 买卖双方的权利义务不对等，买方只有权利，没有义务；卖方只有义务，没有权利 |
| 履约保证不同 | 买卖双方均需缴纳保证金 | 只有卖方缴纳权利金，买方无须缴纳权利金，杠杆作用更大 |
| 现金流转不同 | 每日无负债结算 | 除到期履约，期间不发生任何现金流转 |
| 风险收益 | 承担同样风险，获利机会均等 | 买方盈利无限，亏损有限；卖方盈利有限，亏损无限 |
| 套保效果 | 价格有利也要放弃收益 | 价格不利，可以放弃行权 |

### 4. 期权的分类

(1) 根据选择权的性质划分，金融期权可以分为看涨期权(call option)、看跌期权(put option)和双向期权(double option)。

看涨期权也称认购权，指期权的买方具有在约定期限内(或合约到期日)按协定价格买入一定数量基础金融工具的权利。

看跌期权也称认沽权，指期权的买方具有在约定期限内按协定价格卖出一定数量金融工具的权利。

双向期权又称双重期权，指投资者可同时购买某一证券或期货的买入期权和卖出期权，以便在证券或期货价格频繁涨跌变化时获益。当投资交易者预测某商品或资产的未来市场价格将有较大波动，并且波动方向捉摸不定时，便乐于购买双向期权。双向期权的行权费一般要高于前两种的任何一种单向期权。

(2) 按照合约所规定的履约时间的不同，金融期权可以分为欧式期权、美式期权和修正的美式期权(百慕大式期权)。

欧式期权(European options)指买入期权的一方必须在期权到期日当天才能行使的期权。欧式期权本少利大，但在获利的时间上不具灵活性。

美式期权(American option)指可以在成交后有效期内任何一天被执行的期权。由于美式期权比对应的欧式期权的余地大，所以通常美式期权的行权费用更高。在美国交易的期权大部分是美式的，但外汇期权以及一些股票指数期权多为欧式期权。

在美式及欧式选择权之间，还有第三类选择权，那就是大西洋式选择权(Atlantic option)，或百慕大式选择权(Bermudian option)。这种选择权的履约条款介于美式和欧式之间(大西洋和百慕大地理位置都在美欧大陆之间)。例如，某个选择权契约，到期日在 1 年后，但在每一季的最后一个星期可以提前履约(可在到期日期履约，但可履约日期仍有其他限制)，这就是最典型的百慕大式选择权。

(3) 按照期权基础资产性质的不同，期权可以分为股权类期权、利率期权、货币期权、期货合约期权、互换期权等。

① 股权类期权。包括单只股票期权、股票组合期权、股票指数期权。

② 利率期权。利率期权合约通常以政府短期、中期、长期债券，欧洲美元债券，大面额可转让存单等利率工具为基础资产。

③ 货币期权(外币期权、外汇期权)。以美元、欧元、日元、英镑、瑞士法郎、加拿大元及澳元等货币为投资对象的期权合约。

④ 期货合约期权。以商品期货或金融期货合约为标的物的期权合约。

⑤ 互换期权。互换期权合约赋予期权买方在指定的日期或某一指定的日期之前，选择是否按照事先约定的条件进行互换的权利。互换期权本身的种类较多，如可赎回互换、可延期互换、可卖出互换、可取消互换等，它们的交易性质相同，都是在买权和卖权的基础上发展而来。

期货合约期权和互换期权的基础资产是期货所不具备的。除此之外，还有诸如奇异类期权的创新类期权，即非标准化的期权，例如任选期权、障碍期权和平均期权。

经中国证监会批准，上海证券交易所于 2015 年 2 月 9 日上市 50ETF 期权产品。该产品是以上证 50ETF 交易型指数基金为标的衍生的标准化合约，也是我国最早的股票期权合约，如表 5-9 所示。此后，各证券交易所、期货交易所又陆续推出了股票期权、国债期权、商品期货期权等品种，目前我国上市交易的期权合约共有 14 种，如表 5-10 所示。

表 5-9 上证 50ETF 期权合约

| 合约标的 | 上证 50 交易型开放式指数证券投资基金("50ETF") |
| --- | --- |
| 合约类型 | 认购期权和认沽期权 |

续表

| 合约单位 | 10000 份 |
| --- | --- |
| 合约到期月份 | 当月、下月及随后两个季月 |
| 行权价格 | 9 个(1 个平值合约、4 个虚值合约、4 个实值合约) |
| 行权价格间距 | 3 元或以下为 0.05 元，3～5 元(含)为 0.1 元，5～10 元(含)为 0.25 元，10～20 元(含)为 0.5 元，20～50 元(含)为 1 元，50～100 元(含)为 2.5 元，100 元以上为 5 元 |
| 行权方式 | 到期日行权(欧式) |
| 交割方式 | 实物交割(业务规则另有规定的除外) |
| 到期日 | 到期月份的第四个星期三(遇法定节假日顺延) |
| 行权日 | 同合约到期日，行权指令提交时间为 9:15—9:25，9:30—11:30，13:00—15:30 |
| 交收日 | 行权日次一交易日 |
| 交易时间 | 上午 9:15—9:25，9:30—11:30(9:15—9:25 为开盘集合竞价时间)<br>下午 13:00—15:00(14:57—15:00 为收盘集合竞价时间) |
| 委托类型 | 普通限价委托、市价剩余转限价委托、市价剩余撤销委托、全额即时限价委托、全额即时市价委托以及业务规则规定的其他委托类型 |
| 买卖类型 | 买入开仓、买入平仓、卖出开仓、卖出平仓、备兑开仓、备兑平仓以及业务规则规定的其他买卖类型 |
| 最小报价单位 | 0.0001 元 |
| 申报单位 | 1 张或其整数倍 |
| 涨跌幅限制 | 认购期权最大涨幅=max｛合约标的前收盘价×0.5%，min [(2×合约标的前收盘价－行权价格)，合约标的前收盘价]×10%｝<br>认购期权最大跌幅=合约标的前收盘价×10%<br>认沽期权最大涨幅=max｛行权价格×0.5%，min [(2×行权价格－合约标的前收盘价)，合约标的前收盘价]×10%｝<br>认沽期权最大跌幅=合约标的前收盘价×10% |
| 熔断机制 | 连续竞价期间，期权合约盘中交易价格较最近参考价格涨跌幅度达到或者超过 50%且价格涨跌绝对值达到或者超过 10 个最小报价单位时，期权合约进入 3 分钟的集合竞价交易阶段 |

续表

| 开仓保证金最低标准 | 认购期权义务仓开仓保证金=[合约前结算价+max(12%×合约标的前收盘价-认购期权虚值,7%×合约标的前收盘价)]×合约单位<br>认沽期权义务仓开仓保证金=min[合约前结算价+max(12%×合约标的前收盘价-认沽期权虚值,7%×行权价格),行权价格]×合约单位 |
|---|---|
| 维持保证金最低标准 | 认购期权义务仓维持保证金=[合约结算价+max(12%×合约标的收盘价-认购期权虚值,7%×合约标的收盘价)]×合约单位<br>认沽期权义务仓维持保证金=min[合约结算价+max(12%×合约标的收盘价-认沽期权虚值,7%×行权价格),行权价格]×合约单位 |

表5-10 我国上市交易期权合约品种

| 交易所 | 期权合约品种 |
|---|---|
| 上海期货交易所 | 橡胶期货、铜期货、沪金期货 |
| 郑州商品交易所 | 棉花期货、白糖期货、PTA期货、甲醇期货、菜粕期货 |
| 大连商品交易所 | 豆粕期货、玉米期货、铁矿石期货 |
| 上海证券交易所 | 上证50ETF期权、沪深300ETF期权 |
| 中国金融期货交易所 | 沪深300股指期货期权 |

### (四)互换合约

#### 1. 互换合约的含义

互换合约是指两个或两个以上的当事人按共同商定的条件,在约定的时间内定期交换现金流的金融交易,可分为货币互换、利率互换、股权互换、信用互换等。从交易结构上看,可以将互换交易视为一系列远期交易的组合。1981年,美国所罗门兄弟公司(1910年成立,现归花旗银行)为IBM和世界银行办理了首笔美元与马克和瑞士法郎之间的货币互换业务。

#### 2. 利率互换

2006年1月24日,中国人民银行发布了《关于开展人民币利率互换交易试点有关事宜的通知》,批准在全国银行间同业拆借中心开展人民币利率互换交易试点。利率互换可以帮助企业降低筹资成本,只涉及利率不涉及本金,风险较小,增加商业银行收入,利率互换属于商业银行表外业务,无须进行信息披露,有助于保密。

利率互换参考利率包括shibor,含隔夜、1周、3个月;国债回购利率(7天);1年期定期存款利率。

【例5-1】 A公司和B公司的固定利率水平和浮动利率水平如下:

| 公司 | 固定利率 | 浮动利率 |
|---|---|---|
| A公司 | 12% | LIBOR+0.1% |
| B公司 | 13.4% | LIBOR+0.6% |

由已知条件可知，A 公司在固定利率上有比较优势，B 公司在浮动利率上有比较优势，因此 A 公司可用固定利率换取 B 公司的浮动利率，互换过程如下：

A 公司：获得浮动利率借款 LIBOR-0.3%，比原来直接借款节约 0.4%(0.1%+0.3%)。
B 公司：获得固定利率借款 13%，比原来直接借款节约 0.4%(13.4%-13%)。
银行：借入固定利率 12%，贷出固定利率 13%，利率差 1%。
　　　借入浮动利率 LIBOR+0.6%，贷出浮动利率 LIBOR-0.3%，利率差-0.9%。
　　　净利差 1%-0.9%=0.1%。

通过互换，A 公司、B 公司、银行都获取了相应的利益。

### 3. 信用违约互换(CDS)

信用违约互换(Credit Default Swap，CDS)又称为信贷违约掉期，也叫贷款违约保险，是目前全球交易最为广泛的场外信用衍生品。ISDA(国际互换和衍生品协会)于 1998 年创立了标准化的信用违约互换合约，在此之后，CDS 交易得到快速发展。信用违约互换的出现解决了信用风险的流动性问题，使得信用风险可以像市场风险一样进行交易，从而转移担保方风险，同时也降低了企业发行债券的难度和成本。

(1) CDS 的概念。

CDS 中包括三个主体。

① 申请贷款者。CDS 的标的债券或对应的打包后的贷款申请者。

② 放贷者(银行或其他金融机构)。CDS 购买方(金融机构，在中国内地只能是具有银保监会批准资格的商业银行)。

③ 保险提供者。CDS 交易对手方，CDS 卖出方(金融机构，在中国内地只能是具有银保监会批准资格的商业银行)。

CDS 的运作过程为，A 向 B 申请贷款，B 为了利息而放贷给 A，放贷出去的钱总有风险(如 A 破产，无法偿还利息和本金)，那么这时候 C 出场，由 C 对 B 的这个风险予以保险承诺，条件是 B 每年向 C 支付一定的保险费用(违约风险越高，保费越高，保费相对于参考品的价一般都很低，如西班牙国债 CDS 的保费只有 47 个基点，意味着价值 1000 万美元的西班牙 10 年期国债的保费只有 4.7 万美元，杠杆倍数 212 倍)。如万一 A 破产的情况发生，那么由 C 补偿 B 所遭受损失。

(2) CDS 交易的风险。

① 具有较高的杠杆性。如上所述，西班牙国债 CDS 的杠杆可达到212 倍。

② 信用保护的买方并不需要真正持有作为参考的信用工具，因此，特定信用工具可能同时在多起交易中被当作 CDS 的参考，有可能极大地放大风险敞口总额，在发生危机时，市场往往恐慌性地高估涉险金额。如雷曼兄弟破产时信用保护金额高达 4000 亿美元。

③ 由于场外市场缺乏充分的信息披露和监管，危机期间，每起信用事件的发生都会引起市场参与者的相互猜疑，担心自己的交易对手因此倒下，从而使自己的敞口头寸失去着落。

### (五)结构化金融衍生产品

结构化金融衍生产品(structural derivative financial products)是国际金融衍生品市场的重

要组成部分,增加了资本市场的完备性、深化了市场的风险配置功能、增强了资本的流动性以及提高了金融衍生市场的信用水平,是运用金融工程结构化的方法,将若干种基础金融商品和金融衍生品相结合设计出的新型金融产品。

目前最为流行的结构化金融衍生产品主要是由商业银行开发的各类结构化理财产品以及在交易所市场上市交易的各类结构化票据。它们通常与某种金融价格相联系,其投资收益随该价格的变化而变化。

结构化金融衍生产品有以下分类。

(1) 按联结的基础产品分类,可分为股权联结型产品(其收益与单只股票、股票组合或股票价格指数相联系)、利率联结型产品、汇率联结型产品、商品联结型产品等种类。

(2) 按收益保障性分类,可分为收益保证型和非收益保证型两大类,其中前者又可进一步细分为保本型和保证最低收益型产品。

(3) 按发行方式分类,可分为公开募集的结构化产品与私募结构化产品,前者通常可以在交易所交易。目前,美国证券交易所(AMEX)有数千种结构化产品上市交易;我国香港交易所也推出了结构性产品。

(4) 按嵌入式衍生产品分类。结构化金融产品通常会内嵌一个或一个以上的衍生产品,它们有些是以合约规定条款(如提前终止条款)形式出现的;也有些嵌入式衍生产品并无显性表达,必须通过细致分析方可分解出相应衍生产品。按照嵌入式衍生产品的属性不同,可以分为基于互换的结构化衍生产品、基于期权的结构化衍生产品等类别。

如招商银行推出的招商银行焦点联动系列之股票指数表现联动(中证500看涨自动赎回结构)非保本理财计划(产品代码:117956)、招商银行挂钩黄金两层区间十四天结构性存款(代码:Q10052)等,如表5-11所示。

表5-11 招商银行挂钩黄金两层区间十四天结构性存款产品概览

| 名称 | 招商银行挂钩黄金两层区间十四天结构性存款(产品代码:Q10052) |
| --- | --- |
| 存款币种 | 人民币 |
| 本金及利息 | 招商银行向该存款人提供本金完全保障,并根据本说明书的相关约定,按照挂钩标的的价格表现,向存款人支付浮动利息(如有,下同)。预期到期利率:1.10%或2.98%(年化) |
| 挂钩标的 | 标价挂钩黄金价格水平为观察日伦敦洲际交易所发布的下午定盘价,具体参见"本金和利息" |
| 存款期限 | 14天 |
| 起存金额 | 存款起点人民币1万元,超过存款起点的金额部分,应为1万元的整数倍 |
| 提前到期 | 存款存续期内,存款人与招商银行均无权提前终止本存款 |
| 申购/赎回 | 存款存续期内不提供申购和赎回 |
| 认购期 | 2020年2月6日10:00至2020年2月7日16:00 |
| 交易日 | 2020年2月6日为存款交易日,认购资金在存款交易日前按活期利率计算利息,该部分利息不计入认购本金份额 |
| 起息日 | 2020年2月7日 |
| 到期日 | 2020年2月21日。到期日逢中国(大陆)法定公众假日顺延 |

续表

| 节假日 | 中国法定公众假日 |
| --- | --- |
| 发行规模 | 每期上限 15.00 亿元 |
| 收益计算基础 | 存款期限/365 |

## 五、可转换债券与可交换债券

### (一)可转换债券

#### 1. 可转换债券的定义

可转换债券持有者可以在一定时期内按一定比例或价格将其转换成一定数量的另一种证券；可转换债券通常是转换成普通股股票，当股票价格上涨时，可转换债券的持有人行使转换权比较有利。因此，可转换债券实质上嵌入了普通股股票的看涨期权。

#### 2. 可转换债券的特征

(1) 可转换债券是附有认股权的债券，兼有公司债券和股票的双重特征。

(2) 具有双重选择权的特征。持有人具有是否转换的权利；发行人具有是否赎回的权利。一方面，投资者可自行选择是否转股，并为此承担转债利率较低的机会成本；另一方面，转债发行人拥有是否实施赎回条款的选择权，并为此要支付比没有赎回条款的转债更高的利率。双重选择权是可转换公司债券最主要的金融特征。

#### 3. 可转换债券的基本要素

(1) 有效期限、转换期限。

有效期限与一般债券相同，指债券从发行之日起至偿清本息之日止的存续时间。

转换期限是指可转换债券转换为普通股股票的起始日至结束日的期间。

可转换公司债的期限最短为 1 年，最长为 6 年，自发行之日起 6 个月后可转换为公司股票。

(2) 票面利率或股息率。

可转换债券的票面利率一般低于相同条件下的不可转换公司债券。

(3) 转换比例、转换价格。

转换比例是指一定面额可转换债券可转换成普通股的股数。

转换比例=可转换债券面值/转换价格

转换价格是指可转换债券转换为每股普通股份所支付的价格。

转换价格=可转换债券面值/转换比例

如果某可转换债券面额为 1000 元，规定其转换价格为 25 元，则转换比例为 40，即 1000 元债券可按 25 元 1 股的价格转换为 40 股普通股股票。

(4) 赎回条款或回售条款。

赎回是指发行人在发行一段时间后，可以提前赎回未到期的发行在外的可转换公司债券。赎回条件一般是当公司股票价格在一段时间内连续高于转换价格达到一定幅度时，公司可按照事先约定的赎回价格买回发行在外尚未转股的可转换公司债券。

回售是指公司股票在一段时间内连续低于转换价格达到某一幅度时，可转换公司债券持有人按事先约定的价格将所持可转换债券卖给发行人的行为。

赎回条款和回售条款是可转换债券在发行时规定的赎回行为和回售行为发生的具体市场条件。

(5) 转换价格修正条款。

转换价格修正是指发行公司在发行可转换债券后，由于公司的送股、配股、增发股票、分立、合并、拆细及其他原因导致发行人股份发生变动，引起公司股票名义价格下降时的转换。

## (二)可交换债券

### 1. 可交换债券的含义

可交换债券(Exchangeable Bond，EB)持有人在将来的某个时期内，能按照债券发行时约定的条件用持有的债券换取发债人抵押的上市公司股权。可交换债券是一种内嵌期权的金融衍生品，严格地说是可转换债券的一种。

### 2. 可交换债券的特征

(1) 可交换债券和其转股标的股分别属于不同的发行人，一般来说，可交换债券的发行人为控股母公司的股东，而转股标的的发行人则为上市子公司。

(2) 可交换债券的标的为母公司所持有的子公司股票，为存量股，发行可交换债券一般并不增加其上市子公司的总股本，但在转股后会降低母公司对子公司的持股比例。

(3) 可交换债券给筹资者提供了一种低成本的融资工具。由于可交换债券给投资者一种转换股票的权利，其利率水平与同期限、同等信用评级的一般债券相比要低。因此，即使可交换债券的转换不成功，其发行人的还债成本也不高，对上市子公司也无影响。

可交换债券相比于可转换公司债券，有其相同之处，其要素与可转换债券类似，也包括票面利率、期限、换股价格和换股比率、换股期等；对投资者来说，与持有标的上市公司的可转换债券相同，投资价值与上市公司业绩相关，且在约定期限内可以以约定的价格交换为标的股票。与此同时，二者也存在很多差异，如表5-12所示。

表5-12 可交换债券与可转换债券的区别

| 区　别 | 可转换债券 | 可交换债券 |
| --- | --- | --- |
| 发债主体和偿债主体 | 上市公司本身 | 上市公司的股东 |
| 发债目的 | 用于特定的投资项目 | 并不为具体的投资项目，其发债目的包括股权结构调整、投资退出、市值管理、资产流动性管理等 |
| 所换股份的来源 | 发行人本身未来发行的新股 | 是发行人持有的其他公司的股份 |
| 对公司股本的影响 | 不会导致标的公司的总股本发生变化，也无摊薄收益的影响 | 会使发行人的总股本扩大，摊薄每股收益 |

续表

| 区　别 | 可转换债券 | 可交换债券 |
|---|---|---|
| 抵押担保方式 | 要由第三方提供担保，但最近一期末经审计的净资产不低于人民币15亿元的公司除外 | 以所持有的用于交换的上市股票作质押品，除此之外，发行人还可另行为可交换债券提供担保 |
| 转换为股票的期限 | 自发行结束之日起6个月后即可转换为公司股票 | 自发行结束之日起12个月后方可交换为预备交换的股票 |
| 转股价的向下修正方式 | 可以在满足一定条件时，向下修正转股价 | 没有可以向下修正转换价格的规定 |

# 第三节　金融衍生工具的投资策略

下面主要对期货和期权两个品种进行重点介绍。

## 一、期货投资策略

### (一)期货套期保值策略

#### 1. 套期保值的含义

套期保值就是通过买卖期货合约来规避现货市场上相应实物商品交易的价格风险。即同时在现货市场和期货市场建立月份相近、数量相同、方向相反的头寸，以期在未来某一时间在现货市场上卖出(买入)商品时，能够通过期货市场上持有的期货合约的平仓盈利来冲抵因现货市场上价格变动所带来的风险。

#### 2. 套期保值的原理

1) 价格平行性原理

价格平行性是指期货价格与现货价格变动方向相同，变动的幅度也大致相同。这是因为同一品种的商品，其期货价格与现货价格受相同经济因素的影响和制约，因而其价格变动趋势和方向有一致性，波动幅度大致相同。

2) 价格收敛性原理

价格收敛性是指随着期货合约交割月份的临近，期货价格收敛于标的资产现货价格。当到达交割期限时，期货价格等于或非常接近于现货价格。假定交割期间期货价格高于现货价格，交易者就会买入现货、卖出期货合约进行交割来获利，从而促使现货价格上升，期货价格下跌。反之，如果在此期间现货价格高于期货价格，交易者就会买进期货合约进行实物交割，而现货商则会更多地抛出现货，从而促使期货价格上升，现货价格下跌。这样使得期货价格与现货价格在交割时趋于一致。

### 3. 套期保值的原则

1) 交易方向相反原则

该原则是指在同一时刻,现货市场交易方向应与期货市场交易方向相反。

2) 商品种类相同原则

该原则是指期货合约代表的标的资产与需保值的现货资产的品种、质量相同,例如铜期货合约对现货铜进行保值。由于期货交易品种有限,有的现货商品没有相应的期货合约,则可选用价格走势相近的期货合约来保值,如铜精矿可用铜的期货合约来保值。

3) 商品数量相等原则

该原则是指期货合约代表的标的资产数量与需保值的现货资产数量相等,如1000吨铜需要有200手上海期货铜合约进行保值,因为铜的合约数量大约每手5吨。

4) 月份相同或相近原则

该原则指期货交易应与现货交易同步,在套期保值之初买入(卖出)期货合约,期货合约的月份要与现货实际买入(卖出)时间相近,如5月份买入大豆,则套期保值时应卖出5月份大豆期货合约,而现货交易结束时,将期货合约平仓。

### 4. 套期保值的基本做法

按首先在期货市场买卖方向的不同,套期保值可以分为买入套期保值和卖出套期保值。买入套期保值又称多头套期保值,卖出套期保值又称空头套期保值。

1) 买入套期保值

买入套期保值是指投资者因担心现货价格上涨而买入相应期货合约进行套期保值的一种交易方式,即在期货市场上首先建立多头交易部位(头寸),在套期保值期结束时再对冲掉的交易行为,因此也称为"多头保值"。买入套期保值的目的是锁定现货的买入价格,规避价格上涨的风险,适用于加工制造企业为了防止日后购进原料时价格上涨和销售商为了防止日后采购现货价格上涨时使用。

【例5-2】 某投资者在2019年3月已经知道在5月有300万元资金到账可以投资股票。他看中了A、B、C三只股票,当时的价格分别为10元、20元和25元,准备每只股票投资100万,可以分别买10万股、5万股和4万股。假设三只股票与沪深300指数的相关系数$\beta$为1.3、1.2和0.8,则其组合$\beta$系数=1.3×1/3+1.2×1/3+0.8×1/3=1.1。由于行情看涨,担心到5月底股票价格上涨,决定采取1906股票指数期货锁定成本。

已知3月22日沪深300指数的现指为1000点,3月22日1906沪深300指数期货合约为1200点,所以该投资者需要买入的期货合约数量=[3 000 000/(1200×300)]×1.1=10(手),假设5月30日沪深300指数的现指为1300点。股票市场上,A、B、C三只股票价格上涨为12.6元、24.8元和29元,仍按计划数量购买,所需资金为366万元,多支付66万元。5月30日1906沪深300指数期货合约为1418点。套期保值效果如何?其买入套期保值过程与部分保值效果如表5-13所示。

该投资者为规避风险需要进行多头套期保值,买入的期货合约数量=[3 000 000/(1200×300)]×1.1=10(手)。

表 5-13 买入套期保值过程与部分保值效果

| 日　期 | 现货市场 | 期货市场 |
|---|---|---|
| 3月22日 | 300万元 | 1200点 |
| 5月30日 | 366万元 | 1418点 |
| 盈亏 | −66万元 | (1418−1200)×300×10=65.4(万元) |
| 总盈亏 | | −0.6万元，部分保值 |

若5月30日1906沪深300指数期货合约为1420点，套期保值效果如何？如表5-14所示。

表 5-14 买入套期保值过程与完全保值效果

| 日　期 | 现货市场 | 期货市场 |
|---|---|---|
| 3月22日 | 300万元 | 1200点 |
| 5月30日 | 366万元 | 1420点 |
| 盈亏 | −66万元 | (1420−1200)×300×10=66(万元) |
| 总盈亏 | | 0万元，完全保值 |

若5月30日1906沪深300指数期货合约为1500点，套期保值效果如何？如表5-15所示。

表 5-15 买入套期保值过程与超额保值效果

| 日　期 | 现货市场 | 期货市场 |
|---|---|---|
| 3月22日 | 300万元 | 1200点 |
| 5月30日 | 366万元 | 1500点 |
| 盈亏 | −66万元 | (1500−1200)×300×10=90(万元) |
| 总盈亏 | | 24万元，完全保值且有盈利 |

一旦采取买入套期保值操作，则失去了由于价格下跌而可能获得低价买进现货的好处。当5月30日股票价格下跌到240万元时，现货市场买进会盈利60万元，但因做了多头套期保值，期货价格同步下跌，期货市场亏损60万元，总盈亏为0，如表5-16所示。

表 5-16 现货价格下跌的保值效果

| 日　期 | 现货市场 | 期货市场 |
|---|---|---|
| 3月22日 | 300万元 | 1200点 |
| 5月30日 | 240万元 | 1000点 |
| 盈亏 | 60万元 | (1000−1200)×300×10=−60(万元) |
| 总盈亏 | | 0万元 |

2) 卖出套期保值

卖出套期保值是指投资者因担心未来现货价格下跌而卖出相应股指期货合约的一种保

值方式,即在期货市场上先开仓卖出期货合约,待下跌后再买入平仓的交易行为,因此又称为"空头保值"。卖出套期保值的目的是锁定现货的卖出价格,规避价格下跌的风险。空头套期保值适用于有库存产品尚未销售或即将生产出产品的生产厂家和种植农产品而担心日后出售价格下跌的农场和农民;手头有库存现货尚未出售而担心日后出售价格下跌的储运商和已签订以某一具体价格买进某一商品但尚未销售出去的贸易商;担心库存原料下跌的加工制造企业。

【例 5-3】 某投资者 2019 年 3 月份持有 A、B、C 三只股票,当时的价格分别为 10 元、20 元和 25 元,分别持有 10 万股、5 万股和 4 万股。投资者计划在 2019 年 5 月卖掉价值 300 万元的股票。假设三只股票与沪深 300 指数的相关系数 $\beta$ 为 1.3、1.2 和 0.8,则其组合 $\beta$ 系数=1.3×1/3+1.2×1/3+0.8×1/3=1.1。投资者担心到 5 月底股票价格下跌,决定采取 1906 股票指数期货锁定成本。

已知 3 月 22 日沪深 300 指数的现指为 1000 点,3 月 22 日 1906 沪深 300 指数期货合约为 1200 点,所以该投资者需要卖出的期货合约数量=[3 000 000/(1200×300)]×1.1=10(手),假设 5 月 30 日沪深 300 指数的现指为 1300 点。股票市场上,A、B、C 三只股票价格下跌为 9.6 元、18.5 元和 22.7 元,仍按计划卖出,卖出资金为 279.3 万元,少卖 20.7 万元。5 月 30 日 1906 沪深 300 指数期货合约为 1150 点。套期保值效果如何?如表 5-17 所示。

该投资者为规避风险需要进行空头套期保值,卖出的期货合约数量=[3 000 000/(1200×300)]×1.1=10(手)。

表 5-17 卖出套期保值过程与部分保值效果

| 日 期 | 现货市场 | 期货市场 |
| --- | --- | --- |
| 3 月 22 日 | 300 万元 | 1200 点 |
| 5 月 30 日 | 279.3 万元 | 1150 点 |
| 盈亏 | −20.7 万元 | (1200−1150)×300×10=15(万元) |
| 总盈亏 | −5.7 万元,部分保值 | |

若 5 月 30 日 1906 沪深 300 指数期货合约为 1100 点,套期保值效果如何?如表 5-18 所示。

表 5-18 卖出套期保值过程与完全保值效果

| 日 期 | 现货市场 | 期货市场 |
| --- | --- | --- |
| 3 月 22 日 | 300 万元 | 1200 点 |
| 5 月 30 日 | 279.3 万元 | 1100 点 |
| 盈亏 | −20.7 万元 | (1200−1100)×300×10=30(万元) |
| 总盈亏 | 9.3 万元,完全保值且有盈利 | |

一旦采用卖出套期保值操作,则失去了由于价格上涨而可能获得高价卖出现货的好处。当 5 月 30 日股票价格上涨到 330 万元时,现货市场买进会盈利 30 万元,但因做了空头套期保值,期货价格同步上涨,期货市场亏损 30 万元,总盈亏为 0,如表 5-19 所示。

表 5-19　卖出套期保值过程与完全保值效果

| 日　期 | 现货市场 | 期货市场 |
| --- | --- | --- |
| 3月22日 | 300万元 | 1200点 |
| 5月30日 | 330万元 | 1300点 |
| 盈亏 | 30万元 | (1200−1300)×300×10=−30(万元) |
| 总盈亏 | 0万元，完全保值 | |

可见，如果现货价格的变动方向与预期相反，就会丧失不做套期保值可以获得的额外收益，这是规避风险锁定现货成本的机会成本，但成本仍控制在原来的价格水平。

### (二)期货套利策略

#### 1. 套利(spread)的概念

期货套利是指利用相关市场或者相关合约之间的价差变化，在相关市场或者相关合约上进行交易方向相反的交易，以期在价差发生有利变化时获利的交易行为。

#### 2. 套利交易的原理

套利交易是在价格联动性很强的两种不同期货合约(包括现货)上建立数量相同、正反两方向的头寸，然后平仓的交易行为。这与套期保值的"数量相同、方向相反"原理存在相似之处。套利交易的原理如下。

(1) 两种期货合约的价格大体受相同的因素影响，因而在正常情况下价格变动虽存在波幅差异，但应有相同的变化趋势。

(2) 两种期货合约间应存在合理的价差(价格差异)范围，但外界非正常因素会使价格变化超过该范围(大于或小于合理的临界值)。在非正常因素影响消除后，期货价格最终会回到原来的合理价差范围。

(3) 两种期货合约间的价差变动有规律可循，且其运行方式具有可预测性。套利交易的实质是对两种期货合约价差的投资行为，由于期货合约间价差变动是可预测的，所以获得利润的可能性较大。

#### 3. 套利交易的特点

1) 套利交易风险较小

一般情况下，期货合约间价差的变化比单一期货合约的价格变化要小得多，且获利大小和风险大小都较易于估算。所以，它为期货市场上的交易者提供了一个极低风险的投资机会，故颇受投资基金和风格稳健的交易者青睐。

2) 成本较低

在国外期货交易所，套利交易的保证金水平和佣金水平都较低，而相应的投资报酬却较纯单向投资者稳定得多。

#### 4. 套利交易的作用

1) 套利交易可稳定市场价格

套利交易不仅有助于期货市场有效发挥其价格发现功能，也有助于使被扭曲的价格关系回到正常水平。市场价格的扭曲表现为相关期货合约价差的波动超过正常范围，此时套利交易者会大量卖出相对价格高的期货合约，并买进相对价格低的期货合约，大量套利行为往往会将期货价格拉回到正常水平。

2) 套利交易可抑制过度投机

欲操纵市场并进行过度投机的交易者为了获得较高收益，往往利用各种手段将期货价格拉抬或打压到不合理的水平，如果期货市场存在较多理性套利者，过度投机行为就会被有效地抑制。

3) 套利交易可增强市场流动性

由于套利交易一般交易量较大，且套利者在不同期货合约上建立正、反两个方向头寸，故其交易行为可以有效地增强市场的流动性。

**5. 套利交易的类型及操作**

从操作方式上可将套利交易分为期现套利、跨市套利、跨商品套利和跨期套利四种类型。

1) 期现套利

(1) 期现套利的概念。

期现套利一般适用于商品市场，是指现货商在期货和现货市场间的套利行为。期货价格较高时卖出期货合约的同时，买进现货到期货市场进行实物交割；期货价格偏低时，则买入期货合约在期货市场上进行实物交割，并把接收到的商品在现货市场上卖出获利。

期现套利的大量存在可以促使期货价格合理回归。它通常在即将到期的期货合约上进行，而且涉及期货、现货两个市场。如果进行实物交割，则不仅需要占用大量资金，而且需要有相应的现货供销渠道，因此套利主体以现货商为主。期现套利者最关注进入交割月份的期货合约品种，只要期货与现货的价差大到超过预期投资成本，套利者就会入市，最终再根据市场情况灵活选择在期货市场平仓或者进行实物交割。

(2) 期现套利的操作。

下面举例说明期现套利的操作过程(不考虑手续费)。

**【例 5-4】** 2019 年 3 月 28 日，大连商品交易所 5 月(交割月)豆粕期货合约价格为 2580 元/吨，大连豆粕现货价格为 1860 元/吨，所以存在较大价差。大连某饲料厂认为这是很好的期现套利机会，于是果断入市，以 2580 元/吨卖出若干吨豆粕期货合约。结果期货价格向现货价格回归，最后大连商品交易所 5 月豆粕期货合约跌至 1940 元/吨，此时饲料厂有两种选择。

① 对冲平仓。平仓盈利：2580-1940=640(元/吨)。

② 期现套利。如果该饲料厂选择在现货市场以 1860 元/吨买进豆粕，以 2580 元/吨进行期货实物交割，则不考虑交易费用和交割成本，收益为：2580-1860=720(元/吨)，但如考虑交割成本，则不如对冲平仓划算。

2) 跨市套利

(1) 跨市套利的概念。

跨市套利是在两个不同的期货交易所同时买进和卖出同一品种、同一交割月份的期货合约，在未来两期货合约价差变动有利时再平仓获利的交易行为。

跨市套利存在于在不同交易所交易的同种商品中。如芝加哥期货交易所、大连商品交易所、东京谷物交易所都进行玉米、大豆期货交易；伦敦金属交易所、上海期货交易所、纽约商业交易所都进行铜、铝等有色金属交易。一般来说，这些品种在各交易所间的价格会有两个稳定的差额，一旦这一差额发生短期变化，交易者就可以在这两个市场间进行套利，购买价格相对较低的合约，卖出价格相对较高的合约，以期在期货价格趋于正常时平仓，赚取低风险利润。在做跨市套利时应注意影响各市场价格差的几个因素，如运费、关税、汇率等。

(2) 跨市套利的操作。

下面举例说明跨市套利的操作过程。

【例5-5】 A公司是一家主要从事有色金属和矿产品进出口及加工的企业，2009年2月中旬，受国储收储及国家即将出台有色金属产业振兴规划等好消息的影响，沪铜走势明显强于伦铜，由此导致两市比价持续走高，到了2月23日，两市3月合约比价升至8.73，现货进口盈利1700元/吨，均处于近阶段的相对高位。基于以下原因，该公司决定进行跨市套利操作。

① 剔除汇率因素影响后的两市3月比值为8.33/6.867=1.21，处于统计意义上的小概率区间。

② 原料进口紧张，国内产量受到影响，但预计后期随着进口精铜逐渐集中到货，国内供应紧张的格局有望缓解。

③ 近期LME库存基本不再增加，LME注销仓单量逐渐放大，一定程度上验证了市场上关于国储在海外采购的传言。如果LME注销仓单进一步增加，这种传言的可靠性将会进一步加强，进而对LME铜价形成有力的支撑。

④ 预期国内市场将逐渐转为正向结构，对正向套利可能发生的移仓较为有利。

⑤ 人民币远期汇率相对稳定，无须对冲外汇风险。

该贸易公司用于正向套利的资金共计1000万元，于2月24日分批建仓。从流动性及升贴水角度综合衡量，沪铜方面选择905主力合约进行建仓，伦铜方面选择电子盘合约进行建仓，按1∶1的比例建仓1000吨，即卖出沪铜200手(每手5吨)，买入伦铜40手(每手25吨)。沪铜平均建仓价为26 520元/吨，伦铜平均建仓价为3190美元/吨。按建仓时的汇率折算，总计需保证金约6 414 000元(SHFE保证金按10%计算，LME保证金按13 750美元/手计算)。

3月11日比值达到预期目标，该公司选择双向平仓，沪铜平仓均价为29 120元/吨，伦铜平仓均价为3660美元/吨。半个月客户收益(扣除手续费后)约为600元/吨×1000吨=600 000元，整体收益率约6.00%，如表5-20所示。

表5-20 跨市套利操作过程

| 2月24日 | 买入伦铜40手，买入价格3190美元/吨，保证金=40×13 750=550 000美元=550 000×6.84=3 762 000元 | 卖出沪铜200手，卖出价格为26 520元/吨，保证金=200×5×26 520×10%=2 652 000(元) |
|---|---|---|
| 3月11日 | 卖出伦铜40手，卖出价格3660美元/吨 | 买入沪铜200手，买入价格29120元/吨 |
| 盈亏 | (3660-3190)×40×25×6.84=3 214 800(元) | (26520-29120)×200×5=-2 600 000(元) |
| 总盈亏 | 3 214 800-2 600 000=614 800(元) | |

3) 跨商品套利

(1) 跨商品套利的概念。

跨商品套利是指利用两种不同的但相互存在关联的商品之间的期货合约价格差异进行套利,即买入某一交割月份某种商品的期货合约,同时卖出另一相同交割月份、相互关联的商品期货合约,在有利时机同时将这两种期货合约平仓获利。

(2) 跨商品套利的条件。

一是同一交割月份但不同种类的商品期货合约的交易。二是所交易的各种商品应具有一定的相关性,或是可替代品或受同一供求变动因素的影响。例如,小麦和玉米具有替代性,均可用作食品加工及饲料,价格有相似变化趋势,因此可以进行小麦和玉米间的套利。另外,大豆与豆油和豆粕存在原材料和制成品之间的关系也可进行跨商品套利。

(3) 跨商品套利的操作。

在实践中,大豆、豆粕和豆油之间的套利应用比较多,故以此为例介绍跨商品套利的操作。

由于大豆与豆粕、豆油之间存在"100%大豆=18.5%豆油+80%豆粕+1.5%损耗"的关系,同时也存在"100%大豆×购进价格+压榨收益(含加工费用)=18.5%豆油×销售价格+80%豆粕×销售价格"的平衡关系,因此,三者之间存在必然的套利关系。

大豆、豆粕和豆油之间的套利分别为大豆提油套利和反向大豆提油套利。大豆提油套利的做法一般为购买大豆期货合约的同时卖出豆油和豆粕的期货合约,并将这些合约一直保持,当现货市场购入大豆或将成品最终销售时分别予以对冲。反向大豆提油套利的做法一般为:卖出大豆合约,买进豆油和豆粕期货合约,三者之间价格将趋于正常,期货市场中的盈利将有利于弥补现货市场中的亏损。

① 大豆提油套利。大连9月大豆期价2700元/吨,9月豆粕期价2400元/吨,9月豆油期价5500元/吨;经计算,压榨收益为238元/吨左右(包含所有压榨成本),而正常情况下,这一压榨收益应为150元/吨左右,所以投资者可以通过买大豆、卖豆粕、卖豆油的方式进行提油套利。假设套利时,大豆、豆粕、豆油的建仓比例按压榨比例约1∶0.8∶0.2进行操作。后市发生压榨收益回归到正常水平时进行平仓操作。具体建仓价位、建仓比例以及出仓价位、盈亏情况如表5-21所示。

表5-21 大豆提油套利操作与效果

单位:元/吨

| 项 目 | | 多头大豆 | 空头豆粕 | 空头豆油 | 压榨收益 |
|---|---|---|---|---|---|
| 提油套利 | 建仓价位 | 2700 | 2400 | 5500 | 238 |
| | 建仓手数 | 5 | 4 | 1 | |
| 后市上涨 | 平仓价位 | 2900 | 2500 | 5600 | 136 |
| | 仓盈平利 | 200 | −100 | −100 | |
| | 总盈利 | 200×50−100×40−100×10=5000(元) | | | |
| 后市下跌 | 平仓价位 | 2600 | 2250 | 5300 | 181 |
| | 仓盈平利 | −100 | 150 | 200 | |
| | 总盈利 | −100×50+150×40+200×10=3000(元) | | | |

② 反向大豆提油套利。大连期货市场 1 月大豆期价 2700 元/吨，1 月豆粕期价 2200 元/吨，1 月豆油期价 5300 元/吨；经计算，压榨收益只有 40 元/吨左右(包含所有压榨成本)，而正常情况下，这一压榨收益应为 150 元/吨左右，所以投资者可以通过卖大豆、买豆粕、买豆油的方式进行提油套利。假设套利时大豆、豆粕、豆油的建仓比例按压榨比例约 1：0.8：0.2 进行操作。具体建仓价位、建仓比例以及平仓价位、盈亏情况如表 5-22 所示。

表 5-20 大豆反向提油套利操作与效果

单位：元/吨

| 项　　目 | | 空头大豆 | 多头豆粕 | 多头豆油 | 压榨收益 |
| --- | --- | --- | --- | --- | --- |
| 反向提油套利 | 建仓价位 | 2700 | 2200 | 5300 | 41 |
|  | 建仓手数 | 5 | 4 | 1 |  |
| 后市上涨 | 平仓价位 | 2900 | 2500 | 5600 | 136 |
|  | 仓盈平利 | −200 | 300 | 300 |  |
|  | 总盈利 | −200×50+300×40+300×10=5000(元) | | | |
| 后市下跌 | 平仓价位 | 2400 | 2000 | 5200 | 162 |
|  | 仓盈平利 | 300 | −200 | −100 |  |
|  | 总盈利 | 300×50−200×40−100×10=6000(元) | | | |

4) 跨期套利

(1) 跨期套利的概念。

所谓跨期套利就是在同一期货品种的不同月份合约上建立数量相等、方向相反的交易头寸，最后以对冲或交割方式结束交易、获得收益的方式。

(2) 跨期套利的类型。

跨期套利可分为牛市套利(bull spread)、熊市套利(bear spread)、蝶式套利(butter-fly spread)几种形式。

① 牛市套利。即当市场价格看涨时，买进近期合约，卖出远期合约，利用不同月份相关价格关系的变化谋取利润。

② 熊市套利。即卖出近期合约，买进远期合约，利用不同合约月份相关价格变化而取得利润。

③ 蝶式套利。是利用不同交割月份的价差进行套期获利，由两个方向相反、共享居中交割月份合约的跨期套利组成。它是一种期权策略，风险有限，盈利也有限，是由一手牛市套利和一手熊市套利组合而成的。

(3) 跨期套利的操作。

① 举例说明牛市套利的操作过程。

【例 5-6】IF1906 和 IF1909 合约合理价差是 200 点，现在 IF1906 合约 2200 点，IF1909 合约 2600 点，价差 400 点，投资者认为，价差不正常的原因是 6 月份被低估，而 9 月份被高估，因此决定进行买 6 卖 9 套利。

其一，价差缩小，投资者可通过价差获取收益，如表 5-23 所示。

表 5-23 牛市套利操作与效果(1)

| 日　期 | IF1906 | IF1909 | 基　差 |
|---|---|---|---|
| 4月24日 | 2200 | 2600 | 400 点 |
| 5月24日 | 2400 | 2700 | 300 点 |
| 盈亏 | 200 | −100 | 100 点 |
| 总盈亏 | | 100 点 | |

其二，价差拉大，投资者无法从套利中获利，如表 5-24 所示。

表 5-24 牛市套利操作与效果(2)

| 日　期 | IF1906 | IF1909 | 基　差 |
|---|---|---|---|
| 4月24日 | 2200 | 2600 | 400 点 |
| 5月24日 | 2400 | 2900 | 500 点 |
| 盈亏 | 200 | −300 | −100 点 |
| 总盈亏 | | −100 点 | |

② 举例说明熊市套利的操作过程。

【例 5-7】 IF1906 和 IF1909 合约合理价差是 200 点，现在 IF1906 合约 2200 点，IF1909 合约 2600 点，价差 400 点，投资者认为，价差不正常的原因是 6 月份被高估，而 9 月份被低估，因此决定进行卖 6 买 9 套利。

其一，价差拉大，投资者可通过价差获取收益，如表 5-25 所示。

表 5-25 熊市套利操作与效果(1)

| 日　期 | IF1906 | IF1909 | 基　差 |
|---|---|---|---|
| 4月24日 | 2200 | 2600 | 400 点 |
| 5月24日 | 2400 | 2900 | 500 点 |
| 盈亏 | −200 | 300 | 100 点 |
| 总盈亏 | | 100 点 | |

其二，价差缩小，投资者无法从套利中获利，如表 5-26 所示。

表 5-26 熊市套利操作与效果(2)

| 日　期 | IF1906 | IF1909 | 基　差 |
|---|---|---|---|
| 4月24日 | 2200 | 2600 | 400 点 |
| 5月24日 | 2400 | 2700 | 300 点 |
| 盈亏 | −200 | 100 | −100 点 |
| 总盈亏 | | −100 点 | |

因此，只有价差向合理水平回归时，投资者才能获利。

③ 蝶式套利的操作过程示例。

牛市套利+熊市套利：如买入 3 手大豆 3 月份合约，卖出 6 手 5 月合约，买入 3 手 7 月合约。

熊市套利+牛市套利：如卖出 3 手大豆 3 月份合约，买入 6 手 5 月合约，卖出 3 手 7 月合约。

## 二、期权投资策略

### (一)买进看涨期权

#### 1. 买进看涨期权盈亏状况

买进执行价格为 $X$ 的看涨期权，在支付一笔权利金 $C$ 后，便享有买入或不买入相关标的资产的权利。如果市场价格 $S$ 上涨，则看涨期权买方既可通过平仓又可通过执行期权获利；当市场价格的上涨刚好等于支付的权利金时，达到盈亏平衡；若市场价格跌至执行价格或以下，期权买方可以放弃期权，其最大损失仅限于权利金。由此可见，买进看涨期权有以下几种盈亏状况。

(1) $S>X+C$：盈利=市场价格-执行价格-权利金；

(2) $S=X+C$：盈亏平衡价位=执行价格+权利金；

(3) $X<S<X+C$：亏损=市场价格-执行价格-权利金；

(4) $S\leq X$：最大亏损=权利金。

【例 5-8】 2020 年 2 月 4 日上海证券交易所 2 月上证 50ETF 期权合约价格为 2.756 元/份，某投资者买进一份执行价格为 2.500 元/份的看涨期权，权利金为 0.2167 元/份，设到期时合约价格为 $S$，其盈亏状况如下。

若期权到期时合约价格高于 2.7167(2.500+0.2167)元/份，如执行期权，则投资者获利，数额为($S$-2.7167)元/份；

若期权到期时合约价格为 2.7167 元/份，该投资者达到盈亏平衡；

若期权到期时合约价格介于 2.500-2.7167 元/份之间，投资者将亏损($S$-2.7167)元/份；

若期权到期时合约价格低于 2.500 元/份，则该看涨期权价值为 0，将放弃期权，损失为支付的权利金 0.2167 元/份。

当然，投资者可以在期权到期之前将期权合约平仓，其盈亏情况较为简单，即期权买入价与卖出价之间的差额就是其盈亏，这里不再详细分析。

#### 2. 买进看涨期权的应用

1) 赚取权利金

当市场出现重大利多，或者技术反转，预期后市看涨，此时是买入看涨期权最合适的时机，投资者可以用较少的资金买进看涨期权，等待获利。一旦价格上涨，则权利金也会上涨，投资者可以在市场以更高的权利金价格卖出该期权合约。即使市场价格下跌，买方的最大损失也只是支付权利金。

2) 为空头头寸套期保值

如果投资者已经卖出了标的物，拥有空头头寸，为了控制标的物上涨的风险，可以买进看涨期权为空头头寸套期保值。如果标的物价格上涨，则以看涨期权规定的执行价格平仓，这样事先控制了风险，控制风险的成本是支出的少量权利金。

3) 维持心理平衡

买进看涨期权后，不管标的物价格下跌到什么水平，投资者承受的最大损失为权利金，心理较为平衡。这一点对于股票投资来说，尤其明显。如果投资者持有看涨期权而非股票，其最大损失是权利金，不用承受股票大幅回调的心理压力。

## (二)卖出看涨期权

### 1. 卖出看涨期权盈亏状况

以执行价格 $X$ 卖出看涨期权，可以得到权利金 $C$ 的收入。卖出看涨期权的目的是赚取权利金，其最大收益也仅仅是权利金，当到期时标的物市场价格 $S$ 低于执行价格 $X$ 时，买方不履行合约，卖方将稳赚权利金；当标的物市场价格在执行价格与平衡点之间时，因买方可能履约，故卖方只能赚取部分权利金；当市场价格上涨至平衡点以上时，卖方面临的风险则是无限的。其盈亏状况有如下几种。

(1) $S \leq X$：最大盈利=权利金；

(2) $X<S<X+C$：盈利=执行价格+权利金-市场价格；

(3) $S=X+C$：盈亏平衡价位=执行价格+权利金；

(4) $S>X+C$：亏损=执行价格+权利金-市场价格。

【例 5-9】 2020 年 2 月 4 日上海证券交易所 2 月上证 50ETF 期权合约价格为 2.756 元/份，某投资者卖出一份执行价格为 2.500 元/份的看涨期权，权利金为 0.2167 元/份，设到期时合约价格为 $S$，其盈亏状况如下。

若期权到期时合约价格低于 2.500 元/份，则期权不会被执行，该投资者获得全部权利金收入 0.2167 元/份；

若期权到期时合约价格介于 2.500～2.7167(2.500+0.2167)元/份之间，投资者的盈利为 (2.500+0.2167−$S$)元/份；

若期权到期时合约价格达到 2.7167 元/份，则投资者盈亏平衡；

若期权到期时合约价格超过 2.7167 元/份，该投资者将遭受损失，损失为(2.500+0.2167−$S$)元/份。

### 2. 卖出看涨期权的应用

1) 赚取权利金

如果标的物价格不会有很大的变动，也就是说，即使上涨，其涨幅也是很小的，甚至价格有很大可能会下跌，这时是卖出看涨期权的好时机。卖出看涨期权收取一定数额的权利金，即使市场价格有小幅度上涨，使投资者受到损失，但损失是小于权利金收入的。从实际交易经验看，卖出看涨期权的收益率并不低，但对于资金有限的投资者应避免卖出无保护性看涨期权。

2) 各种策略的需要

卖出看涨期权在实际操作中是结合多种策略一起使用的，如套期保值和套利操作。

### (三)买进看跌期权

#### 1. 买进看跌期权盈亏状况

以执行价格 $X$ 支付一定权利金 $P$ 获得看跌期权多头部位后,买方就锁定了自己的风险,而其获利空间很大。因此,买进看跌期权是风险有限而获利潜力很大的策略,看跌期权的买方预测标的物价格将下跌,当下跌至平衡点以下将获利;而如果标的物价格变化与预测相反时,其最大损失也仅限于权利金。设到期时标的物价格为 $S$,买进看跌期权盈亏有以下几种状况。

(1) $S=0$:最大盈利=执行价格-权利金;
(2) $0<S<X-P$:盈利=执行价格-权利金-市场价格;
(3) $S=X-P$:盈亏平衡价位=执行价格-权利金;
(4) $X-P<S<X$:亏损=执行价格-权利金-市场价格;
(5) $S\geqslant X$:最大亏损=权利金。

【例 5-10】 2020 年 2 月 4 日上海证券交易所 2 月上证 50ETF 期权合约价格为 2.756 元/份,某投资者买入一份执行价格为 2.500 元/份的看跌期权(510050P2002M02500),权利金为 0.0075 元/份,设到期时合约价格为 $S$,其盈亏状况如下。

若期权到期时合约价格为 0,投资者将执行期权,该投资者盈利最大,为 2.4925 (2.500-0.0075)元/份。当然这只是理论上的推算,在实际操作中,合约价格不可能为 0。

若期权到期时合约价格低于 2.4925 元/份,该投资者获利为(2.500-0.0075-$S$)元/份。

若期权到期时合约价格等于 2.4925 元/份,该投资者达到盈亏平衡。

若期权到期时合约价格介于 2.4925~2.500 元/份之间时,投资者将亏损(2.4925-$S$)元/份。

若期权到期时合约价格高于 2.500 元/份,则该看跌期权价值为 0,投资者将放弃期权,最大损失为支付的权利金 0.0075 元/份。

#### 2. 买进看跌期权的运用

1) 赚取权利金

如果市场出现重大利空,或者技术转空,价格将要大跌,投资者就可以用较少的资金买进看跌期权,等待获利。如果价格上涨,将不执行权利,最大损失是支付的权利金。

2) 为多头头寸套期保值

投资者已经买进了标的物,为防止价格下跌,可买进看跌期权,锁定价格下跌的风险。如果标的物价格下跌,则可以以看跌期权规定的执行价格平仓,这样事先控制了风险,控制风险的成本是支出的少量的权利金。

3) 保持心理平衡

期权交易使投资者的心态更稳定,毕竟买方的风险是有限的。对于一些进行期货交易心态不稳定或心理素质不好的投资者来说,买进看跌期权比卖出期货更为有利。

### (四)卖出看跌期权

#### 1. 卖出看跌期权的盈亏状况

卖出看跌期权是收益有限却风险很大的策略,其损益与买进看跌期权正好相反。当标的物价格上涨或基本持平时，能获取权利金；如果标的物价格逐渐下跌，发生的损失将会冲抵权利金收入；价格跌至平衡点以下时，看跌卖方开始出现净损失，其最大损失是执行价格与权利金之差。设到期时标的物价格为 $S$，卖出看跌期权盈亏的几种状况如下。

(1) $S \geqslant X$：最大盈利=权利金；

(2) $X-P<S<X$：盈利=市场价格+权利金-执行价格；

(3) $S=X-P$：盈亏平衡价位=执行价格-权利金；

(4) $0<S<X-P$：亏损=市场价格+权利金-执行价格；

(5) $S=0$：最大亏损=执行价格-权利金。

【例 5-11】 2020 年 2 月 4 日上海证券交易所 2 月上证 50ETF 期权合约价格为 2.756 元/份，某投资者卖出一份执行价格为 2.500 元/份的看跌期权(510050P2002M02500)，权利金为 0.0075 元/份，设到期时合约价格为 $S$，其盈亏状况如下。

若期权到期时合约价格高于 2.500 元/份，则期权到期价值为 0，期权不会被执行，投资者获得最大收益为权利金 0.0075 元/份。

若期权到期时合约价格介于 2.4925(2.500-0.0075)-2.500 元/份之间，如果对方执行期权，投资者盈利为($S$+0.0075-2.500)元/份。

若期权到期时合约价格为 2.4925 元/份，投资者达到盈亏平衡。

若期权到期时合约价格低于 2.4925 元/份，投资者发生亏损，其亏损为($S$+0.0075-2.500)元/份。

若期权到期时合约价格为 0，投资者亏损最大，为 2.4925 元/份。当然这只是理论上的推算，在实际操作中，合约价格不可能为 0。

**2．卖出看跌期权的应用**

1) 赚取权利金

如果市场价格不会有很大的变动，也就是说，即使下跌，其跌幅也是很小的，则可以卖出看跌期权，收取一定数额的权利金。即使相关市场价格有小幅度下跌，会使投资者遭受一点损失，但这点损失可以由收取的权利金来弥补。

2) 获得标的物

一般来说，期权被执行都是对卖方不利。但如果投资者想获得标的物，则卖出适当的执行价格的看跌期权，一旦期权被执行，可以按执行价格获得标的物。如果期权未被执行，则权利金可降低现货的买进成本。

3) 各种策略的应用

卖出看跌期权与卖出看涨期权一样，并不因为风险巨大而无人买进，很多组合策略都会使用卖出看跌期权。

# 本章小结

(1) 掌握金融衍生工具的概念，理解金融衍生工具的跨期性、高风险、杠杆性、衍生性的特点。

(2) 掌握金融远期、金融期货、金融期权、互换、结构性金融产品的概念、特点和类型，弄懂它们的共性和区别。

(3) 能够利用期货、期权的原理进行套期保值、套利、投机等操作。

巴菲特在 2002 年伯克希尔哈撒韦年报中这样评价金融衍生品："它们对于交易双方以及整个经济系统来说就像是定时炸弹，在我们看来，金融衍生品就是大规模金融杀伤性武器，带来潜在的致命性危险。"

51 届股东会上，巴菲特接受采访时说："衍生品非常危险，以后也是。监管人员未必会有办法有效监管，要非常小心。我也认为衍生品价值很难评估。别人在任何时候都不能通过衍生品欠我的钱。"

根据巴菲特的观点，分成正反两方进行辩论，正方同意巴菲特关于金融衍生工具的看法，反方持相反态度。要求：论点明晰，论据充足，引证恰当，分析透彻；迅速抓住对方观点及失误，驳论精到，切中要害；反应敏捷，应对能力强；表达清晰、层次清楚，逻辑严密。

### 巴林银行倒闭事件

巴林银行是历史显赫的英国老牌贵族银行，世界上最富有的女人——伊丽莎白女王也信赖它的理财水准，并是它的长期客户。

尼克·李森是国际金融界"天才交易员"，曾任巴林银行驻新加坡巴林期货公司总经理、首席交易员，以稳健、大胆著称。在日经 225 期货合约市场上，他被誉为"不可战胜的李森"。

尼克·李森 1989 年加盟巴林银行，1992 年被派往新加坡，成为巴林银行新加坡期货公司总经理。而尼克·李森搞垮巴林银行的事发地也正是在新加坡。期货交易员难免会在交易中出现一些错误的情况。因此，他们一般都会开设一个特殊账户，用以暂时存放那些错误的交易，等待适合的行情出现时再挽回损失。但是，错误账户在尼克·李森的手中改变了用途，他把自己失败的交易记入其中，用以掩盖损失。结果，为了赚回赔掉的钱，尼克·李森的赌局越开越大，以至于到了无法收拾的境地。

1994 年下半年，李森认为，日本经济已开始走出衰退，股市将会有大涨趋势，于是大量买进日经 225 指数期货合约和看涨期权。然而"人算不如天算"，事与愿违，1995 年 1 月 16 日，日本关西大地震，股市暴跌，李森所持多头头寸遭受重创，损失高达2.1 亿英镑。

这时的情况虽然糟糕，但还不至于撼动巴林银行，只是对李森来说已经严重影响其光荣的地位。李森凭其天才的经验，为了反败为胜，再次大量补仓日经 225 期货合约和利率期货合约，头寸总量已达 10 多万手。

要知道这是以"杠杆效应"放大了几十倍的期货合约。当日经 225 指数跌至 18 500 点以下时，每跌一点，李森的头寸就要损失 200 多万美元。"事情往往朝着最糟糕的方向发展"，这是强势理论的总结。

2 月 24 日，当日经指数再次加速暴跌后，李森所在的巴林期货公司的头寸损失已接近其整个巴林银行集团资本和储备之和。融资已无渠道，亏损已无法挽回，李森畏罪潜逃。

巴林银行面临覆灭之灾，银行董事长不得不求助于英格兰银行，希望挽救局面。然而这时的损失已达 14 亿美元，并且随着日经 225 指数的继续下挫，损失还将进一步扩大。因此，各方金融机构竟无人敢伸手救助巴林银行这位昔日的贵宾。尼克·李森利用欺骗的手段使巴林银行蒙受了 8.6 亿英镑的巨额亏损，从而把巴林银行推上了死亡之路。

1995 年 2 月 27 日，英国中央银行宣布，英国商业投资银行——巴林银行因经营失误而倒闭。消息传出，立即在亚洲、欧洲和美洲地区的金融界引起一连串强烈的波动。东京股市英镑对马克的汇率跌至近两年最低点，伦敦股市也出现暴跌，纽约道·琼斯指数下降了 29 个百分点。

1995 年 2 月 27 日，在德国法兰克福机场，刚刚走下飞机悬梯的尼克·李森被捕了。1995 年 11 月 22 日，尼克·李森再次变成全球的新闻焦点，他从德国被引渡回新加坡，而仅仅一周之后，他就被送上了审判台。根据新加坡《证券交易法》，尼克·李森因欺诈罪被判有期徒刑 6 年半。从而变成了新加坡塔那梅拉监狱中的阶下囚。1999 年 7 月，尼克·李森因患癌症被保外就医，回到伦敦。此前，他在狱中撰写了《我如何弄垮巴林银行》，并很快被拍成了电影。

为了解开这一事件之谜，中央电视台《经济半小时》特别节目《资本市场》对当时巴林投资银行首席执行官彼得·诺里斯进行了采访。彼得·诺里斯说："巴林集团拥有很多家不同的银行，当巴林集团倒闭时，我正好担任投资银行的首席执行官。正是在我领导的投资银行里发生了李森的罪行。是李森毁掉了巴林银行吗？当然是。正是由于他的罪行，导致巴林银行的崩溃。他长期以来进行欺诈，对电脑会计系统做了手脚，许多员工都被卷了进去，最终导致巴林银行的倒闭。""我认为可以从中吸取很多教训，最基本的一条就是不要想当然认为所有的员工都是正直、诚实的，这就是人类本性的可悲之处。多年来，巴林银行一直认为雇佣的员工都是值得信赖的，都信奉巴林银行的企业文化，都将公司的利益时刻放在心中。而在李森事件中，我们发现他在巴林银行服务期间一直是不诚实的。所有金融机构的管理层都应该从李森事件中吸取教训，意识到用人的风险所在。巴林银行存在内部管理机制的诸多不足，一直没有及时发现李森的犯罪行为，而当发现时却为时已晚。所以，我认为教训是，应该随时保持极高的警惕性。"

(资料来源：巴林银行倒闭事件[EB/OL]. 百度百科, https://baike.baidu.com/item/8540375?fr=aladdin)

**案例点评**

案例中的期货交易员尼克·李森为掩饰自己在交易过程中的失误进行了期货违规交易，给巴林银行造成巨大损失，违背了金融从业人员敬业、诚实、正直的职业道德。当然，巴林银行内部管理漏洞也为这种违规行为推波助澜，直接断送了自己的百年辉煌。因此，如何从企业和从业者两方面出发提升职业道德水准是一个值得探讨的话题。

## 思考讨论

1. 金融从业人员应该遵循哪些职业道德？
2. 金融机构应该如何从制度和管理上规范从业人员的职业道德？

**实训一　跨期套利方案设计**

实训目的：掌握跨期套利、跨品种套利、跨市场套利的基本原理，能够在分析套利机会的基础上制订套利计划。

实训内容：对选择进行套利交易的品种进行数据统计；将行情数据填写到制作好的表格中；对行情数据进行统计；判断存在套利空间后进行套利操作；择机进行开仓；选择时机平仓获利。统计 1 月份大豆、5 月份大豆、9 月份大豆的价差；判断是否有套利机会；制订套利计划并开仓再选择时机平仓获利。

**实训二　跨品种套利方案设计**

实训目的：掌握跨品种套利的基本原理，能够根据市场行情和实际情况制订跨品种套利计划，获取跨品种套利收益。

实训内容：统计 1 月份大豆、1 月份豆粕、1 月份豆油价差，发现是否有套利机会，制订套利计划；择机进行开仓；选择时机平仓获利。

# 复习思考题

一、单选题

1. 看跌期权是指买方在约定期限内按(　　)价格(　　)一定数量金融工具的权利。
   A. 协定，买入　　　　　　　　B. 市场，买入
   C. 市场，卖出　　　　　　　　D. 协定，卖出
2. 期货交易参与套期保值者所利用的是期货市场的(　　)功能。
   A. 价格发现　　　　　　　　　B. 风险转移
   C. 稳定市场　　　　　　　　　D. 投机
3. 下列有关金融期货叙述不正确的是(　　)。
   A. 金融期货必须在有组织的交易所进行集中交易
   B. 在世界各国，金融期货交易至少要受到一家以上的监管机构监管
   C. 金融期货是非标准化交易
   D. 金融期货交易实行保证金制度和每日结算制度
4. 某投资者买入一份美式期权，则他可以在(　　)行使自己的权利。
   A. 到期日　　　　　　　　　　B. 到期日前任何一个交易日

C. 到期日后某一交易日　　　　　　D. A 和 B
5. 期权实际上就是一种权利的有偿使用，下列关于期权的多头方和空头方权利与义务的表述，正确的是( )。
  A. 期权多头方和空头方都是既有权利，又有义务
  B. 期权多头方只有权利没有义务，期权空头方既有权利又有义务
  C. 期权多头方只有权利没有义务，期权空头方只有义务没有权利
  D. 期权多头方既有权利又有义务，期权空头方只有义务没有权利

## 二、多选题

1. 下列选项中，属于我国上海期货交易所上市的期货品种的有( )。
  A. 铝　　　　　　　　　　　　　　B. 玉米
  C. 黄金　　　　　　　　　　　　　D. 螺纹钢
2. 期货交易规则有( )。
  A. 保证金制度　　　　　　　　　　B. 当日无负债结算制度
  C. 涨跌停板制度　　　　　　　　　D. 持仓限额制度
3. 金融互换主要包括( )。
  A. 股权互换　　　　　　　　　　　B. 货币互换
  C. 利率互换　　　　　　　　　　　D. 信用互换
4. 利用期货市场进行套期保值，生产经营者可以( )。
  A. 实现预期利润　　　　　　　　　B. 锁定生产成本
  C. 平抑现货市场的价格波动　　　　D. 规避现货市场的价格风险
5. 商品期货合约的标准化主要体现在哪几个方面？( )。
  A. 商品品质的标准化　　　　　　　B. 商品数量的标准化
  C. 交割月份的标准化　　　　　　　D. 交割地点的标准化

## 三、判断题

1. 金融期权合约双方都需要缴纳保证金。　　　　　　　　　　　　　　　( )
2. 期货交易一般不进行实物交割。　　　　　　　　　　　　　　　　　　( )
3. 某投资者买入一份看涨期权，在某一时点，该期权的标的资产市场价格小于期权的执行价格，则在此时点该期权是一份实值期权。　　　　　　　　　　　　( )
4. 期货交易是一种保证金交易。　　　　　　　　　　　　　　　　　　　( )
5. 金融衍生工具是在现时对基础工具未来可能产生的结果进行交易。　　　( )

## 四、简答题

1. 简述金融衍生产品的特征。
2. 简述金融期货的基本功能。
3. 分析远期合约的特点。
4. 简述期权的基本要素。
5. 按合约规定的履约时间的不同，金融期权可分为哪几类？

## 五、计算题

1. 某可转换债券面额为 1000 元,规定其转换价格为 25 元,则 1000 元债券可转换为多少股普通股股票?

2. IF1803 和 IF1806 合理价差是 400 点,现在 IF1803 合约 3100 点、IF1806 合约 3300 点,价差 200 点,投资者认为,价差不正常的原因是 6 月份被低估,3 月份被高估。请问:应该如何进行套利操作?当 IF1803 合约价格上涨到 3300 点,IF1806 价格上涨到 3400 点,请问:投资者是否获利?

3. 2019 年 1 月 20 日,在香港市场上,盛昌股份收盘价 14.00 港元,赵先生认为股价会上涨。当天,盛昌股份 3 月份期货报价为 18.00 港元,该投资者按此价格买入 1 手(合约乘数 1000),缴纳保证金 2900 港元。2019 年 2 月 10 日盛昌公司的股价为 20.60 港元,盛昌股份 3 月份期货报价为 24.00 港元,赵先生当即平仓。那么,赵先生获利多少?投资回报率为多少?

4. 2019 年 6 月 1 日,某投资者买入某股票看涨期权,执行价格 10 元/股,权利金 1 元/股,6 月 16 日,股票上涨到 15 元/股,权利金相应上涨到 2 元/股,此时,投资者应如何操作?

# 阅读推荐与网络链接

1. [加]约翰·赫尔(John C. Hull). 期权、期货及其他衍生产品(原书第 10 版)[M]. 北京:机械工业出版社,2018.
2. 邓小朱. 期货与期权:理论、实务、案例[M]. 北京:中国人民大学出版社,2017.
3. 宋浩平. 期货及期权投资实务[M]. 3 版. 北京:首都经济贸易大学出版社,2017.
4. 罗孝玲. 期货与期权[M]. 3 版. 北京:高等教育出版社,2016.
5. 李一智. 期货与期权教程(第 6 版)[M]. 北京:清华大学出版社,2017.
6. 石光. 建设适应现代化经济体系要求的金融和商品衍生品市场[J]. 重庆理工大学学报,2020(3).
7. 李玮. 衍生金融工具应用问题及建议[J]. 合作经济与科技,2020(1).
8. 巴林银行倒闭事件[EB/OL]. 百度百科,https://baike.baidu.com/item/8540375?fr=aladdin.
9. 国际油价又撑不住了:WTI 原油期货跌超 10%,破 16 美[EB/OL]. 澎湃新闻,http://finance.sina.com.cn/roll/2020-04-27/doc-iircuyvi0044706.shtml.

# 第六章 证券市场

## 学习要点

- 掌握证券市场含义。
- 了解证券发行与交易的相关规则、程序。
- 了解注册制发行相关知识。
- 掌握股票价格指数的计算及具体应用。

## 核心概念

证券市场　证券发行市场　证券交易市场　股票价格指数

## 引导案例

### 王法铜操纵市场被证监会处罚

证监会公布〔2018〕104号行政处罚决定书,对王法铜操纵江苏如通石油机械股份有限公司(以下简称如通股份)、清源科技(厦门)股份有限公司(以下简称清源股份)及亚振家居股份有限公司(以下简称亚振家居)股票的行为进行处罚,合计没收王法铜违法所得3.46亿元,并处以10.43亿元的罚款。

证监会依据《证券法》的有关规定对王法铜操纵如通股份、清源股份及亚振家居股票的行为进行了立案调查、审理;经查明,王法铜存在以下违法事实。

一、控制使用证券账户情况

证券账户交易终端硬件信息、资金往来、证人证言等证据显示,"谢某微"等344个证券账户存在紧密关联,皆由王法铜控制使用。王法铜利用"谢某微"等344个证券账户,使用自有资金和配资资金,在上海等地操纵如通股份、清源股份、亚振家居价格。

二、操纵股票价格

王法铜在2017年1月3日至3月14日,控制使用344个证券账户中的227个证券账户,集中持股优势、资金优势,连续交易如通股份,并在其实际控制的证券账户之间大量交易如通股份,操纵如通股份价格。王法铜在2017年2月20日至5月11日,控制使用344个证券账户中的229个证券账户,集中持股优势、资金优势,连续交易清源股份,并在其控制的证券账户之间大量交易清源股份,操纵清源股份价格。王法铜在2017年2月20日至6月1日,控制使用344个证券账户中的261个证券账户,集中持股优势、资金优势,连续交易亚振家居,并在其控制的证券账户之间大量交易亚振家居,操纵亚振家居价格。

王法铜利用资金优势、持股优势，连续交易及在自己实际控制的证券账户之间大量交易如通股份、清源股份、亚振家居的行为，违反《证券法》第七十七条第一款第一项、第三项的规定，构成《证券法》第二百零三条所述的操纵证券市场行为。

根据王法铜违法行为的事实、性质、情节与社会危害程度，依据《证券法》第二百零三条的规定，证监会决定：

(1) 对王法铜操纵如通股份价格行为，没收违法所得 346 324 980.52 元，并处以 1 038 974 941.56 元的罚款；

(2) 对王法铜操纵清源股份价格行为处以 2 000 000 元的罚款；

(3) 对王法铜操纵亚振家居价格行为处以 2 000 000 元的罚款。

综上合计，没收王法铜违法所得 346 324 980.52 元，并处以 1 042 974 941.56 元的罚款。

(资料来源：证监会网站，http://www.csrc.gov.cn/pub/zjhpublic/G00306212/201811/t20181102_346088.htm)

操纵证券、期货市场罪，是指以获取不正当利益或者转嫁风险为目的，集中资金优势、持股或者持仓优势或者利用信息优势联合或者连续买卖，与他人串通相互进行证券、期货交易，自买自卖期货合约，操纵证券、期货市场交易量、交易价格，制造证券、期货市场假象，诱导或者致使投资者在不了解事实真相的情况下做出投资决定，扰乱证券、期货市场秩序的行为。这种违法行为是证券市场中严厉打击的，要维护公平、公正的证券市场秩序。

# 第一节 证券市场概述

新《证券法》解读.mp4

## 一、证券市场的概念

证券市场是证券发行和交易的场所。一般来讲，证券市场是指一切以证券为交易对象的交易关系的总和。从经济学的角度来看，可以将证券市场定义为：通过自由竞争的方式，根据供需关系来决定有价证券价格的一种交易机制。

### (一)证券市场的特征

#### 1. 证券市场是价值直接交换的场所

有价证券是价值的直接代表，其本质上只是价值的一种表现。虽然证券交易的对象是各种各样的有价证券，但证券市场本质上是价值的直接交换场所。

#### 2. 证券市场是财产权利直接交换的场所

证券市场上的交易对象是作为经济权益凭证的股票、债券、投资基金等有价证券，它们本身仅是一定量财产权利的代表,所以证券市场实际上是财产权利的直接交换场所。

### 3. 证券市场是风险直接交换的场所

有价证券既是一定收益权利的代表,也是一定风险的代表。有价证券的交换在转让出一定收益权的同时,也把该有价证券所特有的风险转让出去。所以,从风险的角度分析,证券市场也是风险的直接交换场所。

## (二)证券市场与一般商品市场的区别

### 1. 交易对象不同

一般商品市场的交易对象是各种具有不同使用价值、能满足人们某种特定需求的商品。而证券市场的交易对象是作为经济权益凭证的股票、债券、投资基金券等有价证券。

### 2. 交易目的不同

证券交易的目的是实现投资收益,或筹集资金。而购买商品的目的主要是满足某种消费的需要。

### 3. 交易对象的价格决定不同

商品市场的价格,其实质是商品价值的货币表现,取决于生产商品的社会必要劳动时间。而证券市场的证券价格实质是利润的分割,是预期收益的市场表现,与市场利率的关系密切。

### 4. 市场风险不同

一般商品市场由于实行的是等价交换原则,价格波动较小,市场前景的可预测性较强,因而风险较小。而证券市场的影响因素复杂多变,价格波动性大,且有不可预测性,投资者的投资能否取得预期收益具有较大的不确定性,所以风险较大。

# 二、证券市场的分类

证券市场的分类很多,最常见的有以下三种。

## (一)按纵向结构分类

证券市场按纵向结构分类是一种按证券进入市场的顺序而形成的分类关系。按这种顺序关系的不同,证券市场可分为发行市场和交易市场。

### 1. 证券发行市场

证券发行市场又称"一级市场"或"初级市场",是发行人以筹集资金为目的,按照一定的法律规定和发行程序,向投资者出售证券所形成的市场。证券发行市场体现了证券由发行主体流向投资者的市场关系。发行者之间的竞争和投资者之间的竞争,是证券发行市场赖以形成的契机。证券发行市场不仅是发行主体筹措资金的市场,也是给投资者提供投资机会的市场。

## 2. 证券交易市场

证券交易市场是已发行的证券通过买卖交易实现流通转让的场所。相对于发行市场而言，证券交易市场又称"二级市场"或"次级市场"。证券经过发行市场的承销后，即进入流通市场，它体现了新老投资者之间投资退出和投资进入的市场关系。

## 3. 发行市场与交易市场的关系

证券发行市场与交易市场紧密联系，互相依存、互相作用。发行市场是交易市场的存在基础，发行市场的发行条件及发行方式影响着交易市场的价格及流动性。而交易市场又能促进发行市场的发展，为发行市场所发行的证券提供变现的场所，同时交易市场的证券价格及流动性又直接影响发行市场新证券的发行规模和发行条件。

## (二)按横向结构分类

证券市场按横向结构分类是依有价证券的品种而形成的分类关系。这种结构关系的构成主要有股票市场、债券市场、基金市场以及衍生证券市场等子市场，并且各子市场之间是相互联系的。

### 1. 股票市场

股票市场是股票发行和买卖交易的场所。股票市场的发行人为股份有限公司。股份公司在股票市场上筹集的资金是长期稳定、属于公司自有的资本。股票市场交易的对象是股票，股票的市场价格除了与股份公司的经营状况和盈利水平有关外，还受到其他诸如政治、社会、经济等多方面因素的综合影响。因此，股票价格经常处于波动之中。

### 2. 债券市场

债券市场是债券发行和买卖交易的场所。债券的发行人有中央政府、地方政府、政府机构、金融机构、公司和企业。债券市场交易的对象是债券。债券因有固定的票面利率和期限，其价格相对股票价格而言比较稳定。

### 3. 基金市场

基金市场是基金证券发行和流通的市场。封闭式基金在证券交易所挂牌交易，开放式基金是通过投资者向基金管理公司申购和赎回实现流通的。

### 4. 衍生证券市场

衍生证券市场以基础证券的存在和发展为前提。其交易品种主要有金融期货与期权、可转换证券、存托凭证等。

## (三)按组织形式分类

目前，我国证券市场按照组织形式的不同可以分为以交易所为代表的场内交易市场、以全国中小企业股份转让系统为代表的三板市场和以银行间债券市场为代表的场外市场。

### 1. 证券交易所

我国目前存在上海和深圳两个证券交易所，上海证券交易所包括主板和科创板两个部分，深圳证券交易所包括主板(中小板属于主板)和创业板两个部分。投资者平时所说的炒股或者投资主要就是指在沪、深证券交易所买卖证券。

### 2. 全国中小企业股份转让系统

全国中小企业股份转让系统(National Equities Exchange and Quotations，NEEQ)，简称股转系统，也称新三板，是经国务院批准设立的全国性证券交易场所，采取公司化运作。坚持公开、公平、公正的原则，完善市场功能，加强市场服务，维护市场秩序，推动市场创新，保护投资者及其他市场参与主体的合法权益，推动场外交易市场健康发展，促进民间投资和中小企业发展，有效服务实体经济。

其主要功能是组织安排非上市股份公司股份的公开转让；为非上市股份公司融资、并购等相关业务提供服务；为市场参与人提供信息、技术和培训服务。设立全国中小企业股份转让系统是加快我国多层次资本市场建设发展的重要举措。公司将在证监会的领导下，不断改善中小企业金融环境，大力推动创新、创业，积极推动我国场外市场健康、稳定、持续发展。

### 3. 银行间债券市场

银行间债券市场成立于 1997 年 6 月 6 日，是依托于全国银行间同业拆借中心(简称同业中心)和中央国债登记结算公司(简称中央结算公司)的，包括商业银行、农村信用联社、保险公司、证券公司、资产管理公司、大型工商企业等机构债券买卖和回购的市场。经过迅速发展，银行间债券市场已成为中国债券市场的主体部分。记账式国债的大部分、政策性金融债券都在该市场发行并上市交易，中国的债券市场是世界上交易量第三大债券市场。

中国债券交易市场由两部分构成：其一是银行间债券市场，主要由中国人民银行监管；其二是交易所债券市场，主要由中国证券监督管理委员会监管。银行间债券市场债券交易量占据中国债券总交易量的 96%以上，所以中国债券市场以银行间债券市场为主体。

## 三、我国证券市场现状

### (一)我国证券市场的发展历程

我国最早的证券交易市场是 1891 年由上海外商经纪人组织的"上海股份公所"，在 1905 年改为"上海众业公所"，在这个交易所买卖的主要是外国企业股票、公司债券，中国政府的金币公债以及外国在华机构发行的债券等。

中国人自己创办的第一家证券交易所是 1918 年夏天成立的北平证券交易所。1920年，上海证券物品交易所成立。天津证券交易所在 1952 年关闭，旧中国的证券市场相继消失。新中国成立后的 60 多年间，中国当代证券市场经历了由利用尝试到否定摒弃，最终到恢复和发展的曲折过程。1981 年财政部首次发行国库券，揭开了新时期中国证券市场新发展的序幕。从此，中国证券市场从无到有，由小到大，取得了长足的发展。

20世纪80年代,随着国民经济发展对社会资金的巨大需求,国家开始了股份制改革试点工作,并率先在上海、深圳等地展开。改革开放后国内第一只股票——飞乐音响于1984年11月诞生。1986年9月26日,新中国第一家代理和转让股票的证券公司——中国工商银行上海信托投资公司静安券业务部宣告营业,从此我国恢复了中断30多年的证券交易业务,开始上海股票的柜台交易。1986年,深圳特区尝试对一些企业进行股份制改制,选择5家企业作为股票发行上市的试点单位。1987年,深圳经济特区证券公司成立,开始深圳股票的柜台交易。与此同时,全国各地也开始仿效上海和深圳进行股份制改革试点,并相继设立证券公司或交易部进行柜台交易,提供证券交易服务。1990年11月26日,上海证券交易所成立。1990年12月1日,深圳证券交易所开始营业。

### (二)我国证券市场的概况

我国证券市场经过30多年的发展,达到许多国家上百年才能实现的规模。目前,我国证券市场不但有场内交易市场,还有场外交易市场;不但有现货市场,还有股指期货和期权市场。我国证券市场不仅有《中华人民共和国公司法》《中华人民共和国证券法》《中华人民共和国证券投资基金法》《中华人民共和国物权法》《中华人民共和国企业破产法》等法律,《证券公司监督管理条例》《证券公司风险处置条例》等多项行政法规,《证券发行上市保荐业务管理办法》《证券交易所管理办法》等部门规章及规范性文件,还有由证券交易所、中国证券登记结算有限公司和中国证券业协会制定的自律性规则,较为完善地构建了我国证券市场的法律法规体系,强有力地保障中国资本市场的健康发展。

## 第二节　证券发行市场

### 一、证券发行市场概述

证券发行(Securities Issuance)是指政府、金融机构、工商企业等以募集资金为目的向投资者出售代表一定权利的有价证券的活动。证券发行的目的包括筹集资金、改善公司治理、改善资本结构、增强企业动力、实现资源优化配置。

股票发行的前世今生.mp4

证券市场中的五卅惨案.mp4

新三板精选层.mp4

专家谈：注册制.mp4

健全多元化退市机制.mp4

### (一)证券发行市场

证券发行市场是证券发行者为扩充经营,按照一定的法律规定和发行程序,向投资者出售新证券所形成的市场,又称一级市场、初级市场。证券发行市场与二级证券市场不同。在发行过程中,证券发行市场作为一个抽象的市场,其买卖成交活动并不局限于一个固定的场所;它是一个无形的市场,可为资金使用者提供获得资金的渠道和手段。

### (二)证券发行市场的特点

证券发行市场是整个证券市场的基础,它的内容和发展方向决定着证券交易市场的内容和发展方向。证券发行市场具有以下特点。

#### 1. 证券发行是直接融资的实现形式

证券发行市场的功能就是联结资金需求者和资金供给者,证券发行人通过销售证券向社会招募资金,而认购人通过购买其发行的证券提供资金,将社会闲散资金转化为生产建设资金,实现直接融资的目标。

#### 2. 证券发行市场是个无形市场

证券发行市场通常不存在具体的市场形式和固定场所,新发行证券的认购和销售都不是在有组织的固定场所内进行,而是由众多证券承销商分散地进行,因而是个抽象的、观念上的市场。

#### 3. 证券发行市场的证券具有不可逆转性

在证券发行市场上,证券只能由发行人流向认购人,资金只能由认购人流向发行人,而不能反过来。这是证券发行市场与证券交易市场的一个重要区别。

### (三)证券发行方式

证券的发行方式多种多样,不同的发行方式会对证券的销售产生不同的影响。所以,选择适当的发行方式有利于及时筹措到资金。

#### 1. 按发行对象分类

按发行对象的不同,证券发行可分为公募发行和私募发行。公募发行是指公开向不特定多数的投资者募集资金的证券发行方式。私募发行是指向特定投资者募集资金的证券发行方式。如在公司内部向职工个人发行证券,或向市场、技术关联的单位发行证券。

#### 2. 按发行主体分类

按发行主体的不同,证券发行可分为直接发行和间接发行。直接发行是指发行公司不委托其他机构,由发行人直接向投资者推销、出售证券的行为。间接发行是指发行公司委托证券公司等证券中介机构代理出售证券的发行,又称委托代理发行,也称证券承销。

在间接发行中,根据证券承销机构所承担的发行责任的大小不同,可分为代销、包销两种发行方式,其中包销又可分为全额包销和余额包销。代销是指证券发行人委托承担承销业务的证券经营机构(承销商)代为向投资者销售证券。承销商按照规定的发行条件,在约定的期限内销售,到截止日期,如果没有全部售出证券,那么未售出部分退还给发行人,承销商不承担任何发行风险。全额包销是指发行人与承销商签订全额承销合同,由承销商按发行价格买下全部证券,再由承销商向投资者发行证券的行为。余额包销是指发行人与承销商签订余额包销合同,由承销商在承销期限内发行证券,到截止日期,未售出的余额由承销商买下。

### 3. 按证券发行价格确定方式分类

根据证券发行价格确定方式的不同,证券发行可分为议价发行和投标发行。议价发行是指证券的发行者和推销者就证券的发行价格、手续费等权责事项充分商讨后再发行或推销的一种发行方式。投标发行,又称为竞价销售或投标销售,具体方法是证券发行单位在发行证券前,向证券公司、银行、财务公司等金融机构发出通知或说明书及投标申请书,说明该单位将发行某种证券,欢迎投标。愿意参加证券承销的证券公司等机构在投标的申请书上填注证券的投标价格,由证券发行单位在规定日期当众开标,并经公证,出价最高者获得总经销的权利。最后中标者与发行者签订购买合同。

### 4. 按发行保证分类

按发行保证方式的不同,证券发行可分为信用担保、实物担保、证券担保和产品担保发行。担保发行是指发行证券单位为了提高证券信誉,增加投资人的安全感,采用某种方式承诺,保证到期支付证券收益的一种发行方式。担保发行主要适用于债券的发行。

### 5. 按推销方式分类

按推销方式的不同,证券发行可分为行政发行与市场发行。行政发行是指国家采用行政手段来推销证券。市场发行是指采用非行政手段,即将证券推向市场,由投资者自由认购。

## 二、股票发行

### (一)股票发行的方式

股票的发行方式因各国政治、经济、社会条件的不同,特别是金融体制和金融市场管理的差异而多种多样。根据不同的分类方法,可以概括如下。

#### 1. 公开发行与不公开发行

1) 公开发行

公开发行又称公募,是指事先没有特定的发行对象,向社会广大投资者公开推销股票的方式。采用这种方式,可以扩大股东的范围,分散持股,防止囤积股票或被少数人操纵,有利于提高公司的社会性和知名度,为以后筹集更多的资金打下基础,也可增加股票的适销性和流通性。

2) 不公开发行

不公开发行又叫私募或称非公开发行,是指发行者只对特定的发行对象推销股票的发行方式。

#### 2. 直接发行与间接发行

直接发行与间接发行是根据发行者推销股票方式的不同来划分的。

1) 直接发行

直接发行又叫直接招股,是指股份公司自己承担股票发行的一切事务和发行风险,直接向认购者推销股票的方式。当认购额达不到计划招股额时,新建股份有限公司的发起人或现有股份有限公司的董事会必须自己认购用来出售的股票。因此，只适用于有既定发行对象或发行风险小、手续简单的股票。一般情况下，不公开发行的股票或因公开发行有困难(如信誉低所致的市场竞争力差，承担不了大额的发行费用等)的股票，或是实力雄厚，有把握实现巨额私募以节省发行费用的大股份公司股票，才采用直接发行的方式。

2) 间接发行

间接发行又称间接招股，是指发行人委托证券发行中介机构代为出售股票的方式。

### 3. 有偿增资、无偿增资和搭配增资

有偿增资、无偿增资和搭配增资是按照投资者认购股票时是否交纳股金来划分的。

1) 有偿增资

有偿增资是指认购者必须按股票的某种发行价格支付现款，方能获得股票的一种发行方式。一般公开发行的股票和私募中的股东配股、私人配股都采用有偿增资的方式。采用这种方式发行股票，可以直接从外界募集股本，增加股份有限公司的资本金。

2) 无偿增资

无偿增资是指认购者不必向股份有限公司缴纳现金就可获得股票的发行方式，发行对象只限于原股东。采用这种方式发行的股票，不能直接从外部募集股本，而是依靠减少股份公司的公积金或盈余结存来增加资本金。一般只在股票派息分红、股票分割和法定公积金或盈余转作资本配股时采用无偿增资的发行方式，按比例将新股票无偿交付给原股东，主要是为了股东获取收益，以增强股东信心和公司信誉或调整资本结构。由于无偿发行要受资金来源的限制，因此，不能经常采用这种方式发行股票。

3) 搭配增资

搭配增资是指股份公司向原股东分摊新股时，仅让股东支付发行价格的一部分就可获得一定数额股票的方式。例如，股东认购面额为 100 元的股票，只需支付 50 元就可以了，其余部分无偿发行，由公司的公积金充抵。这种发行方式也是对原有股东的一种优惠，能从他们那里再征集部分股金，很快实现公司的增资计划。

### 4. 定向募集发行与社会募集发行

1) 定向募集发行

定向募集发行是指公司发行股票时，除发起人认购外，其余部分不向社会公众发行，而是向与公司有关的法人发行以及向公司内部职工发行。定向募集发行，实际上类似于私募发行或内部发行，但也不完全相同。

2) 社会募集发行

社会募集发行是指公司发行的股票除由发起人认购之外，其余部分向社会公众发行。社会募集发行就是公募发行。

### 5. 平价发行、折价发行与溢价发行

1) 平价发行

平价发行也叫等价发行或面值发行，是按股票面值所确定的价格发行股票。

2) 折价发行

折价发行是以低于股票票面价值的价格发行股票。《公司法》明确规定，股票发行

时，不能采取折价发行的方式。

3) 溢价发行

溢价发行指以高于股票票面价值的价格发行股票。《公司法》规定，以超过票面价值为股票发行价格的，其超过票面价值发行股票所得溢价款列入公司资本公积金。

### (二)股票发行制度演变

股票发行是证券市场的重要内容，但各国的具体做法有所不同，同一国家在不同阶段的发行制度也有所不同。

#### 1. 股票发行制度

目前国际上股票发行制度有两种类型。

1) 核准制

这是一种政府主导型股票发行制度。核准制要求发行人在发行证券的过程中，不仅要公开披露有关信息，而且必须符合一系列实质性的条件。这种制度赋予监管当局决定权。

2) 注册制

这是一种市场主导型股票发行制度。注册制指在股票发行之前，发行人必须按法定程序向监管部门提交有关信息，申请注册，并对信息的完整性、真实性负责。这种制度强调市场对股票发行的决定权。

#### 2. 我国股票发行制度演变

1993年，我国证券市场建立了全国统一的股票发行制度，先后经历了行政主导的审批制和向市场化方向调整改进的核准制两个阶段。

1) 审批制之"额度管理"阶段(1993—1995年)

1993年，国务院颁布《股票发行与交易管理暂行条例》，标志着审批制的正式确立。股票发行由国务院证券监督管理机构根据经济发展和市场供求的具体情况，在宏观上制定一个当年股票发行总规模(额度或指标)，经国务院批准后，下达给中华人民共和国国家计划委员会(后文简称计委，现称作中华人民共和国国家发展和改革委员会)，计委再根据各个省级行政区域和行业在国民经济发展中的地位和需要，进一步将总额度分配到各省、自治区、直辖市、计划单列市和国家有关部委。省级政府和国家有关部委在各自的发行规模内推荐预选企业，证券监管机构对符合条件的预选企业的申报材料进行审批，经批准后报送证监会复审。证监会对企业的质量、前景进行实质审查，并对发行股票的规模、价格、发行方式、时间等做出安排。

2) 审批制之"指标管理"阶段(1996—2000年)

1996年，开始推行"总量控制、限报家数"的双重控制指标管理办法。由计委(在1998—2000年称作中华人民共和国国家发展计划委员会)、国务院证券委共同制定股票发行总规模，证监会在一定的规模内，根据市场情况向各省级政府和行业管理部门下达股票发行家数指标，省级政府或行业管理部门在指标内推荐预选企业，证监会同意符合条件的预选企业上报发行股票的正式申报材料并进行审核。

1997年，又增加了拟发行股票公司预选材料审核的程序，由证监会对地方政府或中央企业主管部门推荐的企业进行预选，改变了两级行政审批制下单纯由地方推荐企业的做法，开始了对企业的事前审核。

3) 核准制之"通道制"阶段(2001—2004 年)

1999 年 7 月 1 日实施的《证券法》确立了核准制的法律地位。证监会推出了股票发行核准制实施细则。新的核准程序包括：①省级人民政府和主管部委批准改制设立股份有限公司；②拟发行公司与有资格的证券公司签订辅导(保荐)协议，报当地证券管理办公室备案，签订协议后，每两个月上报一次辅导材料，辅导时间为期一年；③辅导期满，拟发行公司提出发行申请，证券公司依法予以推荐(保荐)；④证监会进行合规性初审后，提交发行审核委员会审核，经发审委专家投票表决，最终经证监会核准后，决定其是否具有发行资格。核准制的第一个阶段是"通道制"。2001 年 3 月 17 日，证监会宣布取消股票发行审批制，正式实施股票发行核准制下的"通道制"。即主承销商每推荐一家，相当于占用一个"通道"。到 2005 年 1 月 1 日"通道制"被废除时，全国 83 家证券公司一共拥有 318 条通道。

4) 核准制之"保荐制"阶段(2004—2018 年)

2003 年 12 月 28 日，证监会颁布《证券发行上市保荐制度暂行办法》，于 2004 年 2 月 1 日开始实施上市保荐制。中国的保荐制度是指由保荐机构负责发行人的上市推荐和辅导，核实公司发行文件中所载资料的真实性、准确性和完整性，协助发行人建立严格的信息披露制度，保荐机构不仅要承担上市后持续督导的责任，还要将责任落实到个人。保荐制度包括建立保荐机构和保荐代表人的注册登记管理制度；明确保荐期限；分清保荐责任；引进持续信用监管和"冷淡对待"的监管措施 4 个方面。保荐制度的重点是明确保荐机构和保荐代表人的责任并建立责任追究机制。2008 年 12 月 1 日实施《证券发行上市保荐业务管理办法》(简称《保荐办法》)。

此后几年，股票发行制度虽然在保持原框架不变的情况下，又有些小改小动，但是并没有改变这个市场重融资、轻投资的总体格局，没有保护好投资者尤其是中小投资者的利益，为各界诟病。每次一有新股发行的谣言传出，股票市场就会大跌，这种重融资、轻投资的市场格局，早已让这个市场不堪重负，随时都有崩溃的危险。

5) 注册制(2019 年开始)

2013 年 11 月 15 日《中共中央关于全面深化改革若干重大问题的决定》提出推进股票发行注册制改革。2018 年 11 月 5 日召开的首届中国国际进口博览会提出在上海证券交易所设立科创板并试点注册制，支持上海国际金融中心和科技创新中心建设，不断完善资本市场基础制度。

2019 年科创板正式推出注册制。发行注册制是指证券发行申请人依法将与证券发行有关的一切信息和资料公开，制成法律文件，送交主管机构审查，主管机构只负责审查发行申请人提供的信息和资料是否履行了信息披露义务的一种制度。注册制下证券发行审核机构只对注册文件进行形式审查，不进行实质判断是注册制最重要的特征。三种发行制度的比较如表 6-1 所示。

表 6-1 三种发行制度的比较

| 项 目 | 审 批 制 | 核 准 制 | 注 册 制 |
| --- | --- | --- | --- |
| 发行指标、额度 | 有 | 无 | 无 |
| 发行上市标准 | 有 | 有 | 无 |

续表

| 项目 | 审批制 | 核准制 | 注册制 |
|---|---|---|---|
| 主要推荐人 | 主管部门政府或行业 | 中介机构 | 中介机构 |
| 对发行作实质判断的主体 | 证监会 | 中介机构、证监会 | 中介机构 |
| 发行监管性质 | 证监会实质性审核 | 中介机构和证监会分担实质性审核职责 | 中介机构实质性审核，证监会形式审核 |

(资料来源：证监会研究中心)

### (三)核准制下股票发行的条件

我国现行法律、行政法规对股票发行规定了一系列条件，股票发行分为首次公开发行股票和上市公司发行新股两种。

#### 1. 首次公开发行股票的条件

我国目前对主板市场和创业板市场的发行与上市规定的条件差异很大，主要原因在于主板市场和创业板市场发展的目标是不一样的，创业板市场主要是对中小高科技企业进行孵化；主板市场主要是一些相对成熟的企业融资和投资者参与的场所，两者的风险水平差异很大。主板与创业板发行上市条件的比较如表6-2所示。

表 6-2 主板与创业板发行上市条件比较

| 内容 | A 股主板 | A 股创业板 |
|---|---|---|
| 主体资格 | ①依法设立且合法存续的股份有限公司。<br>②持续经营时间应当在3年以上(有限公司整体变更为股份公司可连续计算)。<br>③发行人的注册资本已足额缴纳，发起人或者股东用作出资的资产的财产权转移手续已办完毕，发行人的主要资产不存在重大权属纠纷。<br>④发行人的生产经营符合法律、行政法规和公司章程的规定，符合国家产业政策。<br>⑤发行人最近3年内主营业务和董事、高级管理人员没有发生重大变化，实际控制人没有发生变更。<br>⑥发行人的股权清晰，控股股东和受控股股东、实际控制人支配的股东持有的发行人股份不存在重大权属纠纷 | ①依法设立且合法存续的股份有限公司。持续经营时间应当在3年以上(有限公司整体变更为股份公司可连续计算)。<br>②注册资本已足额缴纳，发起人或者股东用作出资的资产的财产权转移手续已办理完毕；主要资产不存在重大权属纠纷；股权清晰，控股股东和受控股股东、实际控制人支配的股东所持发行人的股份不存在重大权属纠纷 |
| 独立性 | ①发行人应当具有完整的业务体系和直接面向市场独立经营的能力。<br>②发行人的资产完整。<br>③发行人的人员独立。<br>④发行人的财务独立。<br>⑤发行人的机构独立。<br>⑥发行人的业务独立。<br>⑦发行人在独立性方面不得有其他严重缺陷 | ①资产完整，业务及人员、财务、机构独立，具有完整的业务体系和直接面向市场独立经营的能力。<br>②与控股股东、实际控制人及其控制的其他企业间不存在同业竞争。<br>③主业突出及业务稳定性。<br>④发行人应当主要经营一种业务，其生产经营活动符合法律、行政法规和公司章程的规定，符合国家产业政策及环境保护政策 |

续表

| 内容 | A股主板 | A股创业板 |
|---|---|---|
| 规范运行 | ①依法建立健全股东大会、董事会、监事会、独立董事、董事会秘书制度，相关机构和人员能够依法履行职责。<br>②董事、监事和高级管理人员了解与股票发行上市有关的法律法规，知悉其法定义务和责任，知悉上市公司法定义务和责任。<br>③董事、监事和高级管理人员符合法律、行政法规和规章规定的任职资格，且不得有违规或禁入等情形。<br>④内部控制制度健全且被有效执行，能够合理保证财务报告的可靠性、生产经营的合法性、营运的效率与效果。<br>⑤不存在发行人不得有的情形。<br>⑥公司章程中已明确对外担保的审批权限和审议程序，不存在为控股股东、实际控制人及其控制的其他企业进行违规担保的情形。<br>⑦发行人有严格的资金管理制度，不得有资金被控股股东、实际控制人及其控制的其他企业以借款、代偿债务、代垫款项或者其他方式占用的情形 | ①具有完善的公司治理结构，依法建立健全股东大会、董事会、监事会以及独立董事、董事会秘书、审计委员会制度。<br>②董事、监事和高级管理人员了解股票发行上市相关法律法规，知悉上市公司及其董事、监事和高级管理人员的法定义务和责任。<br>③最近两年董事、高级管理人员没有发生重大变化。<br>④发行人的董事、监事和高级管理人员应当忠实、勤勉，具备法律、行政法规和规章规定的资格。<br>⑤发行人最近两年内主营业务和董事、高级管理人员均没有发生重大变化，实际控制人没有发生变更。<br>⑥与控股股东、实际控制人及其控制的其他企业间不存在同业竞争以及严重影响公司独立性或者显失公允的关联交易 |
| 财务与会计 | ①资产质量良好，资产负债结构合理，盈利能力较强，现金流量正常。<br>②内部控制在所有重大方面是有效的，并由注册会计师出具了无保留结论的内部控制鉴证报告。<br>③会计基础工作规范，财务报表的编制符合企业会计准则和相关会计制度的规定，在所有重大方面公允地反映了发行人的财务状况、经营成果和现金流量，并由注册会计师出具了无保留意见的审计报告。<br>④发行人编制财务报表应以实际发生的交易或者事项为依据；在进行会计确认、计量和报告时保持应有的谨慎；对相同或者相似的经济业务，应选用一致的会计政策，不得随意变更。 | ①最近两年连续盈利，最近两年净利润累计不少于1000万元，且持续增长；或者最近一年盈利，且净利润不少于500万元。<br>②最近一年营业收入不少于5000万元，最近两年营业收入增长率均不低于30%。<br>③发行人应当具有持续盈利能力，不存在下列情形：第一，发行人的经营模式、产品或服务的品种结构已经或者将发生重大变化，并对发行人的持续盈利能力构成重大不利影响； |

续表

| 内容 | A股主板 | A股创业板 |
|---|---|---|
| 财务与会计 | ⑤发行人应完整披露关联方关系并按重要性原则恰当披露关联交易。关联交易价格公允，不存在通过关联交易操纵利润的情形。<br>⑥发行人应当符合下列条件：第一，最近3个会计年度净利润均为正数且累计超过人民币3000万元；第二，最近3个会计年度经营活动产生的现金流量净额累计超过人民币5000万元，或者最近3个会计年度营业收入累计超过人民币3亿元；第三，发行前股本总额不少于人民币3000万元；第四，最近1期末无形资产(扣除土地使用权、水面养殖权和采矿权等后)占净资产的比例不高于20%；第五，最近1期末不存在未弥补亏损。<br>⑦依法纳税，各项税收优惠符合相关法律法规的规定。发行人的经营成果对税收优惠不存在严重依赖。<br>⑧不存在重大偿债风险，不存在影响持续经营的担保、诉讼以及仲裁等重大或有事项。<br>⑨申报文件中不得有下列情形：第一，故意遗漏或虚构交易、事项或者其他重要信息；第二，滥用会计政策或者会计估计；第三，操纵、伪造或篡改编制财务报表所依据的会计记录或者相关凭证。<br>⑩发行人不得有影响持续盈利能力的情形 | 第二，发行人的行业地位或发行人所处行业的经营环境已经或者将发生重大变化，并对发行人的持续盈利能力构成重大不利影响；第三，发行人使用的商标、专利、专有技术、特许经营权等重要资产或者技术的取得或者使用存在重大不利变化的风险；第四，发行人最近1年的营业收入或净利润对关联方或者有重大不确定性的客户存在重大依赖；第五，发行人最近1年的净利润主要来自合并财务报表范围以外的投资收益；第六，其他可能对发行人持续盈利能力构成重大不利影响的情形。<br>④最近1期末净资产不少于2000万元，且不存在未弥补亏损。<br>⑤发行后股本总额不少于3000万元 |
| 募集资金运用 | ①募集资金应有明确的使用方向，原则上应当用于主营业务。<br>②募集资金数额和投资项目应当与发行人现有生产经营规模、财务状况、技术水平和管理能力等相适应。<br>③募集资金投资项目应当符合国家产业政策、投资管理、环境保护、土地管理以及其他法律、法规和规章的规定。<br>④董事会应当对募集资金投资项目的可行性进行认真分析，确信投资项目具有较好的市场前景和盈利能力，有效防范投资风险，提高募集资金使用效益。<br>⑤募集资金投资项目实施后，不会产生同业竞争或者对发行人的独立性产生不利影响。<br>⑥发行人应当建立募集资金专项存储制度，募集资金应当存放于董事会决定的专项账户 | ①发行人募集资金应当用于主营业务，并有明确的用途。<br>②募集资金数额和投资项目应当与发行人现有生产经营规模、财务状况、技术水平和管理能力等相适应。<br>③发行人应当建立募集资金专项存储制度，募集资金应当存放于董事会决定的专项账户 |

续表

| 内容 | A股主板 | A股创业板 |
|---|---|---|
| 环保核查 | ①排放的主要污染物达到国家或地方规定的排放标准。<br>②依法领取排污许可证，并达到排污许可证的要求。<br>③企业单位产品主要污染物排放量达到国内同行业先进水平。<br>④工业固体废物和危险废物安全处置率均达到100%。<br>⑤新、改、扩建项目"环境影响评价"和"三同时"制度执行率达到100%，并经环保部门验收合格。<br>⑥环保设施稳定运转率达到95%以上。<br>⑦按规定缴纳排污费。<br>⑧产品及其生产过程中不含有或使用国家法律、法规、标准中禁用的物质以及我国签署的国际公约中禁用的物质 | 发行人应当主要经营一种业务，其生产经营活动符合法律、行政法规和公司章程的规定，符合国家产业政策及环境保护政策 |

#### 2. 上市公司发行新股的条件

根据《证券法》第十三条的有关规定，上市公司公开发行新股，应当符合下列条件：具备健全且运行良好的组织机构；具有持续盈利能力，财务状况良好；最近3年财务会计文件无虚假记载，无其他重大违法行为；经国务院批准的国务院证券监督管理机构规定的其他条件。

证监会于2006年5月制定并发布《上市公司证券发行管理办法》，对上市公司发行证券的一般性条件及上市公司配股、增发，发行可转换债券、认股权证和债券分离交易的可转换公司债券以及非公开发行股票的条件做出了规定。

### (四)注册制股票发行及上市条件

我国注册制首先在科创板实施，科创板设置在上海证券交易所内，目前所说我国注册制的发行和上市条件就是指上海证券交易所的科创板的发行和上市条件。2020年4月27日，中央全面深化改革委员会第十三次会议审议通过《创业板改革并试点注册制总体实施方案》。这意味着在深圳证券交易所内的创业板也即将试点注册制。虽然目前四项部门规章仍处于公开征求意见中，但创业板改革并试点注册制却是注册制改革由局部试点到推广至资本市场其他板块的关键一跃。

#### 1. 科创板股票发行条件

发行人申请在上海证券交易所科创板上市，应当符合下列条件。
(1) 符合证监会规定的发行条件；
(2) 发行后股本总额不低于人民币3000万元；
(3) 公开发行的股份达到公司股份总数的25%以上，公司股本总额超过人民币4亿元的，公开发行股份的比例为10%以上；

(4) 市值及财务指标符合本规则规定的标准;

(5) 上海证券交易所规定的其他上市条件。

上海证券交易所可以根据市场情况,经证监会批准,对上市条件和具体标准进行调整。

**2. 科创板股票上市条件**

发行人申请在上海证券交易所科创板上市,市值及财务指标应当至少符合下列标准中的一项。

(1) 预计市值不低于人民币 10 亿元,最近 2 年净利润均为正且累计净利润不低于人民币 5000 万元,或者预计市值不低于人民币 10 亿元,最近 1 年净利润为正且营业收入不低于人民币 1 亿元。

(2) 预计市值不低于人民币 15 亿元,最近 1 年营业收入不低于人民币 2 亿元,且最近 3 年累计研发投入占最近 3 年累计营业收入的比例不低于 15%。

(3) 预计市值不低于人民币 20 亿元,最近 1 年营业收入不低于人民币 3 亿元,且最近 3 年经营活动产生的现金流量净额累计不低于人民币 1 亿元。

(4) 预计市值不低于人民币 30 亿元,且最近 1 年营业收入不低于人民币 3 亿元。

(5) 预计市值不低于人民币 40 亿元,主要业务或产品需经国家有关部门批准,市场空间大,目前已取得阶段性成果,医药行业企业需至少有一项核心产品获准开展二期临床试验,其他符合科创板定位的企业需具备明显的技术优势并满足相应条件。

符合《国务院办公厅转发证监会关于开展创新企业境内发行股票或存托凭证试点若干意见的通知》(国办发〔2018〕21 号)相关规定的红筹企业,可以申请发行股票或存托凭证并在科创板上市。

**3. 创业板发行条件(试行)**

发行人申请在创业板上市,应当符合下列条件。

(1) 发行人是依法设立且持续经营 3 年以上的股份有限公司,具备健全且运行良好的组织机构,相关机构和人员能够依法履行职责。有限责任公司按原账面净资产值折股整体变更为股份有限公司的,持续经营时间可以从有限责任公司成立之日起计算。

(2) 发行人会计基础工作规范,财务报表的编制和披露符合企业会计准则和相关信息披露规则的规定,在所有重大方面公允地反映了发行人的财务状况、经营成果和现金流量,最近 3 年财务会计报告由注册会计师出具标准无保留意见的审计报告。发行人内部控制制度健全且被有效执行,能够合理保证公司运行效率、合法合规和财务报告的可靠性,并由注册会计师出具无保留结论的内部控制鉴证报告。

(3) 发行人业务完整,具有直接面向市场独立持续经营的能力。

① 资产完整,业务及人员、财务、机构独立,与控股股东、实际控制人及其控制的其他企业间不存在对发行人构成重大不利影响的同业竞争,不存在严重影响独立性或者显失公平的关联交易。

② 发行人主营业务、控制权和管理团队稳定,最近 2 年内主营业务和董事、高级管理人员均没有发生重大不利变化;控股股东和受控股股东、实际控制人支配的股东所持发行人的股份权属清晰,最近 2 年实际控制人没有发生变更,不存在导致控制权可能变更的

重大权属纠纷。

③ 发行人不存在主要资产、核心技术、商标等的重大权属纠纷,重大偿债风险,重大担保、诉讼、仲裁等或有事项,经营环境已经或者将要发生重大变化等对持续经营有重大不利影响的事项。

(4) 发行人生产经营符合法律、行政法规的规定,符合国家产业政策。最近 3 年内,发行人及其控股股东、实际控制人不存在贪污、贿赂、侵占财产、挪用财产或者破坏社会主义市场经济秩序的刑事犯罪,不存在欺诈发行、重大信息披露违法或者其他涉及国家安全、公共安全、生态安全、生产安全、公众健康安全等领域的重大违法行为。董事、监事和高级管理人员不存在最近 3 年内受到中国证监会行政处罚,或者因涉嫌犯罪被司法机关立案侦查或者涉嫌违法违规被中国证监会立案调查,尚未有明确结论意见等情形。

#### 4. 关于创新试点红筹企业在境内上市市值调整

为进一步落实《国务院办公厅转发证监会关于开展创新企业境内发行股票或存托凭证试点若干意见的通知》(国办发〔2018〕21 号,以下简称《通知》),为有意愿在境内主板、中小板、创业板和科创板上市的创新试点红筹企业(以下简称红筹企业)提供路径,促进创新创业,提高上市公司质量,2020 年 4 月 30 日,经国务院批准,《关于创新试点红筹企业在境内上市相关安排的公告》发布,自公布之日起施行。

其中,已在境外上市红筹企业的市值要求调整为符合下列标准之一。

(1) 市值不低于人民币 2000 亿元;

(2) 市值人民币 200 亿元以上,且拥有自主研发、国际领先技术,科技创新能力较强,同行业竞争中处于相对优势地位。

存在协议控制架构的红筹企业申请发行股票,中国证监会受理相关申请后,将征求红筹企业境内实体实际从事业务的国务院行业主管部门和国家发展改革委、商务部意见,依法依规处理。

## 三、债券发行

### (一)债券发行的含义

公司债券发行是指公司债券从发行者手中转换到债券投资者手中的过程。公司债券发行的实质是以负债方式向社会公众筹措资金。按照债券的实际发行价格和票面价值的异同,债券的发行可分为平价发行、溢价发行和折价发行。

#### 1. 平价发行

平价发行是指债券的发行价格和票面价值相等,因而发行收入的数额和将来还本数额也相等。前提是债券发行利率和市场利率相同,这在西方国家中比较少见。

#### 2. 溢价发行

溢价发行是指债券的发行价格高于票面价值,以后偿还本金时仍按票面价值偿还。只有在债券票面利率高于市场利率的条件下,公司才能采用这种方式发行债券。

### 3. 折价发行

折价发行是指债券发行价格低于票面价值，而偿还时却要按票面价值偿还本金。折价发行是因为规定的票面利率低于市场利率。

## (二)债券发行的条件

根据《证券法》《公司法》《公司债券发行试点办法》的有关规定，发行公司债券应当符合下列条件。

(1) 股份有限公司的净资产不低于人民币 3000 万元，有限责任公司的净资产不低于人民币 6000 万元。

(2) 本次发行后累计公司债券余额不超过最近一期期末净资产额的 40%；金融类公司的累计公司债券余额按金融企业的有关规定计算。

(3) 公司的生产经营符合法律、行政法规和公司章程的规定，募集的资金投向符合国家产业政策。

(4) 最近 3 个会计年度实现的年均可分配利润不少于公司债券 1 年的利息。

(5) 债券的利率不超过国务院规定的利率水平。

(6) 公司内部控制制度健全，内部控制制度的完整性、合理性、有效性不存在重大缺陷。

(7) 经资信评估机构评级，债券信用级别良好。

## (三)债券发行的方式

在债券发行市场上发行的债券，债券发行方式按承担发行风险的主体不同分为直接发行和间接发行两种。直接发行由发行者自己办理必要的手续、直接向投资者发行债券，而不经过中介人。间接发行由发行者通过中介人(银行或证券公司)向投资者发行债券。目前大多数债券是以间接发行方式发行的。间接发行根据承销方式不同分为代销和包销两种。

### 1. 代销

代销是由发行者委托承销者代为向社会销售债券的发行方式，承销者按照预先规定的发行条件，在约定的期限内尽力推销，到了销售截止日期，债券如果没有能够按照原定发行额售出，未售出部分退还给发行者，承销者不承担任何发行风险。

### 2. 包销

包销又可以分为余额包销和全额包销两种。余额包销指承销者按照已定的发行额和发行条件，在约定期限内面向社会推销债券，到了销售截止日期，未售出的余额由承销者负责认购，承销者要按照约定时间向发行者支付全部债券款项。全额包销指承销者先将债券全部认购，并立即向发行者支付全部债券款项，然后按照市场条件转售给投资者。

由于承销者承担的发行风险不同，所获得的承销手续费也就不同。全额包销费用要高于余额包销费用，余额包销费用又要高于代销费用。

## 第三节　证券交易市场

### 一、证券交易的原则

《资管新规》对证券公司经营的影响.mp4

证券交易是指经国家允许的已发行的证券在证券市场上买卖或转让的活动。为了维护证券市场的稳定，各国的金融管理机构都对证券交易设立了一些具有共性的规定，要求交易各方必须共同遵守这些准则，这就是我们常说的证券交易原则。证券交易原则是反映证券交易宗旨的一般法则，它贯穿于证券交易全过程。虽然各个国家和地区都有自己的表述方式，但是其基本内涵都是一致的。我国证券交易遵循的是公开、公平、公正的原则，即"三公"原则。

#### (一) 公开原则

公开原则是指证券交易是一种面向社会的、公开的交易活动，其核心要求是实现市场信息公开化。因为只有这样，才能解决整个市场的信息不对称，投资者对于其购买的证券才有可能具有充分、真实、准确、完整的了解，才能在证券交易中做出正确的选择，实现对资产的最大保护。因此，这一原则要求参与证券交易的各方应依法及时、真实、准确、完整地向社会发布自己的有关信息。公开原则是证券市场的核心，只有在公开的基础上才能有公平和公正。

#### (二) 公平原则

公平原则是指参与证券交易的各方应当获得平等的机会。它要求证券交易活动中的所有参与者都有平等的法律地位，各自的合法权益都能得到公平保护。对于各交易主体不能因为其不同条件而给予不公平的待遇或者受到某些方面的歧视，要做到机会均等、平等竞争，使投资者能够拥有公平交易的市场环境。

#### (三) 公正原则

公正原则是指应公正地对待证券交易的各个参与者以及公正地处理证券交易的事务。对于证券交易中的违法行为、证券交易时间和争议的处理都应该在公平、公开的基础上，公正地进行。这样有利于证券交易正常、有序地进行。这个原则在我国一系列的证券相关法律法规中都有所体现。此外，在证券交易中还应当遵守法律、行政法规和部门规章及相关业务规则，遵循自愿、有偿、诚实信用原则。

### 二、证券交易市场的种类

证券交易市场是已发行证券买卖流通的市场，为已经从一级市场获得证券的投资者和想要购买已发行证券的投资者提供交易平台。在这个市场中证券在各个投资者之间流通转让时所获得的收益和损失，都由证券现在的持有者享有和承担，不再属于最初的发行公司。

## (一)场内交易市场

场内交易市场又称证券交易所市场,是依据国家有关法律,经政府证券主管机关批准设立的集中进行证券交易的有形场所,是一个有组织、有固定地点的,在集中时间内进行证券交易的市场,是整个证券市场的核心。在我国,根据《证券法》的规定,证券交易所是为证券集中交易提供场所和设施,组织和监督证券交易,实行自律管理的法人。证券交易所的设立由国务院决定。

证券交易所作为证券交易的场所,其本身并不持有证券,不进行证券买卖,也不能决定证券交易的价格。证券交易所应该秉持公开、公平、公正的原则,创造良好的市场环境,保证证券交易的正常进行。为此,在我国的《证券交易所管理办法》中,具体规定了证券交易所的职能和不得从事的事项。

## (二)场外交易市场

场外交易市场(Over the Counter,OTC),又称柜台交易市场或店头交易市场,指在交易所外由证券买卖双方当面议价成交的市场。它没有固定的场所,交易的对象以不在交易所上市的证券为主,在某些情况下也对在证券交易所上市的证券进行场外交易。场外交易市场是证券交易市场不可或缺的一部分,其历史早于证券交易所。在证券市场发达的国家,其证券成交量远远超过证券交易所的成交量,在证券交易市场中占有极其重要的位置。

# 三、证券交易方式

证券的发展历史就是证券交易的发展历史,从证券交易方式的发展来看,主要包括现货交易、期货交易、期权交易、信用交易和回购交易等。

## (一)现货交易

现货交易亦称现金现货交易,是证券的买卖双方在成交后,按照成交价格及时办理实物交割手续和资金清算的交易方式。即在证券交易成交后,买方付出现金取得证券,卖方付出证券取得现金,买卖双方当场结清。它是证券交易中最古老的交易方式,也是证券交易所采用的最基本、最常用的交易方式。但是,随着证券业的发展,由于交易数量的增加等多方面的原因使得当场交割有一定困难,因此,一般规定在成交后的较短时间内交割清算。我国《证券法》规定,证券交易均以现货交易的方式进行。我国证券交易所规定,证券交易实行 T+1 的结算制度。

## (二)期货交易

期货交易是指证券买卖双方成交后,按契约规定的价格延期交割。期货交易是相对现货交易而言的。现货交易是成交后即时履行合约的交易,期货交易则将订约与履行的时间分离。在期货交易中,买卖双方签订合同,并就买卖股票的数量、成交的价格及交割期达成协议，买卖双方在规定的交割日期履行交割。在实际生活中，由于种种原因，股票的价格在契约签订时和交割时常常是不一致的，当股票价格上涨时，买者会以较小的本钱带来比较大的利益；当股票价格下跌时，卖者将会取得较多的好处。

### (三)期权交易

期权又称选择权，是指在确定的日期或在这个日期之前，按照事先确定的价格买卖特定商品或金融工具的权利。期权实际上是一种与专门交易商签订的契约，规定持有者有权在一定期限内按交易双方所商订的"协定价格"，购买或出售一定数量的证券。期权交易就是买卖在未来一定时期内按一定价格买进或卖出一定数量证券或期货合约的权利的交易。期权交易的对象是买卖一定数量证券或合约的权利，这种权利通过买卖双方签订的合同而确定。期权合同赋予买方的是在确定的时间内按照一定的执行价格购买或售出证券(或合约)的权利，但并不承担必须购买或出售的义务。因此，期权购买者可以在该项期权合同到期时或之前行使、转卖或放弃这项权利。但对出售期权的专门交易商来说，则有义务按契约规定出售或购进股票，买方拥有权利而卖方拥有义务的代价是期权购买者要向期权卖方支付一笔费用即期权费(也称保险费)。

### (四)信用交易

证券信用交易，又称垫头交易，是指证券公司或金融机关供给信用，使投资人可以从事买空、卖空的一种交易制度。在这种方式下，股票的买卖者不使用自己的资金，而通过交付保证金得到证券公司或金融机构的信用，即由证券公司或金融机构垫付资金或证券，进行交易的行为。各国因法律不同，保证金比例也不同，一般为30%，而我国要求保证金比例不小于50%。

### (五)回购交易

回购交易是质押贷款的一种方式，通常用在政府债券上。在我国，回购交易主要指债券回购。债券经纪人向投资者临时出售一定的债券，同时签约在一定的时间内以较高的价格买回来。债券经纪人从中取得资金再用来投资，投资者从价格差中得利。回购交易长的有几个月，但通常情况下只有24小时，是一种超短期的金融工具。一般分为国债回购交易、债券回购交易、证券回购交易、质押式回购等。从运作方式看，回购交易结合了现货交易和远期交易的特点，通常在债券交易中运用。

## 四、证券账户

### (一)证券账户的含义

证券账户是记录证券及证券衍生品种持有及其变动情况的载体。从某些角度看，证券账户相当于投资者的证券存折，是证券登记机构为投资者设立的，用以准确记载投资者所持证券的种类、名称、数量及相应权益和变动情况的一种存折。

中国证券登记结算有限责任公司(以下简称"中国结算公司")对证券账户实施统一管

理，具体账户业务可以委托开户代理机构办理。开户代理机构，是指取得中国结算公司开户代理资格，与中国结算公司签订开户代理协议，代理中国结算公司办理证券账户业务的证券公司等机构，开户代理机构的分支机构(证券公司的证券营业部)可作为开户代理网点。

### (二)证券账户的种类

#### 1. 上海证券账户和深圳证券账户

按照交易所不同，证券账户可以分为上海证券账户和深圳证券账户。上海证券账户是指可以买卖上海证券交易所上市交易证券的账户；深圳证券账户是指可以买卖深圳证券交易所上市交易证券的账户。

#### 2. 自然人账户和法人账户

按照投资者属性不同，证券账户可以分为自然人账户和法人账户。自然人账户是指个人投资者进行证券交易的证券账户，法人账户是指具备法人资格的机构投资者和证券投资基金等理财产品开立的证券账户。

#### 3. 证券总账户和子账户

中国结算公司根据市场需要为投资者设置一码通账户(也称为证券总账户)和子账户。投资者的证券账户由一码通账户及关联的子账户共同组成。一码通账户用于汇总记载投资者各个子账户下证券持有及变动的情况，子账户用于记载投资者参与特定交易场所或用于投资特定证券品种的证券持有及变动的具体情况。

#### 4. 子账户分类

子账户按照用途不同可以分为人民币普通股股票账户(以下称为"A 股账户")、人民币特种股票账户(以下称为"B 股账户")、全国中小企业股份转让系统账户(以下简称"股转系统账户")、衍生品合约账户、封闭式基金账户、信用证券账户、开放式基金账户以及中国结算公司根据业务需要设立的其他证券账户。

(1) A 股账户可以买卖沪深证券交易所上市的除 B 股以外的所有证券，包括 A 股、债券、基金等。根据国家有关规定，下列人员不得开设 A 股证券账户：证券主管机关中管理证券事务的有关人员；证券交易所管理人员；证券经营机构中与股票发行或交易有直接关系的人员；与发行人有直接行政隶属或管理关系的机关工作人员；其他与股票发行或交易有关的知情人；未成年人或无行为能力的人以及没有公安机关颁发的身份证的人员；由于违反证券法规，主管机关决定停止其证券交易，期限未满者；其他法规规定不得拥有或参加证券交易的自然人，包括武警、现役军人等。

(2) B 股账户只能买卖沪深证券交易所上市的 B 股。

(3) 股转系统账户只能买卖在全国中小企业股份转让系统挂牌交易的证券，也称三板账户。

(4) 衍生品合约账户是用于进行期权交易、行权申报以及期权合约的记增记减的账户。申请开立合约账户时，首先应当具有上交所市场证券账户，合约账户注册信息应当与证券账户注册信息一致。

(5) 封闭式基金账户只能买卖沪深证券交易所上市的证券投资基金(包括上市的封闭式基金、ETF 基金、LOF 基金和分级基金)和债券。

(6) 信用证券账户是投资者为参与融资融券交易,向证券公司申请开立的证券账户。该账户是证券公司在证券登记结算机构开立的"客户信用交易担保证券账户"的二级账户,用于记录投资者委托证券公司持有的担保证券的明细数据。

(7) 开放式基金账户用于投资者通过场外渠道认购、申购和赎回开放式基金的账户,不能买卖交易所挂牌的基金份额。

## 五、证券交易的程序

证券的交易程序,是指在证券交易市场买进或者卖出证券的具体步骤。就证券交易市场而言,其包括场内交易市场和场外交易市场,不同的证券交易市场的交易程序不尽相同。这里主要介绍我国场内交易市场的交易程序,即证券交易所的证券交易程序。我国证券交易所的交易程序可分为开户、委托、竞价成交、结算四个步骤。

### (一)开户

开立证券交易账户,是证券投资者在进行证券买卖前到证券公司开设证券账户和资金账户的行为。开户是投资者进行证券交易的前提,交易所规定,一般客户不能直接进入证券交易所进行场内交易,要委托证券经营机构代为进行,而证券公司为了确定投资者的信用能力,同时为了便于日后的证券资金清算交割过户,就要求投资者按规定开立有关账户。

#### 1. A 股账户的开户程序

投资者要在证券交易所进行证券投资,首先必须选定一家可靠的证券经营机构,并在该证券经营机构处办理开户手续,开设证券交易账户。证券交易账户根据规定包括证券账户和资金账户两部分。

(1) 开设证券账户。除了国家法规禁止的一些自然人和法人之外,其他任何自然人或法人持有效证件,均可到证券登记机构填写证券账户申请表,经审核后即可领取证券账户卡。按照我国现行的有关规定,禁止开户做股票投资的人员包括证券管理机关人员(不得开立股票账户)、证券交易所管理人员(不得开立股票账户)、证券业从业人员(不得开立股票账户)、未成年人未经法定监护人的代理或允许者、未经授权代理法人开户者及其他法规规定不得拥有证券或参加证券交易的自然人。

① 个人账户。个人开户时,必须由本人前往开户代办点填写自然人证券账户注册申请表,同时提供公安机关颁发的本人有效居民身份证及复印件。委托他人办理的,代办人还须出示其本人有效身份证件和开户人出具的授权委托书。

② 法人账户。法人开户时,必须填写机构证券账户注册申请表,但所需提供的证件比较烦琐,主要有工商行政管理机关颁发的法人营业执照副本及复印件(加盖公章)、法人代表证明书及其居民身份证、法定代表人授权委托书和依法指定合法的代理人的身份证及复印件等。

目前，按照规定一个投资者只能申请开立一个一码通账户。一个投资者在同一市场(交易所)最多可以申请开立 3 个 A 股账户和 3 个封闭式基金账户，只能申请开立 1 个信用账户、1 个衍生品合约账户和 1 个 B 股账户。

(2) 开设资金账户。投资者拥有证券账户后，必须先选择一家证券营业部和托管银行开设资金账户，然后才能进行证券交易。资金账户是投资者在银行处开设的资金结算账户，用于存放投资人买入股票所需的资金和卖出股票取得的价款，开立资金账户必须由投资者本人办理。个人开设资金账户须持本人证券账户、有效身份证明文件，开立法人资金账户需提供法人证券账户、企业营业执照副本复印件、法人授权委托书和经办人身份证明文件。

2. B 股账户的开户程序

境内个人投资者办理 B 股账户开户必须是本人亲自办理，境内法人不允许办理 B 股账户开户。

(1) 凭本人有效身份证明文件到其原外汇存款银行将其现汇存款和外币现钞存款划入证券经营机构 B 股保证金账户，外汇存款银行应当向境内居民个人出具进账凭证单，并向证券经营机构出具对账单。

(2) 凭本人有效身份证明文件和本人进账凭证单到证券经营机构开立 B 股资金账户，开立 B 股资金账户的最低金额为等值 1000 美元。

(3) 凭 B 股资金账户，到境内具有经营 B 股资格的证券交易所申请开立 B 股股票账户。提交本人有效身份证明文件、1000 美元以上的银行进账凭证、《上海 B 股境内居民个人开户登记申请表》以及上海证券交易所及登记公司认为需要提供的其他材料，应按规定缴纳手续费 19 美元/户。境外从事 B 股交易的个人投资者申请开立 B 股账户这里不做说明。

## (二)委托

### 1. 签订委托协议

投资者进行证券交易委托前，必须与证券公司签订委托协议。委托协议是一种格式合同，由中国证券业协会规定，主要有《证券交易委托风险提示书》《证券交易委托代理协议》《授权委托书》《网上委托协议书》等。

### 2. 委托定义

委托是指投资者决定买卖证券时，通过向证券经营机构的委托系统发出买入和卖出的指令的过程。在自助委托模式下，投资者使用证券账户号和密码登录交易系统，完成委托过程，具体委托内容后面讲述。

### 3. 申报定义

证券经营机构将投资者的委托指令发送到证券交易所竞价交易系统的过程称为申报。证券经营机构没有收到明确的委托指令，不得动用投资者的资金和账户进行证券交易。

## (三)竞价成交

在交易时间段里，投资者的委托指令在证券交易所的竞价交易系统按照相关规则参与竞价，符合成交条件的委托指令成交的过程就是竞价成交。在高度组织化的证券交易所内，证券经营机构代表众多投资者参与竞价。证券交易所竞价交易系统接受证券经营机构的申报后，根据成交规则进行配对，符合成交条件的予以成交，不符合成交条件的继续等待成交，超过委托时效的订单失效，这一过程称为竞价成交。

### (四)结算

在证券交易完成，买卖双方应收应付的证券和价款经过核定计算后，买卖双方结清价款和交割证券的过程称为证券结算。

## 六、委托指令

委托就是委托指令，是投资者在买卖证券时要求证券经营机构代理投资者到证券交易所买卖证券的指示，是一种代理买卖证券的合同。

### (一)委托方式

我国证券交易市场曾经使用过的委托方式包括柜台委托和自助委托两种方式。柜台委托是一种已经淘汰的委托方式，自助委托又可以分为电话自助委托(简称"电话委托")、现场自助委托和网上自助委托(简称"网上委托")。目前我国投资者主要使用的委托方式为网上委托，电话委托和现场自助委托只是备选委托方式，柜台委托已经多年不使用了。

#### 1. 柜台委托

柜台委托是指投资者到证券营业部柜台填写书面买卖委托单，委托证券经营机构代理买卖股票的方式。投资者填写的委托单内容中，必须写明证券账户号码，资金账户号码，委托人，买入或卖出方式，买卖证券的品种、数量、价格、日期等。投资者办理柜台委托时，须出示本人身份证(或代理人证件)和证券账户卡，法人委托还须出示法人证件(营业执照或其他证明文件)和法人证券账户卡。2000年以前，我国散户投资者普遍采用柜台委托。

#### 2. 电话委托

电话委托是指投资者通过拨打证券经营机构开设的专项委托电话线路而进行买卖申报的一种委托方式，无须到证券营业部柜台填写买卖委托单。投资者通过电话向证券经营机构计算机系统输入委托指令，完成证券买卖委托和有关信息查询。智能手机没有普及且投资者不方便使用电脑网络时经常采用电话委托方式。

#### 3. 现场自助委托

现场自助委托是指投资者通过证券经营机构在其营业厅或专户室内设置的与证券经营机构自动委托交易系统联结的电脑终端，按照系统发出的指示输入买入或卖出证券的委托指令，以完成证券买卖委托和有关信息查询的一种先进的委托方式。现场自助委托是网上委托普及以前证券公司现场客户普遍采用的一种委托方式。

### 4. 网上委托

网上委托是指证券经营机构通过数据专线将证券交易所的股票市场行情和信息资料通过网络实时发送，投资者通过自己的网络终端观看股票市场实时行情，分析个股，查阅上市公司资料和其他信息，委托下单买卖证券的委托方式。在智能手机和网络普及的今天，网上委托方式极大地方便了投资者了解市场状况以及下达委托指令。

在投资者选择网上委托方式时，可以选择使用电脑，也可以选择使用智能手机进行委托。从现在的情况来看，使用智能手机进行委托的安全性更高也更方便。

## (二)委托内容

在自助委托情况下，投资者通过账户号码和密码进入证券经营机构的委托系统。进行委托时，投资者必须明确买卖方向、证券代码(证券简称)、买卖数量、买卖价格等因素。

### 1. 买卖方向

投资者在委托指令中必须明确表明委托买卖的方向，这一要素非常重要，要求投资者在委托时重点查看。在买卖方向弄反的情况下，如果委托指令成交，可能给投资者造成重大损失。

### 2. 证券代码(证券简称)

上海、深圳两个证券交易所现有的交易品种包括 A 股、B 股、债券、回购和基金等几种。证券简称通常为 4 个汉字，证券代码为 6 位数，每一只上市证券均拥有各自的证券代码。

### 3. 委托数量

证券交易是以"手"为交易单位的。手是指由证券交易所统一规定的最小交易数量单位。如上海、深圳证券交易所规定：

(1) A 股以 100 股为 1 手，基金以 100 份为 1 手，上海证券交易所债券 1000 元面值为 1 手；

(2) 委托买卖的数量通常为手的整数倍；

(3) 数量不足 1 手的证券称为零股，零股只能在证券交易中一次性卖出；

(4) 在买入证券的委托指令中成交数量必须是手的整数倍。

### 4. 出价方式

委托指令分为市价委托和限价委托两种，目前，我国投资者可以使用这两种出价方式进行证券交易。

(1) 市价委托。市价委托即投资者向证券经营机构发出买卖某种证券的指令时，只确定交易数量而不给出具体的交易价格，要求证券经营机构按该委托指令进入交易系统时以市场上最有利的价格进行交易。

市价委托的优点是成交迅速，能保证即时成交，但对投资者来说风险较大。

(2) 限价委托。限价委托是指投资者向证券经营机构发出买卖某种证券的指令时，对买卖的价格做出限定，即在买入股票时，限定一个最高价，只允许证券经营机构按其规定的最高价或低于最高价的价格成交；在卖出股票时，则限定一个最低价。如果当时证券的价格不符合限价要求，证券经营机构就应等待，直至符合限价要求时才成交。

限价委托特点是股票的买卖可按照投资人希望的价格或者更好的价格成交，有利于投资人实现预期投资计划。

### 5. 委托有效期

委托有效期是指客户委托买卖证券的有效期限，一般分为当日有效、次日有效和 5 日有效等。在有效期内证券经营机构按照投资者委托的数量、价格买卖股票。如果在有效期内不能成交，委托便告失效。在有效期内委托人改变主意，可以撤销原委托，我国的委托有效期一般是当日有效。

## 七、竞价过程

证券经营机构将投资者的委托指令申报至证券交易所的竞价系统并按照相应的原则参与竞价，这一过程非常重要，决定着投资者的委托指令能不能以理想的价格成交。

### (一)竞价原则

证券交易所对投资者的委托指令实行竞价成交，竞价成交是证券交易中最基本、最主要的程序，也是证券交易程序中的关键阶段。竞价成交须遵循以下原则。

#### 1. 价格优先

较高价格买进申报优先于较低价格买进申报，较低价格卖出申报优先于较高价格卖出申报。例如，甲买入某种股票的申报价为 10 元，乙买入同种股票的申报价为 10.5 元，则乙优先成交；甲卖出某种股票的申报价为 20 元，乙卖出同种股票的申报价为 20.5 元，则甲优先成交。

#### 2. 时间优先

在竞价过程中，如果买卖方向、价格相同，先申报者优先于后申报者，先后顺序按交易主机接收申报的时间确定。

### (二)竞价方式与时间

在参与竞价的过程中，有集合竞价和连续竞价两种方式。根据 2018 年 8 月修订的《上海证券交易所交易规则》和 2016 年 4 月修订的《深圳证券交易所交易规则》，我国证券交易所在每交易日 9:15—9:25 和 14:57—15:00 采用集合竞价方式，在 9:30—11:30 和 13:00—14:57 采用连续竞价方式。9:15—9:25 的集合竞价被称为开盘集合竞价，产生开盘价，14:57—15:00 的集合竞价被称为收盘集合竞价，产生收盘价。

#### 1. 集合竞价

集合竞价是指每个交易日规定时间内接收的全部有效委托进行一次集中撮合处理的过

程。集合竞价产生的价格是规定时间内的有效委托产生最大成交量的价位，如果有两个以上这样的价位，则依以下规则选取成交价位。

(1) 可实现最大成交量。

(2) 高于该价格的买入申报与低于该价格的卖出申报全部成交。

(3) 与该价格相同的买方或卖方至少有一方全部成交。

两个以上申报价格符合上述条件的，上海证券交易所取中间价为成交价格。深圳证券交易所在开盘集合竞价时取最接近即时行情显示的前收盘价为成交价，在盘中、收盘集合竞价时取最接近最近成交价的价格为成交价。集合竞价期间的所有交易以同一价格成交。集合竞价中未能成交的委托，自动进入连续竞价。

2. 连续竞价

连续竞价是指对申报的每一笔买卖委托，由电脑交易系统按照以下两种情况产生成交价：最高买进申报与最低卖出申报相同，则该价格为成交价格；买入申报价格高于卖出申报价格时，或卖出申报价格低于买入申报价格时，申报在先的价格即为成交价格。连续竞价期间每一笔买卖委托进入电脑自动撮合系统后，当即判断并进行不同的处理，能成交者予以成交，不能成交者等待机会成交，部分成交者则让剩余部分继续等待。投资者的某一笔委托指令经过证券交易所的竞价交易系统竞价后，结果有全部成交、部分成交和不成交三种。

# 八、证券交易成本

证券投资者在进行证券交易时，需支付佣金、过户费和印花税等费用。不同的费用收取标准和收取方法是不一样的。

## (一)佣金

### 1. 佣金的定义

佣金是投资者在委托证券经营机构买卖证券成交后按成交金额一定比例支付的费用，是证券经营机构为客户提供证券代理买卖服务收取的费用。证券经营机构收取的佣金中包括上海证券交易所收取的证券交易经手费和证监会收取的证券交易监管费。

### 2. 佣金的费率

A股、B股、证券投资基金的交易佣金实行最高上限向下浮动制度，证券经营机构向客户收取的佣金不得高于证券交易金额的 3‰，最低不得低于证券交易经手费(0.0487‰)与监管费(0.02‰)。A股、证券投资基金每笔交易佣金不足 5 元的，按 5 元收取；B股每笔交易佣金不足 1 美元或 5 港元的，按 1 美元或 5 港元收取。债券类交易的佣金标准按照上海证券交易所和深圳证券交易所各自的规定收取。

### 3. 佣金的计算

假设投资者张某以 4.50 元/股的价格买入 200 股工商银行的股票，需要交纳的佣金是多少？如果买入 2000 股工商银行的股票需要交纳的佣金是多少？佣金比率按 2‰ 计算。买入 200 股工商银行佣金=4.50×200×2‰=1.80(元)，1.80 元≤5 元，佣金按 5 元/笔收取。买入 2000 股工商银行佣金=4.50×2000×2‰=18(元)，佣金按 18 元/笔收取。

### (二) 过户费

#### 1. 过户费的定义

过户费是委托买卖的证券成交后，买卖双方为变更证券登记所支付的费用。证券交易的过户费由中国结算公司收取。目前 A 股收取过户费；B 股这项费用被称为交易结算费；证券投资基金、债券和权证免收过户费。

#### 2. 过户费的费率

根据中国结算公司规定，A 股交易过户费为按照成交金额 0.02‰ 向买卖双方投资者分别收取，沪股通和深股通执行同样的标准，优先股交易过户费按照 A 股交易过户费收费标准收取，但在优先股试点期间的按照 A 股交易过户费收费标准的 80%收取。

沪深 B 股交易结算费费率为成交金额的 0.5‰，中国结算深圳分公司收取的交易结算费最高不超过 500 港元。

### (三) 印花税

#### 1. 印花税的定义

印花税是根据国家税法规定，在 A 股和 B 股成交后，投资者需按照规定的税率缴纳的税金。按我国目前税收制度规定，证券成交后，国家税务机关应向卖出方收取印花税。

#### 2. 印花税的税率

我国证券交易的印花税税率标准曾多次调整，现在执行印花税税率标准为 1‰，且为单边收取，即只对卖出方征收印花税，对买入方不征收印花税。

#### 3. 印花税的计算

假设投资者张某以 5.00 元/股的价格卖出 200 股工商银行的股票，需要交纳的印花税是多少？印花税=5.00×200×1‰=1(元)，即印花税为 1 元。

### (四) 盈亏计算

**【例 6-1】** 假设某投资者以 15.50 元/股价格买入 2000 股招商银行股票(佣金比率为成交金额的 2‰，其他费率按规定收取)。

(1) 投资者以多少元卖出能保证不亏损？
(2) 如果投资者以 18.00 元价格卖出 2000 股，共盈利多少元？

解：
(1) 设投资者卖出价格为 $P$ 元/股

$(P-15.50)×2000≥15.50×2000×(2‰+0.02‰)+P×2000×(2‰+0.02‰+1‰)$

2000P−31 000≥62.62+6.04P

1993.96P≥31 062.62

P≥15.58(元/股)

即投资者卖出价格高于 15.58 元/股即可保证不亏损。

(2) 盈利=(18-15.50)×2000−[15.50×2000×(2‰+0.02‰)+18×2000×(2‰+0.02‰+1‰)]=5000−17.34=4828.66(元)

即投资者共盈利 4828.66 元。

# 第四节 股价指数

## 一、股价指数的概念及作用

### (一)股价指数的概念

华尔街的温度计.mp4　　上证指数修订的意义.mp4

股票价格指数,简称股价指数,是由特定金融服务机构将股票市场上一些有代表性的公司发行的股票的交易价格进行平均计算和动态对比后得出的数值,是对股票市场动态的综合反映。股价指数能从总体上来反映股票市场总体价格或某类股价走势,因此是反映市场经济状况的"晴雨表"。编制股价指数,通常以某年某月为基础,以这个时期的股票价格作为基础即基期值,用以后各时期的股票价格和基期价格比较,计算出升降的百分比,就是该时期的股价指数。投资者根据指数的升降,可以判断出股票价格和股票市场的变动趋势,及时做出调整。为了能够让投资者实时地了解股票市场的动向,追踪股票市场走势,几乎所有的股票市场都是在股价变化的同时即时公布股票价格指数。

### (二)股价指数的作用

股价指数是投资者掌握股票市场现状和分析、判断股票市场变动趋势的非常重要的尺度和信号,是股票市场的一项重要指标。其主要作用如下。

#### 1. 股价指数综合反映股票市场行情

股票价格指数具有代表性,即列入股价指数计算公式的股票样本应该能够代表整个市场或某一行业的股价水平,能够及时迅速地反映整个市场或某一行业的股价变动的特点。由于股价指数就是股票价格变动的相对数,所以它的最基本作用就是反映股价水平的涨落情况,是表明股票市场变动的重要指标。通过它,人们可以了解不同国家和地区各个时期的股票市场变动的情况。

#### 2. 股价指数是投资者投资的重要参考指标

一方面股价指数能反映股份有限公司的经营业绩情况,一般来说,股价指数上升,表示企业目前经营业绩好,未来收益大,具有发展前景;反之,股价指数下跌,则表明企业的经营效果不佳,未来的收益小,或者表明企业目前经营效果虽然较好,但此后可能处于萎缩状态。另一方面投资者可以利用股价指数成功地预测股价上升或下跌的转折点,据此选择买进或卖出的时机。

### 3. 股价指数是整个经济的"晴雨表"

股价指数在编制时，一般都选择当地有代表性、实力雄厚的上市公司的股票作为样本，用这些公司股票的股价变动反映股票市场的股价水平，而这些公司的经营业绩又反映了该国家或地区的经济状况，故股价指数是观察分析经济的重要参考。一般来说，在经济繁荣时，股价指数总会以较快的速度上涨；在经济复苏时，其上涨速度就会变慢；在经济萧条时，股价指数则会逐渐下降；在经济危机时，股价指数则会大幅度下降。

## 二、股价指数的计算

股价指数一般包括绝对数和相对数两种。绝对股价指数就是股价平均数，是反映多种股票价格的一般水平，通常以股票价格平均数表示，如日经 225 股价指数(股价平均数)和道·琼斯指数(股价平均数)。相对股价指数指报告期股价平均数比上基期股价平均数，再乘以基期指数进行计算，如上证指数、沪深 300 指数和中证 500 指数，反映不同时期股价变动情况的相对指标。下面我们所说的股价指数都是指相对股价指数。计算方法有以下几种。

### (一)简单算术平均法

简单算术平均法是先计算各样本股的个别指数，再加总求算术平均数。其计算公式为：

$$P' = \frac{1}{n}\sum_{i=1}^{n}\frac{P_{1i}}{P_{0i}} \times 基期值$$

式中：$P'$——股票价格指数；

　　　$n$——样本数；

　　　$P_{1i}$——计算期第 $i$ 种股票价格；

　　　$P_{0i}$——基期第 $i$ 种股票价格。

**【例 6-2】** 假设某股市 4 种样本股票的交易资料如下，基期值为 1000，如表 6-3 所示，计算股价指数。

表 6-3　某股市 4 种样本股票交易表

| 种类 | 股价/元 | | 交易量 | |
|---|---|---|---|---|
| | 基期($P_0$) | 报告期($P_i$) | 基期($Q_0$) | 报告期($Q_i$) |
| A | 4 | 6 | 80 | 120 |
| B | 6 | 10 | 120 | 180 |
| C | 12 | 16 | 100 | 120 |
| D | 12 | 18 | 150 | 200 |

股价指数 $= \frac{1}{4} \times \left(\frac{6}{4} + \frac{10}{6} + \frac{16}{12} + \frac{18}{12}\right) \times 1000 = 1500$

说明报告期的股价比基期上升了 500 个百分点。

## (二)综合算术平均法

综合算术平均法是将样本股票基期价格和计算期价格分别加总，然后求出股价指数。其计算公式为：

$$P' = \frac{\sum_{i=1}^{n} P_{1i}}{\sum_{i=1}^{n} P_{0i}} \times 基期值$$

【例 6-3】 参照例 6-2，以综合算术平均法计算股价指数。

$$股价指数 = \frac{6+10+16+18}{4+6+12+12} \times 1000 = 1470.59$$

即报告期的股价比基期上升了 470.59 个百分点。

## (三)几何平均法

几何平均法是一种分别把基期和报告期的股价相乘，再分别将乘积开 $n$ 次方，将所得数字进行比较的股价指数计算方法。其计算公式为：

$$P' = \frac{\sqrt[n]{P_{11}P_{12}\cdots P_{1n}}}{\sqrt[n]{P_{01}P_{02}\cdots P_{03}}} \times 基期值$$

## (四)加权股价指数

前面所介绍的 3 种计算方法，在计算时都只考虑到样本股票的价格，这样很难真实地反映股市价格变动情况，这时就需要将样本股票的发行量或交易量作为权数加以计算，来弥补其不足。根据权数选择的不同，有以下几种计算方式。

### 1. 基期加权股价指数

基期加权股价指数又称拉斯贝尔指数，是采用基期发行量或成交量作为权数，其计算公式为：

$$P' = \frac{\sum_{i=1}^{n} P_{1i}Q_{0i}}{\sum_{i=1}^{n} P_{0i}Q_{0i}} \times 基期值$$

【例 6-4】 参照表 6-3，计算该股市基期加权股价指数，基期值为 1000。

$$基期加权股价指数 = \frac{6 \times 80 + 10 \times 120 + 16 \times 100 + 18 \times 150}{4 \times 80 + 6 \times 120 + 12 \times 100 + 12 \times 150} \times 1000 = 1480.20$$

即该股市这一交易日的基期加权股价指数为 1480.20 点，较基期上升了 480.20 点。

### 2. 报告期加权股价指数

报告期加权股价指数又称派许指数，采用计算期发行量或成交量作为权数。其适用性较强，使用较广泛，很多著名股价指数，如标准·普尔指数等都使用这一方法，我国也采用这种计算方式。其计算公式为：

$$P' = \frac{\sum_{i=1}^{n} P_{1i} Q_{1i}}{\sum_{i=1}^{n} P_{0i} Q_{1i}} \times 基期值$$

**【例 6-5】** 参照表 6-3，计算该股市报告期加权股价指数，基期值为 1000。

报告期加权股价指数 $= \dfrac{6 \times 120 + 10 \times 180 + 16 \times 120 + 18 \times 200}{4 \times 120 + 6 \times 180 + 12 \times 120 + 12 \times 200} \times 1000 = 1488.89$

即该股市这一交易日的报告期加权股价指数为 1488.89 点，较基期上升了 488.89 点。

#### 3. 几何加权股价指数

几何加权股价指数又称费雪公式，是对两种指数作几何平均，主要是为了调和交易量在基期和报告期的不同影响。但是，由于计算复杂，很少被实际应用。其计算公式为：

$$P' = \sqrt{\frac{\sum_{i=1}^{n} P_{1i} Q_{0i}}{\sum_{i=1}^{n} P_{0i} Q_{0i}} \cdot \frac{\sum_{i=1}^{n} P_{1i} Q_{1i}}{\sum_{i=1}^{n} P_{0i} Q_{1i}}} \times 基期值$$

## 三、我国的股价指数体系

我国境内主要有上证综合指数、上证 180 指数、沪深 300 指数、深证综合指数和深圳成分指数。这些指数有的是综合指数，有的是成分指数。

### (一)综合指数

综合指数是指可以将一类股票全部作为样本计算出来的股票价格指数，即把所有的股票的价格加权平均计算得出。

#### 1. 上证综合指数

上证综合指数是上海证券交易所股票价格综合指数的简称，是由上海证券交易所编制的股价指数，该股价指数的样本为所有在上海证券交易所挂牌上市的股票，于 1991 年 7 月 15 日开始编制和公布，以 1990 年 12 月 19 日为基期，基期值为 100。上证综合指数以全部的上市股票为样本，以股票发行量为权数进行编制，其中新上市的股票在挂牌的第二天纳入股价指数的计算范围。具体计算办法是以基期和报告日的股票收盘价(如当日无成交，延用上一日收盘价)分别乘以发行股数，相加后求得基期和报告日市价总值，再相除后即得股价指数。遇上市股票增资扩股或新增(删除)时，则须修正。

#### 2. 深证综合指数

深证综合指数全称为深圳证券交易所股票价格综合指数，是由深圳证券交易所于 1991 年 4 月 4 日开始编制发布的综合指数。该指数以 1991 年 4 月 3 日为基期，基期值为 100。该股票指数的计算方法与上证指数基本相同，其样本为所有在深圳证券交易所挂牌上市的股票，权数为股票的总股本。由于以所有挂牌的上市公司为样本，其代表性非常广泛，且它与深圳股票市场的行情同步发布，是股民和证券从业人员研判深圳股票市场股票价格变化趋势必不可少的参考依据。

## (二)成分指数

### 1. 上证 180 指数

上证成分指数，又称上证 180 指数，是上海证券交易所编制的一种成分股价指数。2002 年 7 月 1 日起，上海证券交易所发布了上证 180 指数。上证 180 指数以 2002 年 6 月 28 日的上证 30 指数收盘点(3299.05 点)为基点。在成分股的选择上，剔除了那些上市时间不足 1 个季度的股票，暂停上市股票，经营状况异常或最近财务报告严重亏损的股票，股价波动较大、市场表现明显受到操纵的股票，其他经专家委员会认定的应该剔除的股票。上海证券交易所根据总市值、流通市值、成交金额和换手率对股票进行综合排名，按照各行业的流通市值比例分配样本只数，按照行业的样本分配只数，选择在本行业排名靠前、具有代表性的、规模适当、流动性强的股票为样本，共计 180 只股票。而且根据样本稳定性和动态跟踪相结合的原则，上海证券交易所每半年调整一次成分股，每次调整比例一般不超过 10%。有特殊情况时也可能对样本进行临时调整。上证 180 指数为未来的全国统一指数做好了准备，同时为进一步推出指数衍生产品打下了一定的基础。上证 180 指数将成为衡量股票投资业绩的基准指数，对于推动指数基金产品具有重要的作用。

### 2. 深证成分股价指数

深证成分股价指数，是深圳证券交易所编制的一种成分股价指数，是从上市的所有股票中抽取具有市场代表性的 40 家上市公司的股票作为计算对象，并以流通股为权数计算得出的加权股价指数，综合反映深交所上市 A、B 股的股价走势。深证成分股价指数包括深证成分指数、成分 A 股指数、成分 B 股指数、工业分类指数、商业分类指数、金融分类指数、地产分类指数、公用事业指数、综合企业指数共 9 项。成分股指数以 1994 年 7 月 20 日为基日，基日指数为 1000 点。深圳证交所选取成分股时，以有一定的上市交易时间、有一定的上市规模、有一定的市场流动性为衡量标准，再根据公司股票流通市值、成交额、在一段时间内的平均市盈率，公司的行业代表性及其成长性，公司的财务状况和经营业绩(考察过去 3 年)，公司之内的规范运作情况，公司的地区、板块代表性等指标选取样本股。

### 3. 沪深 300 指数

沪深 300 指数是从上海和深圳证券市场中选取 300 只 A 股作为样本编制而成的成分股指数。其是由沪深证券交易所于 2005 年 4 月 8 日联合发布的，由中证指数有限公司编制，反映 A 股市场整体走势的指数。该指数以 2004 年 12 月 31 日为基期，基点为 1000 点，其计算方式是以调整股本为权重，采用派许加权综合价格指数公式进行计算。沪深 300 指数的成分股原则上每半年调整一次，每次调整的比例不超过 10%。编制目标是反映中国证券市场股票价格变动的概貌和运行状况，并能够作为投资业绩的评价标准，为指数化投资和指数衍生产品创新提供基础条件。

#### 4. 中小板指数

中小板指数是中国多层次证券市场的重要指数，由 100 家具有代表性的中小板公司组成。中小板指数包括价格指数(中小板指数 P)和全收益指数(中小板指数 R)，价格指数于 2006 年 1 月 24 日正式发布，初期样本数量为 50 只，2006 年 12 月 27 日样本扩大到 100 只。中小板指数兼具价值尺度与投资标的功能。2006 年 6 月 8 日，华夏基金管理公司成功发行跟踪中小板价格指数的 ETF 产品——华夏中小板 ETF。

#### 5. 创业板指数

为了更全面地反映创业板市场情况，向投资者提供更多的可交易的指数产品和金融衍生工具的标的物，推进指数基金产品以及丰富证券市场产品品种，深圳证券交易所于 2010 年 6 月 1 日起正式编制和发布创业板指数。该指数的编制参照深证成分指数和深证 100 指数的编制方法和国际惯例(包括全收益指数和纯价格指数)。创业板指数，也称为"加权平均指数"，按照创业板市场 100 只样本股的流通市值为权重计算。至此，创业板指数、深证成指、中小板指数共同构成反映深交所上市股票行情的核心指数。另有上证 50 指数、上证红利指数和深 100 指数等，这里就不一一介绍了。

## 四、国外著名的股价指数

### (一)道·琼斯股价指数

道·琼斯股价指数，即股票价格平均数，是世界上历史最为悠久、最享盛誉和最有影响力的股票指数，由美国道·琼斯公司编制并在《华尔街日报》上公布。它是在 1884 年 7 月 3 日由道·琼斯公司的创始人查理斯·道创设的。到 1929 年，道·琼斯股票价格平均指数所包含的股票达到 65 种，并一直延续至今。

道·琼斯股票价格平均指数是目前世界上影响最大、最有权威性的一种股票价格指数，被认为是反映美国政治、经济和社会状况最灵敏的指标。

### (二)标准·普尔 500 指数

标准·普尔 500 指数是记录美国 500 家上市公司的一个股票指数。除了道·琼斯股票价格指数外，标准·普尔股票价格指数在美国也很有影响，它是美国最大的证券研究机构即标准·普尔公司编制的股票价格指数。标准·普尔 500 指数覆盖的所有公司，都是在美国主要交易市场，如纽约证券交易所、纳斯达克的上市公司。与道·琼斯指数相比，标准·普尔 500 指数包含的公司更多，因此风险更为分散，能够反映更广泛的市场变化。

### (三)《金融时报》指数

《金融时报》指数是英国最具权威性的股价指数，《金融时报》股票价格指数的全称是"伦敦《金融时报》工商业普通股股票价格指数"，由《金融时报》编制和公布。这一指数包括 3 种：一是《金融时报》工业股价指数，又称 30 种股票指数，它以 1935 年 7 月 1 日为基期，基期指数为 100，该股票价格指数包括在英国工商业中挑选出来的具有代表性的 30 家公开挂牌的普通股股票，由于这 30 家公司股票的市值在整个股票市场中所占的比重大，具有一定的代表性，因此该指数以能够及时显示伦敦股票市场情况而闻名于世。二是 100 种股票交易指数，又称"FT-100 指数"，该指数自 1984 年 1 月 3 日起编制并公布，基期指数为 1000，这一指数挑选了 100 家有代表性的大公司股票，通过伦敦股票市场自动报价电脑系统，可随时得出股票市价并每分钟计算一次。三是综合精算股票指数，该指数从伦敦股票市场上精选 700 多种股票作为样本股加以计算，它自 1962 年 4 月 10 日起编制和公布，并以这一天为基期，基期指数为 100。

### (四)日经股价指数

日经股价指数，也称日经道·琼斯股价指数，是由日本经济新闻社编制并公布的反映日本股票市场价格变动的股票价格平均数。该指数从 1950 年 9 月开始编制，最初根据东京证券交易所第一市场上市的 225 家公司的股票算出修正平均股价，当时称为"东证修正平均股价"。1975 年 5 月 1 日，日本经济新闻社向道·琼斯公司买进商标，采用美国道·琼斯公司的修正法计算，这种股票指数也就改称"日经道·琼斯平均股价"。1985 年 5 月 1 日在合同期满 10 年时，经两家商议，将名称改为"日经平均股价"。

### (五)恒生指数

香港恒生指数是香港股票市场上历史最久、影响最大的股票价格指数，由香港恒生银行于 1969 年 11 月 24 日起编制公布，是系统反映香港股票市场行情变动最有代表性和影响最大的指数，它把从香港 500 多家上市公司中挑选出来的 33 家有代表性且经济实力雄厚的大公司股票作为成分股。由于恒生指数具有基期选择恰当、成分股代表性强、计算频率高、指数连续性好等特点，不论股票市场狂升或猛跌，还是处于正常交易水平，恒生股票价格指数基本上能反映整个股票市场的活动情况，因此它一直是反映、衡量香港股票市场变动趋势的主要指标。

## 本章小结

(1) 证券市场是证券发行和交易的场所。一般来讲，证券市场是指一切以证券为交易对象的交易关系的总和。证券市场可以划分为发行市场和交易市场；股票市场、债券市场、基金市场以及衍生证券市场等子市场；分为主板和创业板两类、三板、四板市场。

(2) 证券市场包括发行和交易市场。证券交易方式主要包括现货交易、期货交易、期权交易、信用交易和回购交易等。我国证券交易所的交易程序可分为开户、委托、竞价成交、结算等几个步骤。证券投资者在进行证券交易时，需支付佣金、过户费和印花税等费用。

(3) 股价指数的计算方法包括简单算术平均法、综合算术平均法、几何平均法、加权股价指数。我国的股价指数体系的综合指数包括上证综合指数和深证综合指数；成分指数包括上证 180 指数、深证成分股指数、沪深 300 指数、中小板指数和创业板指数；世界著名的股价指数包括道•琼斯股价指数、标准•普尔 500 指数、《金融时报》指数、日经股价指数和恒生指数等。

1. 2018 年 5 月以来，探路者等 7 家上市公司发布回购预案，苏宁易购等 25 家公司实施了股份回购计划。多数公司溢价回购，并伴有股份增持计划。业内人士称，上市公司回购股份，通常释放出股价被低估的信号。回购股份注销后可以提高每股盈余及净资产收益率等指标，提升投资者信心。部分公司回购股份用于实施员工持股计划或股权激励计划。为什么已经上市的公司发行完股票后还要进行股份回购呢？

2. 注册制是指发行人在准备发行证券时，必须将依法公开的各种资料完整、真实、准确地向证券主管机关呈报并申请注册。作形式审查，至于发行人营业性质，发行人财力、素质及发展前景，发行数量与价格等实质条件均不作为发行审核要件，不做出价值判断。申报文件提交后，经过法定期间，主管机关若无异议，申请即自动生效。

目前实行的注册制，能如何更好地服务于中国证券市场？

3. 时代邻里控股有限公司(简称"时代邻里"，股份代码：09928.HK)欣然宣布，集团获纳入恒生综合指数成分股以及恒生港股通指数系列*成分股，相关调整于 2020 年 9 月 7 日(星期一)起生效。时代邻里成功获纳入恒生综合指数及港股通指数系列，反映资本市场高度认可公司的业务及财务表现。获纳入港股通指数，表示中国内地投资者可通过港股通买卖公司的股票，将进一步扩阔股东及投资者基础，加强公司股票的流通性，提升公司估值。材料里所提到的成分指数和综合指数到底有什么区别呢？

## 课程思政案例

### "小燕子"传奇之空手套白狼

2016 年，赵薇掌控的龙薇传媒号称出资 30 亿元收购万家文化(现"祥源文化"，证券代码 600576)，但赵薇只从自己口袋拿出 6000 万元，其余全是借来的。

随后，证监会调查显示，龙薇传媒在信息披露上存在虚假记载、误导性陈述以及重大遗漏等违规违法行为。一句话：谎话连篇。

根据现行规定，证监会给出了顶格处罚：对万家文化、龙薇传媒责令改正，给予警告，并分别处以 60 万元罚款，对孔德永、黄有龙、赵薇、赵政给予警告，并分别处以 30 万元罚款。

这次全国两会，作为非典型演艺界人士，"犀利姐"樊芸代表的点名，让"小燕子"赵薇又火了一把，登上了热搜榜。《人民日报》官微也发表评论："管管割韭菜的赵薇们"，说到了规范市场的点子上。

让人感到诧异的是，尽管处罚"轻如鸿毛"，赵薇夫妇还是不服气，在收到处罚决定后立刻提出了申诉。究其原因，类似行为在资本市场的玩家中，是常用手段。

媒体曾就此评论——A 股市场上，无论是手握数十亿元的机构，还是拿着几千元钱开户的小散,都一样地爱听故事。上个统计软件,就吹为大数据;空闲厂房没啥用来出租,当个包租婆,就能变身"企业孵化器";开发一套可戴在手上的血压计,就美其名曰"可穿戴设备"……总能在一波波概念中收获市场的追捧。

"发审皇帝"证监会原副主席姚刚落马后,中央纪委监察部网站发布消息显示"姚刚利用职权为他人即企业提供帮助,滥用职权为他人谋取利益并收受巨额财物,涉嫌受贿犯罪"。

股民们集体起诉赵薇"割韭菜",是一种自下而上的反抗,通过面广量大的诉讼,让"赵薇们"陷入"人民战争"的海洋,可以说是一种对制度缺陷的补充。

习近平总书记在十九届中央纪委三次全会上强调,要加大金融领域反腐力度,对存在腐败问题的,发现一起坚决查处一起。中国中央政治局就完善金融服务、防范金融风险举行第十三次集体学习。习近平在主持学习时强调,要解决金融领域,特别是资本市场违法违规成本过低问题。同时,2019 年修订的《中华人民共和国证券法》已于 2020 年 3 月 1 日生效。进一步规范证券发行和交易行为,切实保护投资者的合法权益。

(资料来源:新浪财经_新浪网,http://finance.sina.com.cn/stock/s/2017-11-10/doc-ifynstfh3352399.shtml)

1. 记录至少 5 个交易时间某一股票的买价 1、卖价 1、现价、涨跌率、现手、总手、五日均价。

2. 选择某一行业内的五只上市股票,并根据同交易时间的市盈率向上排序。

3. 记录交易某一时间分别为涨幅、跌幅、成交金额、成交量、五分钟内涨幅、量比最大的 5 个证券。

# 复习思考题

## 一、单选题

1. 根据( )划分,证券市场可分为证券发行市场和证券交易市场。

　　A. 市场的效率　　　　　　　　B. 市场的作用
　　C. 市场的功能　　　　　　　　D. 交易标的物

2. 在证券发行市场上联系发行人和投资者的是( )。

　　A. 证券发行人　　　　　　　　B. 证券投资者
　　C. 证券中介机构　　　　　　　D. 监管部门

3. 为保护投资者利益,防止股价暴涨和投机盛行,证券交易所制定的交易规则是( )。

　　A. 涨跌幅限制　　　　　　　　B. 价格决定
　　C. 大宗交易　　　　　　　　　D. 报价方式

4. 根据我国《证券交易所管理办法》第十七条规定,( )是证券交易所的最高权力机构。

A. 理事会　　B. 会员大会　　C. 监管委员会　　D. 总经理

## 二、多选题

1. 关于证券发行市场论述正确的有(　　)。
   A. 证券发行市场是发行人向投资者出售证券的市场
   B. 证券发行市场是发行人以发行证券的方式筹集资金的场所
   C. 证券发行市场通常无固定场所，是一个无形的市场
   D. 证券发行市场是交易市场的基础和前提
2. 证券发行市场的作用主要表现在(　　)。
   A. 为资金需求者提供筹措资金的渠道
   B. 为政府宏观部门调控经济提供了手段
   C. 为资金供应提供投资和获利的机会，实现储蓄向投资转化
   D. 形成资金流动的收益导向机制，促进资源配置的不断优化
3. 股票价格指数的编制步骤包括(　　)。
   A. 选择样本股　　　　　　　　　　　　B. 选定某基期
   C. 计算期平均股价或市值，并做必要的修正　　D. 指数化
4. 系统性风险包括(　　)。
   A. 政策风险　　　　　　　　　　　　　B. 利率风险
   C. 经营风险　　　　　　　　　　　　　D. 信用风险

# 阅读推荐与网络链接

1. 圣才教育. 证券市场基本法律法规[M]. 北京：中国石化出版社，2016.
2. 圣才教育. 金融市场基础知识[M]. 北京：中国石化出版社，2016.
3. 证券市场红周刊——中国证监会指定披露上市公司信息平台[EB/OL]. http://www.hongzhoukan.com/ index.html

# 第七章 证券投资基本分析

## 学习要点

- 熟悉证券投资基本分析的基本原理。
- 掌握宏观分析的相关方法。
- 掌握中观分析的相关方法。
- 掌握微观分析的相关方法。

## 核心概念

基本分析　宏观分析　中观分析　微观分析

## 引导案例

### 新能源汽车补贴政策出台后　新能源汽车相关个股出现上涨

2020年4月23日,财政部、工业和信息化部、科技部、国家发展和改革委员会联合发布《关于完善新能源汽车推广应用财政补贴政策的通知》,合理延长原2020年年底到期的补贴政策至2022年年底,减小了补贴退出的力度并放缓了步伐。原则上,2020—2022年的补贴标准在前一年的基础上分别为10%、20%和30%,年度补贴金额首次上限为200万辆。补贴前新能源乘用车价格必须低于30万元(含30万元)。

新政的补贴效应很快在市场上得到反映。2020年4月24日开市后,汽车行业相关个股涨幅居前,个股表现更为强劲,截至上午10:31,宁德时代上涨2.45%。

关于汽车产业的未来发展,吴栋汽车产业团队认为,汽车处于大周期的底部,2020年第二季度是一个很好的配置机会。第一,无论从市盈率还是从市净率来看,乘用车和零部件的估值都接近历史最低水平。第二,中央/地方政策已经出台,以恢复中国的工作和生产,乘用车需求已重新进入复苏轨道。第三,电力、智能和互联网连接仍然是推动汽车行业未来变革的三大方向,并将继续吸引市场关注。新时代证券认为,新能源汽车补贴政策的出台有望提高市场预期。地方政府的相关补贴也将陆续出台,以帮助新能源汽车的消费恢复。从短期来看,随着工作和生产的恢复以及消费的正常化,我们相信国内新能源汽车的销量将会逐月上升。从中长期来看,新能源汽车行业的上升趋势将保持不变。宁德时代、比亚迪、天骐锂业、赣锋锂业、彭辉能源、益威锂能源、三华智能控制、党生科技、中材科技、白蓉科技、华友钴业、浦太来、星源材料、微光、新神盾、卧龙电气传动等相关个股值得关注。

(资料来源:新能源汽车补贴政策出台后,特斯拉立即涨价!这些股票又上涨了[EB/OL]. 中国基金报, https://www.heduwang.com/caijing/69122.html)

## 案例导学

受国家新能源补贴政策的利好影响和行业景气度提升的作用,新能源相关个股出现普遍上涨,而行业内业绩较好、处于龙头地位的上市公司涨幅居前。由此可见,公司的基本面受宏观政策、行业发展前景、自身经营管理等多种因素的影响,宏观—中观—微观是我们进行基本分析的逻辑。

# 第一节 证券投资基本分析概述

证券投资分析包括基本分析、技术分析、投资组合分析、行为金融分析、演化分析、量化分析等多种方法,其中基本分析方法是其他分析方法的前提与基础,也是在实践中被投资者使用最多的一种方法。

## 一、证券投资基本分析的概念和意义

### (一)证券投资基本分析的概念

基本分析法又称基本面分析,是指证券分析师根据经济学、财政金融学、财务管理学以及投资学的基本原理,对决定证券价值及价格的基本要素(如宏观经济指标、经济政策走势、行业发展状况、产品市场状况、公司销售和财务状况等)进行分析,评估证券的投资价值,判断证券的合理价位,从而提出相应的投资建议的分析方法。

### (二)证券投资基本分析的意义

#### 1. 提高投资决策的科学性

投资过程离不开投资决策,投资决策正确与否是投资成败的关键。由于相关因素的影响和作用,每一种证券的收益性、风险性、流动性和周期性特点都不同;由于个体条件的差异,投资者(法人或自然人)的资金拥有量、投资周期、风险承受能力、对收益的要求也都不同。因此,投资决策的科学性显得尤为重要。投资者只有通过证券投资分析才能正确认识证券投资的风险,根据个人偏好并结合实际做出相应的科学有效的投资决策。

#### 2. 正确评估证券的投资价值

证券具有一定的投资价值,所以才有人进行证券投资。证券的投资价值并非一成不变,因受到宏观经济、行业发展、市场利率和公司经营管理等多方面因素影响,证券的投资价值会发生相应的变化。所以,正确评估证券的投资价值是进行证券投资的前提。通过证券投资分析使投资者对可能影响证券投资价值的各种因素综合评价和判断,有助于正确评估证券的投资价值。

### 3. 降低证券投资的风险

风险和收益是相辅相成的。预期收益水平越高,投资者所要承担的风险就越大;反之亦然。但是,由于每一证券的基本面和技术面不同,导致其风险—收益特性也不同,因而有时投资者承担较大的风险,却不一定能获得较高的收益。证券投资分析正是用来解决这一问题的最好方法。通过证券投资分析,投资者可分析考察不同证券的风险—收益特性,较为准确地确定不同证券的风险大小,尽可能降低或避免承担不必要的投资风险。

### 4. 加大证券投资的成功概率

证券投资的具体目标是:在风险既定的条件下,投资收益最大;在投资收益既定的条件下,风险最小。成功的证券投资意味着证券投资净效用的最大化(证券投资净效用等于证券投资收益带来的正效用减去证券投资承担的风险所带来的负效用)。证券投资成功与否主要是考察证券投资目标的实现程度。证券投资分析可以通过全面、系统和专业的分析,解释证券投资目标实现程度的影响因素、作用机制及其规律,使投资者客观地认识证券投资的风险,较为准确地预测证券投资的净效用,尽可能加大证券投资的成功概率,努力实现证券投资的具体目标。

## 二、证券投资基本分析的前提与依据

### (一)基本分析的前提假设

基本分析流派的两个假设是:股票的价值决定其价格;股票的价格围绕价值波动。因此,价值成为测量价格合理与否的尺度。

### (二)基本分析的研究依据

任何投资对象都有一种可称之为"内在价值"的固定基准,其内在价值可通过对该投资对象的现状和未来前景的分析而获得。任何投资对象的市场价格和内在价值之间的差距最终都会被市场所纠正。因此,市场价格低于或高于其内在价值时,便提供了买入或卖出的机会。

### (三)基本分析的适用范围

基本分析较适用于投资周期相对较长的证券价格预测、相对成熟的证券市场和预测精度要求不高的领域。基本分析法的优点为能较全面地把握证券价格的基本走势,应用起来相对简单;基本分析法的缺点是预测的时间跨度较长,预测的精确度较低,对短线投资者的指导作用很有限。

## 三、证券投资基本分析的研究内容

### (一)宏观经济分析

宏观经济分析主要探讨各经济指标和经济政策对证券价格的影响。其中,经济指标主要分为先行指标、同步指标和滞后指标；经济政策主要包括货币政策、财政政策、信贷政策、债务政策、税收政策、利率与汇率政策、产业政策和收入分配政策等。

### (二)行业分析和区域分析

行业分析，主要分析行业所属的不同市场类型、所处的不同生命周期以及行业的业绩对于证券价格的影响。行业的发展状况对该行业上市公司的影响是巨大的，投资某个上市公司就意味着投资某个行业。

区域分析，主要分析区域经济因素对于证券价格的影响。区域经济的发展必然影响到上市公司的发展，中国证券市场特有的"板块效应"就是由于各地区经济发展不平衡现象造成的。

### (三)公司分析

公司分析侧重对公司的竞争能力、盈利能力、经营管理能力、发展潜力、财务状况、经营业绩以及潜在风险等进行分析，借此评估和预测证券的投资价值、价格及未来变化趋势。公司分析是基本分析的重点。

## 第二节 宏 观 分 析

### 一、宏观经济分析概述

#### (一)宏观经济分析的概念

后疫情时代宏观经济政策影响分析.mp4

装钱的箱子被偷了——通货膨胀.mp4

宏观经济分析，就是从国家的整个经济、贸易、政治导向、就失业率、国民生产总值等综合的概括分析，以整个国民经济活动作为考察对象，研究各个有关的总量及其变动，特别是研究国民生产总值和国民收入的变动及其与社会就业、经济周期波动、通货膨胀、经济增长等之间的关系。

#### (二)宏观经济分析的基本方法

**1. 总量分析法**

总量分析法是指对影响宏观经济运行的总量指标及其变动规律进行分析，进而说明整个经济状态和全貌。总量分析法是从个量分析的加总中引出总量的分析方法，主要是一种动态分析，目的是研究总量指标的变动规律，总量分析的同时还应对同一时期内各总量指标的相互关系进行静态分析。

**2. 结构分析法**

结构分析法是指对经济系统中各组成部分及其对比关系变动规律的分析。结构分析主要是静态分析，即对一定时间内经济系统中各组成部分变动规律的分析。

总量分析需要结构分析来深化和补充；结构分析则要服从总量分析的目标。

## 二、宏观经济指标

### (一)宏观经济指标的类型

#### 1. 先行指标

先行指标主要包括货币供应量、股票价格指数等。这些指标总是比总体经济更早地发生转折,达到高峰或低谷。这类指标可以为将来的经济状况提供预警信息。例如,当先行指标连续几个月下降时,我们就有理由预测整个经济也可能出现下滑。

#### 2. 同步指标

同步指标主要包括失业率、国民生产总值等。通过这类指标计算出的国民经济转折点大致与总的经济活动的转变是同时的。

#### 3. 滞后指标

滞后指标主要包括银行短期商业贷款利率、工商业未还贷款等。这些指标反映出的国民经济转折点一般要比实际经济活动滞后3个月到半年。

### (二)宏观经济指标的分析方法

宏观经济分析可以通过一系列的经济指标的计算、分析和对比来进行。

#### 1. 计量经济模型

计量经济模型反映经济现象及其主要因素之间数量关系的方程式。计量经济模型主要有经济变量、参数以及随机误差三大要素。

#### 2. 概率预测

运用概率预测比较多也比较成功的是对宏观经济的短期预测,包括对实际国民生产总值及其增长率、通货膨胀率、失业率、利息率、个人收入、个人消费、企业投资、公司利润及对外贸易差额等指标的下一时期水平或变动率的预测。其中,最重要的是对前三项指标的预测。

### (三)宏观经济指标的分析

#### 1. 国内生产总值(GDP)

1) 指标含义

国内生产总值是指按国家市场价格计算的一个国家(或地区)所有常住单位在一定时期内生产活动的最终成果,常被公认为是衡量国家经济状况的最佳指标。国内生产总值是核算体系中一个重要的综合性统计指标,也是我国国民经济核算体系中的核心指标,它反映了一国(或地区)的经济实力和市场规模。1990年至今,我国GDP总量持续增加,截至2019年年底已达到90.0865万亿元,成为稳居世界第二位的经济体,但GDP增长率于2007年达到14.2%的峰值后逐年减低,至2019年已降至6.1%。

2) GDP 的变动对证券市场行情的影响

(1) 持续、稳定、高速的 GDP 增长对证券市场行情的影响。

伴随总体经济的增长，上市公司的经营环境不断改善，产销两旺，利润不断上升，股息不断增加，投资风险不断降低，促使公司的股票和债券等证券全面升值，促使上市公司的业绩不断攀升。如果证券市场上大多数上市公司是上面所描述的状态，那么整个证券市场行情也会出现牛市。而证券市场是一个国家经济的"晴雨表"，证券市场欣欣向荣，整个国家的总供给和总需求也就可以协调增长，促使经济进一步发展，形成良性循环。

由于对经济形势的良好预期，投资者的投资积极性异常高涨，加之国民收入和个人收入水平不断提高，导致对证券投资的需求增加，证券市场行情看涨。

(2) 高通货膨胀下的 GDP 增长对证券市场行情的影响。

高通胀表现为总需求大大超过总供给，是经济(严重失衡下的高速增长)形势恶化的征兆。此时，经济领域存在的各种矛盾会逐渐显现，居民的实际收入水平降低，上市公司面临经济困境，利润持续减少，最终导致证券市场一蹶不振。

(3) 宏观调控下的 GDP 减速增长对证券市场行情的影响。

当 GDP 呈失衡状态下的高增长时，为减缓其增长速度，政府必然采取相应的宏观调控措施，使 GDP 仍以适当的速度增长。若调控目标得以实现，有效地控制了 GDP 的高增长，亦未出现 GDP 的低增长或负增长，此时，经济领域的各种矛盾逐步解决并为 GDP 进一步增长创造了有利条件，证券市场将呈现平稳渐升态势。

(4) 转折性的 GDP 变动对证券市场行情的影响。

当 GDP 由负增长逐渐呈现正增长趋势时，表明经济形势逐渐向好，证券市场也将由下跌逐渐转为上升。当 GDP 由正增长逐渐呈现负增长趋势时，表明新一轮经济发展大潮已然来临，证券市场也将伴之以快速上涨；反之亦然。

实践证明，证券市场走势通常会超前于 GDP 的变动。也就是说，证券市场走势反映 GDP 的预期变动，对宏观经济具有预警作用。

**2. 采购经理人指数(PMI)**

采购经理人指数(Purchasing Managers' Index，PMI)，是衡量一个国家制造业的"体检表"，是衡量制造业在生产、新订单、商品价格、存货、雇员、订单交货、新出口订单和进口 8 个方面状况的指数。

采购经理人指数是经济先行指标中一项非常重要的附属指标，它是以百分比来表示，常以 50 作为经济强弱的分界点：当指数高于 50 时，则被解释为经济扩张的信号。当指数低于 50，尤其是非常接近 40 时，则有经济萧条的忧虑。一般在 40～50 时，说明制造业处于衰退，但整体经济还在扩张。

**3. 失业率**

1) 指标含义

失业率是指一定时期满足全部就业条件的就业人口中仍未有工作的劳动力数字，旨在衡量闲置中的劳动产能，是反映一个国家或地区失业状况的主要指标。失业数据的月份变动可适当反映经济发展。失业率与经济增长率具有反向的对应变动关系。

失业率=失业人数/(在业人数+失业人数)

美国非农就业数据是美国失业率数据中的一项，反映出农业就业人口以外的新增就业人数，和失业率同时发布，由美国劳工部统计局在每月第一个星期五美国东部时间 8:30 也就是北京时间星期五 20:30 发布前一个月的数据。目前为止，该数据是美国经济指标中最重要的一个指标，是影响股指、大宗商品走势的重要因素。目前，我国城镇调查失业率数据与月度工业、投资、消费数据由国家统计局于每月中上旬一同发布。

2) 失业率变动对证券市场行情的影响

一般情况下，失业率下降，代表整体经济健康发展，利于证券价格上涨；失业率上升，便代表经济发展放缓衰退，不利于证券价格上涨。若将失业率配以同期的通胀指标来分析，则可知当时经济发展是否过热，是否构成加息的压力，或是否需要通过减息以刺激经济的发展。

**4. 通货膨胀率**

1) 指标介绍

(1) 通货膨胀的含义。

对于通货膨胀的含义，学者有多种解释，代表性观点有两种：其一，通货膨胀会造成一国货币贬值，该国国内主要商品的物价普遍、持续、不可逆地上涨；其二，在货币流通条件下，因货币实际需求小于货币供给，也即现实购买力大于产出供给，导致货币贬值，而引起的一段时间内物价持续而普遍上涨的现象。其实质是社会总供给小于社会总需求(供远小于求)。

(2) 通货膨胀的发展阶段。

以通货膨胀的剧烈程度不同，可将通货膨胀分为温和通货膨胀、严重通货膨胀、恶性通货膨胀 3 种。

① 温和通货膨胀。价格上涨缓慢且可以预测。可以将其定义为年通货膨胀率为 10%以内的通货膨胀，此时的物价相对来说比较稳定。

② 严重通货膨胀。当总价格水平以每年 10%～100%比率上涨时，即产生了这种通货膨胀。这种通货膨胀局面一旦形成并稳固下来，便会出现严重的经济扭曲。

③ 恶性通货膨胀。最恶性的通货膨胀，通货膨胀率超过 100%，货币几乎无固定价值，物价时刻在增长，其灾难性的影响使市场经济变得一无是处。

(2) 通货膨胀的衡量指标。

通货膨胀的衡量指标有很多，如居民消费价格指数(CPI)、生产者价格指数(PPI)、商品零售价格分类指数等，其中常用的为 CPI、PPI。

① 居民消费价格指数。

消费者物价指数(consumer price index，CPI)，又名居民消费价格指数，简称 CPI，是一个反映居民家庭一般所购买的消费品和服务项目价格水平变动情况的宏观经济指标。它是在特定时段内度量一组代表性消费商品及服务项目的价格水平随时间而变动的相对数，是用来反映居民家庭购买消费商品及服务的价格水平的变动情况，是一个月内商品和服务零售价变动系数。

消费者物价指数测量的是随着时间的变化，包括 200 多种各式各样的商品和服务零售价格的平均变化值。这 200 多种商品和服务被分为 8 个主要的类别。在计算消费者物价指数时，每一个类别都有一个能显示其重要性的权数。这些权数是通过向成千上万的家庭和个人，调查他们购买的产品和服务而确定的。权数每两年修正一次，以使它们与人们改变了的偏好相符。

CPI 月度数据由国家统计局通过新闻发布的形式统一公布，公布形式包括国务院统一安排的新闻发布会和国家统计局官方网站的传播。国家统计局发布 CPI 的时间，月度一般在月后 13 日左右，季度、年度则延至月后 20 日左右。消费价格指数公布内容包括：全国及各省(区、市)CPI；36 个大中城市 CPI。国家统计局 CPI 月度新闻稿中含有总指数、大类指数及部分中类指数(如食品类中的粮食价格、油脂价格、肉禽及制品价格、鲜蛋价格、水产品价格、鲜菜价格、鲜果价格、调味品价格等)的变化描述。

② 生产者价格指数。

生产者价格指数是一个用来衡量制造商出厂价的平均变化的指数。如果生产者物价指数比预期数值高，表明有通货膨胀的风险；如果生产者物价指数比预期数值低，则表明有通货紧缩的风险。PPI 的上涨反映了生产者价格的提高，相应地，生产者的生产成本增加，最终会转嫁到消费者身上，导致 CPI 上涨。因此，PPI 是衡量通货膨胀的潜在性指标。

2) 通货膨胀率对证券市场价格的影响

通货膨胀率作为一个衡量宏观经济的重要指标，将对证券市场产生较大影响。一方面，在通货膨胀的情况下，经济的稳定增长受到威胁，企业利润变得不稳定，投资趋于茫然，投资者心态受到严重影响，政府采取的反通货膨胀政策，如紧缩的货币、财政政策会使股票市场上的货币供给受到不利的影响。这些都会使股价上升缺少实质性的支撑。另一方面，由于通货膨胀主要是因为货币供应量过多造成的，货币供应量增多，开始时一般能刺激生产，增加公司利润，引起股价上涨。在通胀后期，如果人们预期通货膨胀即将结束，通货膨胀使企业的产品销售价格高于工资和其他成本的增幅，通货膨胀也会促进投资和企业盈利的增加，这又会使股价上升。通货紧缩带来的经济负增长使得房地产等资产价格大幅下降，银行资产状况严重恶化，相比之下，又大大挫伤投资者对证券市场的信心，股票价格也将大幅下挫。

具体来说，不同的通货膨胀程度对证券市场的影响是不同的。

(1) 温和的、稳定的通货膨胀对股价的影响较小。通货膨胀提高了投资者对债券的收益率的要求，从而引起债券价格的下跌。

(2) 如果通货膨胀在一定的可容忍范围内增长，而经济处于景气(扩张)阶段，产量和就业都持续增长，那么股价也将持续上升。通货膨胀时期并不是所有价格和工资都按同一比率变动，也就是相对价格发生变化。这种相对价格的变化会导致财富和收入的再分配，产员和就业的扭曲，使得某些公司可能从中获利，而另一些公司可能蒙受损失。与之相应的是获利公司的股票上涨；相反，受损失的公司股票下跌。

(3) 严重的通货膨胀是很危险的，经济将被严重扭曲，这时人们将会囤积商品，购买房屋以期对资金保值。这可能从四个方面影响股价：①资金流出金融市场，引起股价下跌。②经济扭曲和失去效率，企业一方面筹集不到必需的生产资金，同时，原材料、劳务价格等成本飞涨，使企业经营严重受挫，盈利水平下降，甚至倒闭。③通货膨胀使得各种商品的价格具有更大的不确定性,也使得企业未来经营状况具有更大的不确定性,进而影响市场对股息的预期,并增大获得预期股息的风险,从而导致股价下跌。④恶性通货膨胀下,政府会采取加息的措施加以调控,加息会增加企业融资成本,导致经济下行。

(4) 通货膨胀之初"税收效应""负债效应""存货效应""波纹效应"有可能刺激股价上升。但长期的通货膨胀,必然恶化经济环境、社会环境,股价必受大环境的驱使而下跌,短期效应的表现便不复存在。

### 5. 利率

1) 指标含义

利率是指借款、存入或借入金额(称为本金总额)中每个期间到期的利息金额与票面价值的比率。利率是决定企业资金成本高低的主要因素,同时也是企业筹资、投资的决定性因素,对金融环境的研究必须注意利率现状及其变动趋势。

2) 利率对证券市场价格的影响

利率的升降和经济景气程度负相关,在经济环境不景气的情况下,利率会下降,刺激居民储蓄货币的消费和流动,而消费带来企业的活力,企业有利润就会提高就业,提高投资,上市公司的业绩就会提高,相应地就提高了股票的估值,降低了市盈率,反映在股价上就是上涨。反之,利率上涨,往往发生在经济过热或者经济泡沫显现的时候。抑制过热的投资,消弭经济危机的爆发。居民消费能力降低,企业融资难度提高,业绩预期下降,股价就中长期看跌了。

对个股来说,有很多资本密集型板块是和利率有直接关系的。例如房地产板块,众所周知房地产行业高度依赖资金的生存环境,利率下降,有利于其获得融资,同时房地产连带地影响到建材、钢铁等领域。证券板块也被动地因为利率下降,股市提振而利好。而对银行板块而言,加息提高了息差增加利润是利好,降息消除了系统性风险,但是息差降低导致利润下降。

### 6. 货币供应量

1) 指标含义

货币供应量是指在一国经济中,一定时期内可用于各种交易的货币总存量。货币供应量可以按照货币流动性的强弱划分为不同的层次,即M0、M1、M2⋯货币供应量的初始供给是中央银行提供的基础货币。这种基础货币经过商业银行无数次的存入和支取,派生出许多存款货币,使其出现多倍数的货币扩张。我国现行货币统计制度将货币供应量划分为三个层次。

(1) 流通中现金(M0),指单位库存现金和居民手持现金之和,其中"单位"指银行体系以外的企业、机关、团体、部队、学校等单位。

(2) 狭义货币供应量(M1),指M0加上单位在银行的可开支票进行支付的活期存款。

(3) 广义货币供应量(M2),指M1加上单位在银行的定期存款和城乡居民个人在银行的各项储蓄存款以及证券公司的客户保证金。

2) 货币供应量与证券市场价格的关系

(1) 从总量上看。凯恩斯将货币当作一种资产,其收益率为0,风险为0,流动性无限大。在均衡时，人们持有一部分货币，一部分证券。平均收益率、平均风险、平均流动性介于两者之间。当货币供应增加时，人们持有比均衡时更多的货币，为了使平均收益率、平均风险、平均流动性保持不变，必定要将多出来的货币用于购买一部分证券，促使价格上涨。反之，货币供应量减少，则会导致证券价格下降。

(2) 从相对关系上看。M1 流动性强，反映消费能力；M2 反映投资能力。如果一定时期内 M1 增长过快，则意味着消费过热、投资不足；如果 M2 增长过快，则意味着需求不足、投资过热。

7. 汇率

1) 指标含义

汇率又称外汇利率、外汇汇率或外汇行市，指的是两种货币之间兑换的比率，亦可视为一个国家的货币对另一种货币的价值。具体是指一国货币与另一国货币的比率或比价，或者说是用一国货币表示的另一国货币的价格。

汇率的标价方法包括直接标价法和间接标价法两种。直接标价法，又叫应付标价法，是以一定单位(1、100、1000、10 000)的外国货币为标准来计算应付出多少单位本国货币。就相当于计算购买一定单位外币所应付多少本币，所以叫应付标价法。包括中国在内的世界上绝大多数国家目前都采用直接标价法。在国际外汇市场上，日元、瑞士法郎、加元等均为直接标价法，如日元 119.05 即 1 美元兑 119.05 日元。间接标价法又称应收标价法，它是以一定单位(如 1 个单位)的本国货币为标准，来计算应收若干单位的外国货币。在国际外汇市场上，欧元、英镑、澳元等均为间接标价法，如欧元 0.9705，即 1 欧元兑 0.9705 美元。

2) 汇率与证券市场价格的关系

汇率变动对一国进出口贸易有着直接的调节作用。在一定条件下，通过使本国货币对外贬值，即汇率下降，会起到促进出口、限制进口的作用，对出口行业有利、不利于进口行业，如人民币贬值对服装纺织行业、玩具生产加工行业这些出口行业会产生利好，带动相关企业股票价格上升；反之，本国货币对外升值，即汇率上升，则起到限制出口、增加进口的作用，对依赖进口的企业形成利好，带动其股票价格上涨。

另外，货币升值可导致境外热钱流入房地产、金融行业和股票市场，促使相关资产价格出现大幅上涨甚至泡沫，严重时会导致经济衰退和危机。日本经济的衰退就是一个前车之鉴。1985 年 9 月，为促使美元有序贬值，由美国牵头，美、日、德、法、英五国在纽约广场签订《广场协议》，《广场协议》签订之后，五国开始在外汇市场抛售美元，美元贬值，其他四国货币相应升值，其中，日元兑美元汇率三年间升值了一倍，从 240∶1 飙升至 120∶1。日元大幅升值打击了日本的出口企业，日本政府为了支持企业维持高出口额，减轻企业债务，采取了宽松的货币政策，连续 5 次下调利率。降低利率保住了日本企业的生产和出口，企业挣得的外汇源源不断地涌入日本的银行。为了扩大营业利润，日本银行想尽各种办法，利用超低利率拼命发放贷款，来自银行的大量贷款流入房地产市场开始推高房价，1987 年，东京的房价涨了 53%。同一时期，国际热钱的涌入加速了日本房地产泡沫的膨胀，签订《广场协议》之后，日元每年保持 5%的升值水平，热钱涌入导致股价和房价快速上涨，从而吸引更多的国际资本进入日本投机，日元继续升值，股市房价继续上涨，泡沫越吹越大，至 1989 年日本房价上涨近 90%，日本股市累计上涨了 213%，而同期日本名义 GDP 的年增幅只有 5%左右。1989 年，日本政府开始施行紧缩的货币政策，虽然戳破了泡沫经济，但股价和地价短期内下跌 50%左右，银行形成大量坏账，日本经济进入长期的衰退期。

## 三、宏观经济政策

### (一)宏观经济政策概述

#### 1. 宏观经济政策的概念

"宏观经济政策"(macroeconomic policy)是指国家或政府有意识有计划地运用一定的政策工具，调节控制宏观经济的运行，以达到一定的政策目标。宏观经济政策包括货币政策、财政政策、外汇政策等。国家宏观调控的政策目标，一般包括充分就业、经济增长、物价稳定和国际收支平衡等。

#### 2. 宏观经济政策对证券市场的主要影响

1) 对企业经济效益的影响

公司的经济效益会随着宏观经济运行周期、宏观经济政策、利率水平和物价水平等宏观经济因素的变动而变动。无论从长期还是短期看，宏观经济环境是影响公司生存、发展的最基本因素。

2) 对居民收入水平的影响

居民收入水平的提高会直接促进证券市场投资需求的提高。在经济周期处于上升阶段或在提高对居民收入水平政策的作用下，居民收入水平提高将会在一定程度上拉动消费需求，从而增加相关企业的经济效益。

3) 对投资者股价预期的影响

当宏观经济趋好时，投资者预期公司效益和自身的收入水平会上升，从而推动市场平均价格走高；当宏观经济趋坏时，投资者对证券市场信心下降，从而促使市场平均价格走低。

4) 对资金成本的影响

当经济政策发生变化时，国家调整利率水平、征收利息税等政策以及实施消费信贷政策会影响居民、单位的资金持有成本。如征收利息税的政策和利率水平的降低，将会促使部分资金由银行储蓄变为投资，从而影响证券市场的走向。

### (二)货币政策

#### 1. 货币政策的含义

货币政策也就是金融政策，是指中央银行为实现其特定的经济目标而采用的各种控制和调节货币供应量和信用量的方针、政策和措施的总称，包括信贷政策、利率政策和外汇政策。

#### 2. 货币政策的手段

货币政策工具体系可以分为：主要的一般性的工具、选择性的工具和补充性工具等。

1) 一般性工具

(1) 法定存款准备金率。

法定存款准备金率是指存款货币银行按法律规定存放在中央银行的存款与其吸收存款的比率。法定存款准备金率政策的真实效用体现在它对存款货币银行的信用扩张能力、对货币乘数的调节。由于存款货币银行的信用扩张能力与中央银行投放的基础货币存在乘数关系，而乘数的大小与法定存款准备金率成反比。因此，若中央银行提高法定存款准备金率，则限制了存款货币银行的信用扩张能力，降低了货币乘数，最终起到收缩货币供应量和信贷量的效果；反之亦然。

(2) 再贴现(rediscount rate)。

再贴现是指存款货币银行持客户贴现的商业票据向中央银行请求贴现，以取得中央银行的信用支持。就广义而言，再贴现政策并不单纯指中央银行的再贴现业务，也包括中央银行向存款货币银行提供的其他放款业务。再贴现政策的基本内容是中央银行根据政策需要调整再贴现率(包括中央银行掌握的其他基准利率，如其对存款货币银行的贷款利率等)，当中央银行提高再贴现率时，存款货币银行借入资金的成本上升，基础货币得到收缩；反之亦然。与法定存款准备金率工具相比，再贴现工具的弹性相对要大一些、作用力度相对要缓和一些。但是，再贴现政策的主动权却操纵在存款货币银行手中，因为向中央银行请求贴现票据以取得信用支持，仅是存款货币银行融通资金的途径之一，存款货币银行还有其他的诸如出售证券、发行存单等融资方式，因此，中央银行的再贴现政策是否能够获得预期效果，还取决于存款货币银行是否采取主动配合的态度。

(3) 公开市场业务(open market operation)。

中央银行公开买卖债券等的业务活动即为中央银行的公开市场业务。中央银行在公开市场开展证券交易活动，其目的在于调控基础货币，进而影响货币供应量和市场利率。公开市场业务是比较灵活的金融调控工具，中国人民银行主要采用债券逆回购开展公开市场业务。

(4) 创新的货币政策工具。

① SLF(Standing Lending Facility)，常备借贷便利。它是中国人民银行于2013年借鉴国际经验创设的正常流动性供给渠道，主要功能是满足金融机构期限较长的大额流动性需求。其对象主要为政策性银行和全国性商业银行，期限为1~3个月，利率水平根据货币政策调控、引导市场利率的需要等综合确定。

② MLF (Medium-term Lending Facility)，中期借贷便利，于2014年9月为中国人民银行创设，也是抵押贷款，不过贷款期限要长一些，期限3个月且可展期属于定向投放，要求各行投放"三农"和小微贷。它的目的主要是刺激商业银行向特定的行业和产业发放贷款。

③ SLO(Short-term Liquidity Operations)，短期流动性调节工具。这是中国人民银行于2018年1月引入的新工具，以7天期以内短期回购为主，遇节假日可适当延长操作期限，采用市场化利率招标方式开展操作。中国人民银行根据货币调控需要，综合考虑银行体系流动性供求状况、货币市场利率水平等多种因素，灵活决定该工具的操作时机、操作规模及期限品种等。该工具原则上在公开市场常规操作的间歇期使用。

④ PSL(Pledged Supplementary Lending)。PSL作为一种新的储备政策工具，有两层含

义，首先是量的层面，是基础货币投放的新渠道；其次是价的层面，通过商业银行抵押资产从中国人民银行获得融资的利率，引导中期利率，即3~5年的利率。

2) 选择性货币政策工具

传统的三大货币政策都属于对货币总量的调节，以影响整个宏观经济。在这些一般性政策工具以外，还可以有选择地对某些特殊领域的信用加以调节和影响。其中包括利率最高和最低限制、信用配额、流动比率、道义劝告、窗口指导等。

### 3. 货币政策的类型

货币政策包括宽松货币政策、紧缩货币政策和稳健的货币政策。

1) 宽松货币政策

宽松货币政策(easy monetary policy)总体来说是增加市场货币供应量，比如直接发行货币，在公开市场上买债券，降低准备金率和贷款利率等。

2) 紧缩货币政策

紧缩货币政策是中央银行为实现宏观经济目标所采用的一种政策手段。这种货币政策是在经济过热、总需求大于总供给、经济中出现通货膨胀时，所采用的紧缩货币的政策。

3) 稳健的货币政策

稳健的货币政策是使本国币值稳定的国家经济政策与宏观调控手段。使本国币值稳定的根本是货币发行量与国家有效经济总量等比增长。利率稳定、汇率稳定、进出口持平、以直接投融资为主导的金融体制，也是使本国币值稳定的必要手段。

### 4. 货币政策与证券市场价格的关系

货币政策对证券价格的影响是直接的、迅速的。

1) 宽松货币政策

当中央银行降低存款准备金率，降低再贴现/再贷款利率时，买进政府债券，对外投放货币，增加市场货币流通，促使商业银行扩大信用规模，降低利率，促进投资的发展，稳定物价、充分就业、促进经济增长和平衡国际收支等，会促进证券价格上涨。

2) 紧缩货币政策

中央银行采用紧缩货币政策旨在通过控制货币供应量，使利率升高，从而达到减少投资，压缩需求的目的。总需求的下降，会使总供给和总需求趋于平衡，降低通货膨胀率，对证券价格产生不利影响。

3) 稳健的货币政策

稳健的货币政策禁止用货币手段(超发基础货币、利率手段)调节经济，禁止以物价适度上涨促进经济增长。稳健的货币政策不但避免因货币政策造成物价上涨，而且对非货币政策造成的物价上涨(如投机垄断、经济结构失衡、消费预期误导)也用宏观调控手段加以控制，对证券价格的影响为中性。

## (三)财政政策

### 1. 财政政策的含义

财政政策是指为促进就业水平提高，减轻经济波动，防止通货膨胀，实现稳定增长而对政府财政支出、税收和借债水平所进行的选择，或对政府财政收入和支出水平所做的决策。

#### 2. 财政政策的各种手段

1) 国家预算

国家预算是政府的基本财政收支计划，是财政政策的主要手段。在一定时期，当其他社会需求总量不变时，财政采用结余政策和压缩财政支出具有减少国家预算总需求的功能；财政赤字具有扩张社会总需求的功能。财政投资的多少和投资方向直接影响和制约国民经济的部门结构，因而具有造就未来经济结构框架的功能，也有矫正当期结构失衡状态的功能。

2) 税收

税制的设置可以调节和制约企业间的税负水平；税收还可以根据消费需求和投资需求的不同对象设置税种或在同一税种中实行差别税率以控制需求数量和调节供求结构；进口关税政策和出口退税政策对于国际收支平衡具有重要的调节功能。

3) 国债

国债用于农业、能源、交通和基础设施等国民经济的薄弱部门和瓶颈产业，可以调节国民收入的使用结构和产业结构，调整固定资产投资结构，促进经济结构的合理化。政府可以通过发行国债调节资金供求和货币流通量。国债的发行对证券市场资金的流向格局也有较大影响。如果一段时间内，国债发行量较大且具有一定的吸引力，将会分流证券市场的资金。

4) 财政补贴

财政补贴是国家为了某种特定需要，将一部分财政资金无偿补助给企业和居民的一种再分配形式。我国财政补贴主要包括价格补贴、企业亏损补贴、房租补贴、财政贴息、职工生活补贴和外贸补贴等。

5) 财政管理体制

财政管理体制主要功能是调节各地区、各部门之间的财力分配，是中央与地方、地方各级政府之间以及国家与企事业单位之间自检管理权限和财力划分的一种根本制度。

6) 转移支付制度

转移支付制度的主要功能是调整中央政府和地方政府之间的财力纵向不平衡，调整地区间财力横向不平衡，它是中央财政将集中的一部分财政资金，按一定的标准拨付给地方财政的一项制度。

#### 3. 财政政策的类型

财政政策分为扩张性财政政策、紧缩性财政政策和中性财政政策。

1) 扩张性财政政策

经济衰退时期，通过发行国债，增加财政支出和减少税收，以刺激总需求增长，降低失业率，促使经济尽快复苏，这称之为扩张性财政政策。

2) 紧缩性财政政策

紧缩性财政政策是宏观财政政策的类型之一，是指通过增加财政收入或减少财政支出以抑制社会总需求增长的政策。由于增收减支的结果集中表现为财政结余,因此,紧缩性财政政策也称盈余性财政政策。

3) 中性财政政策

中性财政政策指国家财政分配活动对社会总需求的影响保持中性,既不产生扩张也不产生紧缩后果的政策。一般而言,这种政策可以理解为收支平衡政策,按这一政策的要求,不宜有大量的结余,也不允许有大量的赤字。

4. 财政政策与证券价格的关系

1) 扩张性财政政策

扩张性财政政策将刺激经济发展,证券市场将走强,具体体现为以下几点。

(1) 减少税收,降低税率,扩大减免税范围。调整税收可以增加微观经济主体的收入,刺激其投资需求和消费支出,直接引起证券市场价格上涨;上市公司利润增加,再生产规模不断扩大,从而促进其在证券市场的股票价格上涨;市场需求高涨,上市公司经营环境良好、盈利能力提高,有效降低债券的还本付息风险,债券价格也将上扬。

(2) 增加财政支出、提高政府购买水平。增加财政支出可增加总需求,使上市公司经营风险下降、业绩提高。居民收入水平提高,从而使证券市场行情看涨。提高政府购买水平,增加政府在道路、桥梁、港口等非竞争性领域的投资,可直接增加其对相关产业(如水泥、钢铁、建材、机械等产业)的产品需求,这些产业的发展又形成对其他产业的需求,以乘数的方式促进经济发展,可使上市公司的利润增加,居民收入水平提高,从而使证券市场行情看涨。

(3) 减少国债发行(或回购部分短期国债)。国债发行规模的缩减,使市场可供交易的券种数量减少,从而打破证券市场原有的供求平衡,导致更多的资金投向股票,推动证券市场行情上涨。

(4) 增加财政补贴。增加政府支出、刺激供给,扩大消费需求和投资需求,从而使证券市场行情看涨。

2) 紧缩性财政政策

紧缩性财政政策使得过热的经济受到控制,证券市场也将走弱。具体体现为以下几点。

(1) 增加税收,提高税率,缩小减免税范围。调整税收可以减少微观经济主体的收入,抑制投资需求和消费支出,直接引起证券市场价格下降;上市公司利润减少,再生产规模不断缩小,从而促进其在证券市场的股票价格下降;市场需求低迷,上市公司经营环境恶化、盈利能力下降,有效增加债券的还本付息风险,债券价格也将下降。

(2) 减少财政支出、降低政府购买水平。减少财政支出可减少总需求,使上市公司经营风险提高、业绩下降。居民收入水平降低,从而使证券市场行情下跌。降低政府购买水平,可直接降低其对相关产业的产品需求,并以乘数的方式限制经济总体发展水平,可使上市公司的利润减少,居民收入水平下降,从而使证券市场行情下跌。

(3) 增加国债发行。国债发行规模的增加,使市场可供交易的券种数量增加,从而打破证券市场原有的供求平衡,导致投向股票的资金减少,对股票价格产生不利影响。

(4) 减少财政补贴和转移支付。减少政府支出、抑制供给,缩小消费需求和投资需求,从而使证券市场行情看跌。

3) 中性财政政策

中性财政政策对实体经济及证券市场的影响很小。

## 四、经济周期

### (一)经济周期的概念

经济周期(Business Cycle)，也称商业周期、景气循环，经济周期一般是指经济活动沿着经济发展的总体趋势所经历的有规律的扩张和收缩，是国民总产出、总收入和总就业的波动，是国民收入或总体经济活动扩张与紧缩的交替或周期性波动变化。经济周期包括繁荣、衰退、萧条和复苏四个阶段。

### (二)经济周期的投资策略

美林投资时钟理论是由美林证券提出的根据成熟市场的经济周期进行资产配置的投资方法，如图 7-1 所示。

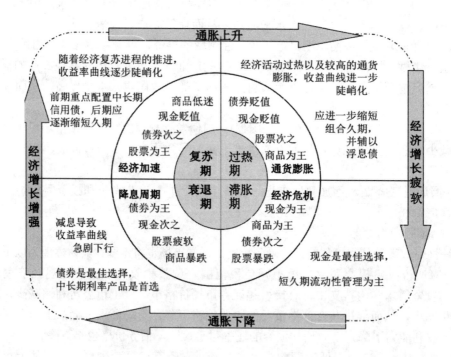

图 7-1　美林投资时钟

#### 1. 衰退阶段

对应美林时钟的 6～9 点。在此阶段，公司产能过剩，盈利能力下降，在去库存压力下商品的价格下行，表现为低通货膨胀甚至通货紧缩。在此阶段，政府会实行宽松的货币政策并引导利率走低以提振经济。在衰退阶段，债券是表现最好的资产类，但股票的吸引力逐步增强。

## 2. 复苏阶段

对应美林时钟的 9~12 点。经济开始增长，但是过剩产能还没有完全消化，因此通货膨胀程度依然较低。随着需求的回暖，企业经营状况得到改善，股票类资产迎来黄金期。

## 3. 过热阶段

对应美林时钟的 12~3 点。产能不断增加，通货膨胀高企，大宗商品资产是最好的选择。

## 4. 滞胀阶段

对应美林时钟的 3~6 点。此时经济增长已经降低到合理水平以下，通货膨胀仍然继续，工资成本和资金成本的上升不断挤压企业利润空间，股票和债券都比较差，现金是投资的首选。

美林投资时钟为宏观、中观和市场研究找到了好的契合点，有较强的逻辑性和操作性，易于逐月追踪和实时进行组合调整。其缺点在于，经济周期的运行并不是一成不变的，相反，可能出现经济阶段的跳跃和反复。

# 第三节 中观分析

哪些行业值得长期投资？.mp4

## 一、证券投资中观分析概述

### (一)中观分析的概念

中观分析即行业分析，是指根据经济学原理，综合应用统计学、计量经济学等分析工具对行业经济的运行状况、产品生产、销售、消费、技术、行业竞争力、市场竞争格局、行业政策等行业要素进行深入的分析，从而发现行业运行的内在经济规律，进而预测未来行业发展的趋势。行业分析是介于宏观经济与微观经济分析之间的中观层次的分析，是发现和掌握行业运行规律的必经之路，是行业内企业发展的大脑，对指导行业内企业的经营规划和发展具有决定性意义。

### (二)行业分类方法

#### 1. 道·琼斯分类法

道·琼斯分类法是证券指数统计中最常用的分类法之一。它将大多数股票分为三类，即工业、运输业和公用事业。

在道·琼斯指数中，工业类股票选取的 30 家公司中包括采掘业、制造业和商业；运输业类股票选取的 20 家公司中包括航空、铁路、汽车运输和航运业；公用事业类股票选取的 15 家公司中包括电话公司、煤气公司和电力公司等。尽管入选道·琼斯指数的股票不包括行业中的全部股票，但所选择的这些股票却足以表明某个行业的一种趋势。

## 2. 标准行业分类法

为了便于汇总各国的统计资料，进行对比，联合国经济和社会事务统计局曾制定了《全部经济活动国际标准行业分类》(International Standard Industrial Classification of All Economic Activities，简称《国际标准行业分类》)，建议各国采用。它把国民经济划分为10个门类，对每个门类再划分大类、中类、小类。

## 3. 我国国民经济的行业分类方法

国家统计局将行业分为三大类。

(1) 第一产业为农业(包括农、林、牧、渔、水利业等)。

(2) 第二产业为工业(包括采掘业、制造业、自来水、电力、煤气)和建筑业。

(3) 第一、第二产业以外的各行业为第三产业，主要指向全社会提供各种各样劳务的服务型行业，具体包括交通运输、邮电通信业、商业、饮食业、仓储业、房地产、公用事业、居民服务和咨询服务业、卫生、体育和社会福利业等。

## 4. 中国上市公司的行业分类

上市公司的行业分类标准，依旧以摩根士丹利和标准·普尔公司联合发布的全球行业分类标准(GICS)为基础，参照中国证监会《上市公司行业分类指引》进行调整。主要分为能源、原材料、工业、可选消费、主要消费、健康护理、金融、信息技术、电讯和公用事业10个大的行业。10个大的行业包括行业主要类别，如金融包括银行、保险、房地产、多样化金融，工业包括商业服务、航空货运与快递、定期航班、海运、公路和铁路等。

# 二、行业发展与经济周期变化的关系分析

按照行业发展与经济周期变化的关系，可以将行业分为增长型行业、周期型行业、防御型行业。

## (一)增长型行业

增长型行业主要依靠技术的进步、新产品推出及更优质的服务，从而使其经常呈现出增长形态。增长型行业的运行状态与经济活动总水平的周期及其振幅并不紧密相关。高增长行业为投资者提供了一种财富套期保值的手段。在经济高涨时，高增长行业的发展速度高于平均水平；在经济衰退时期，其所受影响较小甚至仍能保持一定的增长。因为这些行业股票价格不会明显地随着经济周期的变化而变化，所以投资者难以把握精确的购买时机。

## (二)周期型行业

周期型行业的运动状态与经济周期紧密相关。当经济处于上升时期，对这些行业相关产品的需求相应增加，因而，这些行业会紧随其扩张和发展；但当经济衰退时，这些行业相关产品的需求被延迟到经济改善后，因而这些行业也相应衰退。典型的周期型行业是消费业、耐用品制造业及其他需求收入弹性较高的行业。

### (三)防御型行业

防御型行业与周期型行业刚好相反,其运动状态与经济周期无关,原因是该行业的产品需求相对稳定,需求弹性小,无论宏观经济处于经济周期的哪个阶段,产品的销售收入和利润均呈增长态势或变化不大。即使经济处于衰退阶段,对这种行业的影响也有限,有些防御型行业在经济衰退阶段甚至还会有一定的增长。正是由于这个原因,投资于防御型行业属于收入投资,而非资本利得投资。防御型行业的产品往往是必要的公共服务或是生活必需品,社会对其产品有相对稳定的需求。典型的防御型行业是食品业和公用事业。

## 三、行业的竞争结构分析

一个行业的成熟过程还包括公司竞争环境的变化。我们用迈克尔·波特的五力模型来考察行业结构竞争策略和盈利能力之间的关系。迈克尔·波特的五力模型着重强调五个决定性因素:新进入者威胁、现有竞争者威胁、替代品压力、买方议价能力及供给方议价能力,如图7-2所示。

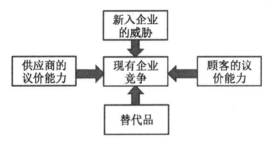

图 7-2 波特五力模型

#### 1. 新进入者威胁

行业的新进入者会对价格和利润产生巨大压力,甚至当其他公司还未真正进入该行业时就会对价格产生压力,因为较高的价格和利润率会促使新的竞争者进入这个行业。因此,进入壁垒成为行业获利能力的重要决定因素。进入壁垒有多种形式,例如,通过长期的商业往来,现有公司和消费者已经建立了牢固的分销渠道,这对于一个新进入者来说成本很大。商标、版权使市场新进入者很难在新市场立足,因为这使得新企业面临严重的价格歧视。在为市场服务时,知识和专利保护让某些公司具有一定优势。最后,市场中现有企业的奋斗经历也可能为其提供优势,因为这些经验是通过长期经营获得的。

#### 2. 现有竞争者威胁

当某一行业存在一些竞争者时,由于它们试图不断扩大各自市场份额,从而导致价格战,降低了边际利润。如果行业本身增长缓慢,这些竞争就会更加激烈,因为此时的扩张意味着掠夺竞争对手的市场份额。固定成本较高也会对降价产生压力,因为固定成本将使公司利用其完全生产能力进行生产。如果每个企业生产的产品相同,它们的价格竞争压力就会增加,公司很难在区分产品的基础上进行竞争。

### 3. 替代品压力

如果一个行业的产品存在替代品,那么意味着该产品面临相关行业的竞争压力。例如,糖业将面临玉米糖浆制造业的竞争,毛纺厂将面临合成纤维厂商的竞争。替代品的存在对厂商向消费者索取高价形成了无形限制。

### 4. 买方议价能力

如果某采购者购买了某一行业的大部分产品,那么他就能掌握很大的谈判主动权,进而可以压低价格。例如,汽车厂商可以对汽车零部件的生产者施加压力,从而会降低汽车零部件行业的盈利能力。

### 5. 供给方议价能力

如果重要投入品的供给方厂商处于垄断地位,就可以索取较高价格,从需求方行业赚取较高利润。一个特殊的例子就是工会——生产的关键投入品的工人组织。当工人市场具有高度的组织性和统一性,行业中大部分的潜在利润就会被工人占有。

需求方能否得到相关的替代品是决定供给方议价能力的关键因素。如果存在替代品,而且需求者可以获得该产品,供给方就失去了议价资本,因此,也就难以向需求方索取高价。

## 四、行业生命周期分析

行业生命周期(Industry Life Cycle)指行业从出现到完全退出社会经济活动所经历的时间。行业的生命发展周期主要包括四个阶段:幼稚期、成长期、成熟期、衰退期。

### (一)幼稚期

这一时期的产品设计尚未成熟,行业利润率较低,市场增长率较高,需求增长较快,技术变动较大,行业中的企业主要致力于开辟新用户、占领市场,但此时技术上有很大的不确定性,在产品、市场、服务等策略上有很大的余地,对行业特点、行业竞争状况、用户特点等方面的信息掌握不多,企业进入壁垒较低。处于幼稚期的公司财务上可能没有盈利,甚至出现较大亏损。

处于初创期的产业,由于产业创立不久、厂商较少、收益较少,甚至亏损,因而在传统的证券市场上是不符合上市条件的。为了满足这些产业发展对资本的需求,推进经济结构的调整和升级,除风险投资基金外,许多国家和地区纷纷创立上市条件有别于传统证券市场的、便于新兴产业上市融资的新型证券市场。正是基于对未来高成长的预期,一些处于初创期的产业的证券表现常常极为出色,但由于这种价格的大幅扬升没有其业绩基础,而初创期产业的风险较大,因而必然是投机性的,证券价格的大幅波动不可避免。

### (二)成长期

这一时期的市场增长率很高,需求高速增长,技术渐趋稳定,行业特点、行业竞争状况及用户特点已比较明朗,企业进入壁垒提高、产品品种及竞争者数量增多。在市场竞争优胜劣汰规律的作用下，市场上生产厂商的数量会在一个阶段后出现大幅度减少，之后开始逐渐稳定下来。由于市场需求趋向饱和，产品的销售增长率减慢，迅速赚取利润的机会减少，整个行业便开始进入成熟期。

处于成长期的产业由于利润快速增长，因而其证券价格也呈现快速上扬趋势。由于证券价格的上涨有业绩为基础，所以这种证券价格的上扬是明确的，并且具有长期性质。证券价格也会因对未来成长的过度预期和对这种过度预期的纠正而出现中短期波动。另外，由于在产业快速成长的同时产业内部会出现厂商之间的分化，相应地，证券价格也表现为，在某一成长性产业的证券价格快速上涨的同时，个别证券却表现不佳。

### (三)成熟期

这一时期的市场增长率不高，需求增长率不高，技术上已经成熟，行业特点、行业竞争状况及用户特点非常清晰和稳定，买方市场形成，行业盈利能力下降，新产品和产品的新用途开发更为困难，行业进入壁垒很高。行业处于成熟期的主要特点如下。

(1) 企业规模空前、地位显赫、产品普及程度高。

(2) 构成支柱产业地位，其生产要素份额、产值及利税份额在国民经济中占主要地位。但通常在短期内很难识别一个行业何时真正进入成熟期。

(3) 行业生产能力接近饱和，市场需求也趋于饱和，买方市场出现。

处于成熟期的产业是蓝筹股的集中地。由于处于成熟期的产业已经形成垄断，产业发展的空间已经不大，所以产业快速成长的可能性已经很小，但一般能保持适度成长，而且垄断利润丰厚。所以，其证券价格一般呈现稳步攀升之势，大涨和大跌的可能性都不大，颇具长线持筹的价值。

### (四)衰退期

行业衰退可以分为偶然衰退和自然衰退。偶然衰退是指在偶然的外部因素作用下或者延后发生的衰退；自然衰退是一种自然状态下到来的衰退。行业衰退还可以分为相对衰退和绝对衰退。相对衰退是指因结构性原因或者无形原因引起行业地位和功能发生衰减的状况，而并不一定是行业实体发生了绝对的萎缩；绝对衰退是指行业本身内在的衰退规律起作用而发生的规模萎缩、功能衰退、产品老化。

衰退期出现在较长的稳定期之后。大量替代品出现，原行业产品的市场需求开始减少，产品的销售量也开始下降，同时某些厂商开始向其他更有利可图的行业转移，资产数目减少、利润水平停滞不前或不断下降，出现萧条景象。至此，整个行业便进入了衰退期。

但在很多情况下，行业的衰退期往往比行业生命周期的其他三个阶段的总和还要长，行业都是衰而不亡，甚至会与人类社会长期共存。典型行业有钢铁业、纺织业。

处于衰退期的产业由于已丧失发展空间，所以在证券市场上全无优势，是绩平股、垃圾股的摇篮。一般情况下，这类产业的股票常常是低价股，不引人关注。但在我国目前的现实情况下，由于上市资格控制较严，因此衰退型产业的上市证券虽然也常常为低价股、绩差股或绩平股，但因买壳、借壳或资产重组而出现飙升行情。这一状况会随着证券发行审核制度的改革而逐步消失。

## 五、影响行业兴衰的因素

### (一)需求

人类社会的物质文化需求是行业诞生和发展的最基本、最重要的条件,也是产业经济活动的原动力;新行业的形成过程是对社会潜在需求的发现和满足;潜在需求达到相当规模时新行业的形成才有可能;需求的性质决定行业的性质;需求的总量决定行业成熟后的规模;需求的稳定和饱和度推动行业的生命周期的进程。

### (二)技术进步

技术进步是满足社会潜在需求的关键,也是行业诞生与发展的助推器;技术进步可以改变生产方式,刺激和创造市场需求,拓展行业的发展空间;技术进步促进行业的更新和加速升级,也是行业衰退的强大杠杆。

### (三)政府的干预与调控

政府干预与调控是经济规律的一部分,其目的在于反垄断、反欺诈,维护经济的自由和公平竞争;政府干预与调控的行业主要有城市公用事业、公共运输业、关系经济发展全局和国家安全的行业和一般竞争性行业。

### (四)社会习惯的改变

社会习惯关系到消费、储蓄、投资、贸易等经济领域的诸多方面,因而必然对产业的诞生与发展起到不可忽视的重要作用。

### (五)经济全球化的影响

经济全球化使得行业出现全球性转移的趋势,高新技术逐渐成为发达国家的主导产业,传统的劳动密集型产业甚至低端制造技术的资本密集型产业加速向发展中国家转移;国际分工发生重要变化;贸易与投资一体化。

# 第四节 微观分析

从财务数据看贵州茅台的独占鳌头.mp4

好企业的标准.mp4

## 一、微观分析的概念

微观分析即公司分析,公司分析主要是一个定性分析过程,重点是围绕公司的内部条件、财务状况和外部环境整合,分析公司的经营现状、优势与劣势、面临的挑战与发展机遇、发展的可行性与持续性等,从而发现公司潜在的盈利能力,明确公司最重要的利润增长点和最主要的业务风险。

## 二、公司经营能力分析

### (一)公司法人治理结构

#### 1. 股权结构规范

股权结构是公司法人治理结构的基础。治理结构出现问题的上市公司都与不规范的股权结构有关。规范的股权结构包括三层含义：其一是降低集中度；其二是流通股股权适度集中；其三是股权保持流动性。

#### 2. 股东大会制度切实有效

股东大会制度是确保股东充分行使权利的最基础的制度安排。有效的股东大会制度应具备规范的召开与表决程序；给予每个提案合理的讨论时间；对董事会的授权原则、授权内容应具体明确；股东大会会议时间、地点的选择应有利于让尽可能多的股东参加会议；充分运用现代信息技术手段，扩大股东参与股东大会的比例等。

#### 3. 健全的法人治理机制

完善的独立董事制度；董事会权利的合理界定与约束；监事会的独立性和监督责任；相关利益者的共同治理。

### (二)公司的总体素质

#### 1. 公司经理层的素质

公司经理层应具备的素质主要包括：①从事管理工作的愿望；②专业技术能力；③良好的道德品质和修养；④人际关系协调能力。在一定意义上，公司经理层的素质直接决定着企业发展的成功与否。

#### 2. 公司从业人员素质

公司从业人员素质主要包括：必要的专业技术能力、对企业的忠诚度、对工作的责任感、团队合作精神和创新能力。公司从业人员素质也会对公司的发展起到至关重要的作用。

## 三、公司财务分析

### (一)主要的财务报表

#### 1. 资产负债表

1) 含义及意义

资产负债表是显示公司在某一特定时点财务状况的静态报告(瞬时写照)，显示公司在某一时点所拥有或控制的经济资源、所承担的现有义务和所有者对净资产的要求权。通过账户式资产负债表，可以反映资产、负债和所有者权益之间的内在关系，并达到资产负债表左方和右方平衡。同时，资产负债表还提供年初数和期末数的比较资料。

2) 证券投资分析中应重点关注的项目

(1) 货币资金：表明公司拥有的现金流，关系到公司的生存问题。

(2) 预收和应收账款：关系到未来公司能够变现或可能实现的实际利润。

(3) 存货：投资者在实地调查中应关注企业存货的种类，是产成品还是原材料。产成品居多说明公司可能存在产品积压，销售不畅；原材料居多说明公司可能有大量订单，销售兴旺。

(4) 无形资产及其他资产：在提倡科技致富的今天，无形资产及其他资产对于企业来说特别重要，它是企业核心竞争力的体现。企业是否值得长期投资，在某种程度上取决于该企业的无形资产及其他资产。

(5) 根据该表计算出来的流动比率、速动比率等反映短期偿债能力的指标，以及负债比率等反映长期偿债能力的指标。

### 2. 利润及利润分配表

1) 利润表

利润表是公司在一定期间生产经营成果的动态报告，显示了公司运用所拥有的资产投资获利的能力。利润表是通过一定期间的营业收入与其同一会计期间相关的营业费用进行配比，计算公司的净利润(或净亏损)。

2) 利润分配表

利润分配表是利润表的附表，它是显示公司在一定期间对实际净利润的分配或亏损弥补的会计报表。利润分配表反映的是利润表上净利润的分配情况或亏损的弥补情况，同时也反映除利润分配的构成以及年末未分配利润的数额。

利润及利润分配表全面反映了企业的股东权益在年度内的变化情况，便于会计信息使用者深入分析企业股东权益的增减变化情况，并进而对企业的资本保值增值情况做出正确判断，提供对决策有用的信息。

### 3. 现金流量表

1) 含义及意义

现金流量表是显示公司在特定时间内的现金收支状况，表明公司获得现金和现金等价物的能力。它是评估公司偿债能力和经营发展的基础。现金流量表通过单独反映经营活动产生的现金流量，可以了解企业在不动用企业外部筹得资金的情况下，凭借经营活动产生的现金流量是否足以偿还负债、支付股利和对外投资。

2) 投资者应重点关注的项目

(1) 经营活动产生的现金流量。反映公司在不动用公司外部筹得资金的情况下，凭借经营活动产生的现金流量是否足以偿还负债、支付股利和对外投资。

(2) 投资活动产生的现金流量。反映公司未获得未来收益和现金流量而导致资源转出的程度，以及以前资源转出带来的现金流入的信息。

(3) 筹资活动产生的现金流量。可帮助投资者和债权人预计对公司未来现金流量的要求权以及获得前期流入需付出的代价。

3) 现金流量表的分析要点

(1) 经营性现金流量为负数。经营活动所产生的现金流量是公司生存和发展的基础，如果此项结果为负值，说明公司从销售商品和劳务之中取得的现金收入不能满足维持当期营运资本正常运行的支付。导致这种结果的原因有两种。

① 公司正在快速成长。处于高速成长期的公司，其销售收入每年都保持很高的增长率。经理人员预见到了市场需求的巨大潜力，就会扩大在存货、广告费用和人员工资上的支出，以期在下一个年度带来更大的现金流量。此举的直接结果就是使当期销售所产生的现金流入小于当期在营运资金上的支出，出现负的经营性现金流量。

② 经营业务亏损或对营运资本管理不力。因外购商品和劳务形成的成本高与公司产品和劳务的售价而形成的现金流量负值比较严重。激烈的行业内部竞争压低销售价格，高成本的企业就会面临这种困境，因销售不力而导致产品积压同样会导致当期现金流入不足，必须通过加强营运资金的管理予以解决。

(2) 经营活动所产生的现金流量与净收益之间的巨大差额。这种情况一般是由于应收账款的剧增或投资收益及营业外收入的变化造成的。

① 应收账款剧增。销售行为发生后，不管有没有收到现金，都会在账面上表现为销售收入。如果产品的销售价高于成本，将直接增加净收益。现金流量则是销售收入减去应收账款的部分，是公司当期收到的现金。所以二者可能存在巨大差异。

② 投资收益及营业外收入的变化。投资收益及营业外收入的增加直接作用于营业利润，进而增加净利润，而对经营活动所产生的现金流量没有影响。所以二者可能存在巨大差异。

(3) 投资活动的现金流向是否与企业战略一致。投资活动的现金流量的流向是对企业主业战略的贯彻。例如，公司决定了以电脑生产行业为主业的战略，投资现金流量就应该表现为用以建立、收购或兼并电脑的生产型和科技型企业的现金支出，而对其他与主业发展关系不大的企业，公司应收回投资和处理固定资产，表现为投资活动的现金流入。如果投资活动的现金流量表现得非常分散，说明公司投资方向不明，可能是管理层正在试图通过投资多元化来降低收益的波动性。多元化一般带来公司成长率的下降，在对公司未来的业绩进行预测时要考虑这个因素。

(4) 投资活动的资金来源是依赖于内源融资还是外源融资。如果投资活动所需资金可以完全由经营性现金流量支持，说明公司的发展依赖于内源融资；反之，如果需要通过借债或配股筹资来支持投资活动，说明公司比较依赖于外源融资。一般来说，依赖内源融资的企业财务状况较为稳健，对债权人和股东的要求较少，投资于这种企业增值快。依赖于外源融资会加速企业资产规模膨胀的速度，但是如果这种增长是依赖于债务型融资，会增加企业财务危机的可能性；如果依赖于配股融资，则会降低净资产收益率。这两种情况对于公司现有股东都是不利的。

(5) 筹资活动现金流量的主要来源是股票筹资、短期负债还是长期负债。不同形式的筹资活动对企业经营风险和收益的影响是有差别的。一般来说，股票筹资对公司经营的压力较小，短期负债过大将会限制企业经营的灵活性。但是，如果企业的财务杠杆率较低，同时企业所属行业的获利能力比较稳定，比如供电供水、公路收费等公用事业类公司，增加短期负债和长期负债在企业财务结构中的比重，会提高公司的净资产收益率。

## (二)公司财务报表分析方法

### 1. 比较分析法

比较分析法是财务报表分析中使用的最基本的方法,是对两个或几个有关的可比数据进行对比,以揭示财务指标的差异和变动关系。

### 2. 因素分析法

因素分析法是依据分析指标和影响因素的关系,从数量上确定各因素对财务指标的影响程度。

## (三)财务指标分析

### 1. 反映偿债能力的财务指标

1) 流动比率

流动比率是流动资产除以流动负债的比值。其计算公式为:

$$流动比率=流动资产/流动负债$$

流动比率可以反映公司的短期偿债能力。经验表明,生产型公司合理的最低流动比率维持在 2 比较合适。因为流动资产中变现能力较差的存货等资产约占流动资产的一半左右,流动负债的清偿才有所保障。流动比率排除了公司规模不同的影响,更适合公司之间以及本公司不同历史时期的比较。

2) 速动比率

速动比率是从流动资产中扣除存货部分再除以流动负债的比值。其计算公式为:

$$速动比率=(流动资产-存货)/流动负债$$

在计算速动比率时把存货从流动资产中剔除的主要原因如下。

(1) 在流动资产中,存货的变现速度最慢。

(2) 由于某种原因,部分存货可能已损失报废但还没做处理。

(3) 部分存货已抵押给某债权人。

(4) 存货估价还存在与合理市价相差悬殊的问题。

综合上述原因,在不希望企业用变卖存货的办法还债以及排除使人产生种种误解因素的情况下,把存货从流动资产总额中扣除后计算出的速动比率,反映的短期偿债能力更令人信服。

一般认为,速动比率维持在 1 比较合适。这表明每 1 元的流动负债就有 1 元容易变现的流动资产来抵偿,短期偿债能力就有可靠保障。速动比率过高,表明公司在速动资产上占用的资金过多,有可能增加企业投资的机会成本;速动比率过低则表明公司的短期偿债风险较大。不同行业的速动比率有不同的标准,所以在分析速动比率时必须考虑行业的特点。

3) 现金比率

现金比率是指公司在会计期末拥有的现金余额和同期各项流动负债总额的比率。其计算公式为:

$$现金比率=现金余额/流动负债$$
$$经营净现金比率=经营活动中的净现金流量/流动负债$$

该比率反映公司获得现金偿还短期债务的能力。

### 2. 反映长期偿债能力的财务指标

1) 资产负债率

资产负债率是债权人的权益对总资产的比率,它反映在总资产中多大比例是通过借债来筹资的,也可以衡量公司在清算时保护债权人利益的程度,安全优质的资产也是现金流的保证。

$$资产负债率=债务总额/资产总额$$

资产负债率对债权人来说,希望债务比例越低越好,公司偿债有保证,贷款不会有太大的风险。资产负债率对于股东来说,负债比例越大越好(在全部资本利润率高于借款利息率时);否则相反。资产负债率对于经营者来说,利用资产负债率制定介入资本决策时,必须充分估计可能增加的风险,在两者之间权衡利害得失,做出正确决策。

2) 产权比率

产权比率又称债务股权比率,是负债总额与股东权益总额之间的比率。其计算公式为:

$$产权比率=负债总额/股东权益$$

该项指标反映由债权人与股东提供的资本的相对关系,反映公司基本财务结构是否稳定,一般情况下,股东资本大于介入资本较好,但也并不绝对。产权比率低,是低风险、低报酬的财务结构;产权比率高,是高风险、高报酬的财务结构。

3) 利息保障倍数

利息保障倍数指标是指企业息税前利润与利息费用的比率,用以衡量偿付借款利息的能力。其计算公式为:

$$利息保障倍数=息税前利润/利息费用$$

公式中的"息税前利润"是指利润表中未扣除利息费用和所得税之前的利润,可以用"利润总额加利息费用"来预测。

公式中的"利息费用"是指本期发生的全部应付利息,不仅包括财务费用中的利息费用,还应包括计入固定资产成本的资本化利息。利息保障倍数的重点是衡量企业支付利息的能力,没有足够大的息税前利润,资本化利息的支付就会发生困难。

### 3. 反映营运能力的财务指标

营运能力是指公司经营管理中利用资金运营的能力,一般通过公司资产管理比率来衡量,主要表现为资产管理和资产利用的效率。资产管理比率通常又称运营效率比率,主要包括存货周转率(存货周转天数)、应收账款周转率(应收账款周转天数)、流动资产周转率、固定资产周转率和总资产周转率等。

1) 存货周转率和存货周转天数

存货的流动性一般用存货的周转速度指标来反映,即存货周转率或存货周转天数。存货周转率是营业成本与平均存货之比,即存货的周转次数。它是衡量和评价公司购入存货、投入生产、销售收回等各环节管理状况的综合性指标。用时间表示的存货周转率就是存货周转天数。其计算公式为：

$$存货周转率=营业成本/平均存货(次)$$

$$存货周转天数=360/存货周转率(天)$$

公式中的"营业成本"数据来源于利润表；"平均存货"数据来源于资产负债表中的"存货"期初数与期末数的平均数。

通常，存货周转速度越快，存货转为现金或应收账款的速度越快，公司管理的效率越高；反之亦然。但并非存货周转率越高越好。在分析时还应对存货的结构以及影响存货周转速度的重要项目进行分析。

2) 应收账款周转率和周转天数

应收账款和存货一样，在流动资产中有着举足轻重的地位。及时收回应收账款，不仅可以增强企业的短期偿债能力，也反映出企业管理应收账款方面的效率。用时间表示的应收账款周转率就是应收账款周转天数。其计算公式为：

$$应收账款周转率=营业收入/平均应收账款(次)$$

$$应收账款周转天数=360/应收账款周转率(天)$$

公式中的"营业收入"数据来自利润表，是指扣除折扣和折让后的销售净额。"平均应收账款"是指未扣除坏账准备的应收账款金额，是资产负债表中的"应收账款余额"期初数与期末数的平均数。

一般来说，应收账款周转率越高、平均收账期越短，说明应收账款的收回越快；否则，企业的营运资金会过多地呆滞在应收账款上，影响正常的资金周转。

3) 流动资产周转率

流动资产周转率是营业收入与全部流动资产的平均余额的比值。其计算公式为：

$$流动资产周转率=营业收入/平均流动资产(次)$$

其中，

$$平均流动资产=(资产负债表中的流动资产合计期初数+期末数)/2$$

流动资产周转率反映流动资产的周转速度。延缓周转速度，需要补充流动资产，形成资金浪费，降低公司盈利能力；周转速度快，会相对节约流动资产，等于相对资产投入，增强公司盈利能力。

4) 固定资产周转率

固定资产周转率是销售收入与全部固定资产平均余额的比值。其计算公式为：

$$固定资产周转率=销售收入/平均固定资产(次)$$

其中，

$$平均固定资产=(年初固定资产+年末固定资产)/2$$

该比率是衡量企业运用固定资产效率的指标，比例越高，表明固定资产运用效率高，利用固定资产的效果好。

5) 总资产周转率

总资产周转率是销售收入与平均资产总额的比值，反映公司总资产的周转速度。其计算公式为：

$$总资产周转率=销售收入/平均资产总额$$

公式中的"平均资产总额"是资产负债表中的"资产总计"期初数与期末数的平均

数。总资产周转率越高，说明公司的总资产周转越快，销售能力越强。公司可以通过薄利多销的方法，加速资产的周转，带来利润绝对额的增加。

**4. 反映盈利能力的财务指标**

企业盈利能力分析主要反映资产利用的结果，即企业利用资产实现利润的状况，通过对盈利能力指标的长期趋势分析，可判断公司的投资价值。

1) 营业净利率

营业净利率是指净利润与营业收入的百分比，其计算公式为：

$$营业净利率=净利润/营业收入\times100\%$$

该指标反映每1元营业收入带来的净利润是多少，表示营业收入的收益水平。

净利润与营业净利率成正比，营业收入额与营业净利率成反比。公司在增加营业收入额的同时，必须相应获得更多的净利润，才能使营业净利率保持不变或有所提高。通过分析营业净利率的升降变动，可以促使公司在扩大营业业务收入的同时，注意改进经营管理，提高盈利水平。

2) 营业毛利率

毛利是营业收入与营业成本的差，营业毛利率是毛利占营业收入的百分比。其计算公式为：

$$营业毛利率=(营业收入-营业成本)/营业收入\times100\%$$

营业毛利率表示每1元营业收入扣除营业成本后，有多少钱可以用于各项期间费用和形成盈利。营业毛利率是公司营业净利率的基础，没有足够高的毛利率便不能盈利。

3) 资产净利率

资产净利率是公司净利润与平均资产总额的百分比。其计算公式为：

$$资产净利率=净利润/平均资产\times100\%$$

该指标越高，表明资产的利用效率越高，说明公司在增加收入和节约资金使用等方面取得了良好的效果；否则相反。资产净利率是一个综合指标，公司的资产是由投资人投资或负债形成的。为了正确评价公司经济效益的高低、挖掘提高利润水平的潜力，证券分析师可以用该项指标与计划、与本公司前期、与本行业内先进公司和本行业平均水平进行对比，分析形成差异的原因。影响资产净利率高低的因素主要有资金占用量的大小、产品的价格、产品的产量和销售的数量、单位成本的高低等。

**5. 反映投资收益的财务指标**

1) 每股收益(EPS)

$$每股收益=净利润/公司发行在外普通股总数$$

使用每股收益指标分析投资收益时要注意以下问题：每股收益不反映股票所含有的风险；每股收益多，不一定意味着多分红，还要看公司的股利分配政策；不同股票的每一股在经济上不等量，它们所含有的净资产和市价不同，即换取每股收益的投入量不同，限制了公司间每股收益的比较。

2) 市盈率(PE)

市盈率又称本益比，是(普通股)每股收益与每股市价的比率。其计算公式为：

市盈率=每股收益/每股市价(倍)

该指标是衡量上市公司盈利能力的重要指标，反映投资者对每 1 元净利润所愿支付的价格，可以用来估计公司股票的投资报酬和风险，是市场对公司的共同期望指标。一般来说，市盈率越高，表明市场对公司的未来越看好。在市价确定的情况下，每股收益越高，市盈率越低，投资风险越小；反之亦然。

使用市盈率指标时应注意以下问题：在每股收益很小或亏损时，由于市价不至于降为零，公司的市盈率会很高，如此情形下的高市盈率不能说明任何问题。该指标也不能用于不同行业公司的比较。同时，市盈率的高低受市价的影响，而影响市价变动的因素很多，包括投机炒作等，因此观察市盈率的长期趋势很重要，但市盈率的理想取值范围没有统一标准。

3) 股利支付率

股利支付率是普通股每股股利与每股收益的百分比。其计算公式为：

股利支付率=每股股利/每股收益×100%

该指标反映公司股利分配政策和支付股利的能力。

与股利支付率指标关系比较紧密的一个指标是股票获利率，是指每股股利与每股市价的比率。其计算公式为：

股票获利率=普通股每股股利/普通股每股市价×100%

股票获利率主要应用于非上市公司的少数股权。在这种情况下，股东难以出售股票，有能力影响股利分配政策，他们持有公司股票的主要动机在于获得稳定的股利收益。

4) 每股净资产

每股净资产又称每股账面价值或每股权益，是年末净资产(即年末股东权益)与发行在外的年末普通股股数的比值。用公式表示为：

每股净资产=年末净资产/发行在外的年末普通股股数

这里的年末股东权益指扣除优先股权益后的余额。

该指标反映发行在外的每股普通股所代表的净资产成本即账面权益。每股净资产在理论上提供了股票的最低价值。因每股净资产是用历史成本计量的，既不反映净资产的变现价，也不反映净资产的产出能力。每股净资产在理论上提供了股票的最低价值。

5) 市净率(PB)

市净率是每股市价与每股净资产的比值。其计算公式为：

市净率=每股市价/每股净资产(倍)

市净率是将每股股价与每股净资产相比，表明股价以每股净资产的若干倍在流通转让，评价股价相对于每股净资产而言是否被高估。市净率是证券分析师判断某股票投资价值的重要指标。市净率越大，投资价值越低；市净率越小，说明股票的投资价值越高，股价的支撑越有保证。

### 6. 反映现金流量的财务指标

现金流量分析不仅要依靠现金流量表，还要结合资产负债表和利润表。

1) 流动性分析

流动性是指将资产迅速转变为现金的能力。根据资产负债表确定的流动比率也能反映流动性，但有很大的局限性。一般来讲，真正能用于偿还债务的是现金流量，所以，现金流量和债务的比较可以更好地反映公司偿还债务的能力。

(1) 现金到期债务比。现金到期债务比是经营现金净流量与本期到期债务的比值，其计算公式为：

$$现金到期债务比 = 经营现金净流量 / 本期到期的债务$$

公式中，经营现金净流量是现金流量表中的经营活动产生的现金流量净额；本期到期的债务是指本期到期的长期债务和本期的应付票据。

(2) 现金债务总额比。现金债务总额比是经营现金净流量与负债总额的比值，其计算公式为：

$$现金债务总额比 = 经营现金净流量 / 债务总额$$

此项比值越高，表明公司承担债务的能力越强。同时，该比值也体现了企业最大付息的能力。

(3) 现金流动负债比。现金流动负债比是经营现金净流量与流动负债的比值，其计算公式为：

$$现金流动负债比 = 经营现金净流量 / 流动负债$$

此项比值越高，说明公司承担流动债务的能力越强。

2) 获取现金能力分析

获取现金能力是指经营现金净流入和投入资源的比值。投入资源可以是营业收入、营运资金、总资产、普通股股数或净资产等。

(1) 营业现金比率：

$$营业现金比率 = 经营现金净流量 / 营业收入$$

公式中的"营业收入"为应向购买者收取的增值税进项税额。该比率反映每 1 元营业收入得到的净现金，其数值越大越好。

(2) 全部资产现金回收率：

$$全部资产现金回收率 = 经营现金净流量 / 资产总额 \times 100\%$$

该指标说明公司资产产生现金的能力。

(3) 每股营业现金净流量：

$$每股营业现金净流量 = 经营现金净流量 / 普通股股数$$

该指标反映公司最大分派股利的能力，超过此限度，就要借款分红。

3) 财务弹性分析

财务弹性是指公司适应经济环境变化和利用投资机会的能力。这种能力来源于支付现金股利和现金流量的比较，现金流量超过需要，有剩余的现金，适应性就强。财务弹性是用经营现金流量与支付要求进行比较，其中，支付要求可以是投资需求或承诺支付等。

(1) 现金股利保障倍数：

$$现金股利保障倍数 = 每股营业现金净流量 / 每股现金股利$$

该比率越大，说明支付现金股利的能力越强。

(2) 现金满足投资比率：

$$现金满足投资比率 = 近 5 年经营活动现金净流量 / 近 5 年资本支出、存货增加、现金股利之和$$

该比率越大，说明资金自给率越高。达到 1 时，说明公司可以用经营活动获取的现金满足扩充所需资金；若小于 1，则说明公司是靠外部融资来补充。

4) 收益质量分析

收益质量是指报告收益与公司业绩之间的关系。如果收益不能很好地反映公司业绩，则认为收益的质量不好；如果收益能如实反映公司业绩，则认为收益的质量好。从现金流量表的角度来看，收益质量分析主要是分析会计收益与现金净流量的比率关系，其主要的财务比率是营运指数。

$$营运指数 = 经营现金净流量 / 经营所得现金$$

$$经营所得现金 = 经营净收益 + 非付现费用 = 净利润 - 非经营收益 + 非付现费用$$

营运指数小于 1，说明收益质量不高。

### 7. 杜邦分析方法

杜邦分析就是利用几种主要的财务比率之间的关系来综合分析企业的财务状况，这种分析方法最早由美国杜邦公司使用，故名杜邦分析法。杜邦分析法是用来评价公司盈利能力和股东权益回报水平，从财务角度评价企业绩效的一种经典方法。其基本思想是将企业净资产收益率逐级分解为多项财务比率乘积，这样有助于深入分析比较企业经营业绩。

杜邦分析法中的几种主要的财务指标关系为：

$$净资产收益率(ROE) = 资产净利率(净利润/总资产) \times 权益乘数(总资产/总权益资本)$$

而：

$$资产净利率(净利润/总资产) = 销售净利率(净利润/营业总收入) \times$$
$$资产周转率(营业总收入/总资产)$$

即：

$$净资产收益率(ROE) = 销售净利率(NPM) \times 资产周转率(AU，资产利用率) \times 权益乘数(EM)$$

(1) 净资产收益率是一个综合性最强的财务分析指标，是杜邦分析系统的核心。

(2) 资产净利率是影响权益净利率的最重要的指标，具有很强的综合性，而资产净利率又取决于销售净利率和总资产周转率的高低。总资产周转率反映总资产的周转速度。对资产周转率的分析，需要对影响资产周转的各因素进行分析，以判明影响公司资产周转的主要问题在哪里。销售净利率反映销售收入的收益水平。扩大销售收入，降低成本费用是提高企业销售利润率的根本途径，而扩大销售，同时也是提高资产周转率的必要条件和途径。

(3) 权益乘数表示企业的负债程度，反映了公司利用财务杠杆进行经营活动的程度。资产负债率高，权益乘数就大，说明公司负债程度高，公司会有较多的杠杆利益，但风险也高；反之，资产负债率低，权益乘数就小，说明公司负债程度低，公司会有较少的杠杆利益，但相应所承担的风险也低。

### (四)财务报表附注分析

会计报表附注是为了便于会计报表使用者理解会计报表的内容而对会计报表的编制基础、编制依据、编制原则和方法及主要项目等所做的解释。它是对会计报表的补充说明，是决算报告的重要组成部分。

## 1. 公司会计报表附注的主要项目

企业的年度会计报表附注一般披露如下内容。

(1) 重要会计政策和会计估计的说明；

(2) 不符合会计核算前提的说明；

(3) 重要会计政策和会计估计变更的说明以及重大会计差错更正的说明；

(4) 资产负债表日后事项的说明；

(5) 或有事项的说明；

(6) 对关联方关系及其交易的说明；

(7) 重要资产转让及其出售的说明；

(8) 企业合并、分立的说明；

(9) 会计报表重要项目的说明；

(10) 企业所有者权益中，国家所有者权益各项目的变化数额及其变化原因；

(11) 收入说明；

(12) 所得税的会计处理方法，即企业的所得税会计处理是采用应付税款法，还是采用纳税影响会计法；

(13) 企业执行国家统一规定的各项改革措施、政策，对财务状况发生重大事项的说明；

(14) 合并会计报表的说明；

(15) 企业主辅分离、辅业改制情况的说明；

(16) 有助于理解和分析会计报表需要说明的其他事项。

## 2. 会计报表附注对基本财务比率的影响

会计报表附注提供与会计报表所反映的信息相关的其他财务信息。投资者通过分析会计报表附注对基本财务比率的影响，为其决策提供更充分的信息。

1) 对变现能力比率的影响

变现能力比率主要有流动比率和速动比率，其分母均为流动负债，不包括或有负债。或有负债在会计报表附注中披露，但不在会计报表中反映。只有同时满足如下三个条件才能把或有事项确认为负债，列示于资产负债表上：该义务的履行很可能导致经济利益流出企业；该义务是企业承担的现时义务；该义务的金额能够可靠地计量。

变现能力分析应该结合会计报表附注，如果存在或有负债，显然会减弱企业流动资产的变现能力。如果存在未披露的或有负债，更会令变现能力指标的准确性大打折扣。

2) 对运营能力比率的影响

运营能力比率是用来衡量公司在资产管理方面的效率的财务比率。运营能力比率包括应收账款周转率、存货周转率等。

(1) 对存货周转率的影响。

存货周转率是营业成本与平均存货的比值。正确理解其分子和分母的意义都应该仔细阅读会计报表附注。由于除了个别计价法外，存货的实物流转与价值流转并不一致，只有应用个别计价法计算出来的存货周转率才是"标准的"存货周转率。因而，其他存货流转假设是采用一定技术方法在销售成本和期末存货之间进行分配。营业成本和平均存货存在此消彼长的关系,这种关系在应用先进先出法和后进先出法时表现得特别明显。

现实经济生活中,通货膨胀不容忽视,物价普遍呈持续增长趋势,在先进先出法下销售成本偏低,而期末存货则高,这样计算出来的存货周转率偏低;而应用后进先出法则相反。

(2) 对应收账款周转率的影响。

应收账款周转率是营业收入与平均应收账款的比率。由于收入确认是一项重要的会计政策,因而本指标的分析不可避免地要参考会计报表附注。有关收入确认方法的规定包括收入准则(目前仅适用上市公司)和行业会计制度。对于同一笔业务是否确认收入,收入准则较行业会计制度要严格得多,因而对于同样的业务,按收入准则确认的收入一般较遵照行业会计制度确认的收入要少,因此其应收账款周转率也偏低。

3) 对负债比率的影响

由于或有负债的存在,资产负债表确认的负债并不一定完整反映企业的负债总额。因而分析资产负债率时,不得不关注会计报表附注中的或有事项。不考虑或有负债的资产负债率夸大了企业的偿债能力。此外,还有一项重要因素影响企业的长期偿债能力,即长期租赁。

4) 对盈利能力比率的影响

盈利能力比率的分子都是净利润,影响利润的因素就是影响盈利能力的因素。一般来说,企业的盈利能力分析只涉及正常的营业状况。非正常的营业状况也会给企业带来收益或损失,但只是特殊状况下的个别结果,不能说明企业的盈利能力。这主要包括:证券买卖等非经常项目;已经或将要停止的营业项目;重大事故或法律更改等特别项目;会计准则和财务制度变更带来的累积影响等因素。以上这四个项目无一例外要从会计报表附注中获得资料。

此外,影响企业利润的主要因素如下。

(1) 存货流转假设。在物价持续上涨的情况下,采用后进先出法计算出的营业成本较高,其利润则偏低;采用先进先出法结转的营业成本较低,因而计算出的利润偏高。

(2) 计提的损失准备。不同类型公司计提的准备金不同,这些准备金的计提方法和比例会影响利润总额。

(3) 长期投资核算方法,即采用权益法还是成本法。一般情况下,每个会计年度要根据本企业占被投资单位的投资比例和被投资单位所有者权益变动情况确认投资损益。而在采用成本法的情况下,只有实际收到分得的利润或股利时才确认收益。

(4) 固定资产折旧是采用加速折旧法还是直线法。加速折旧法下末期的利润一般要大于直线法。在加速折旧法下的前几期,其利润要小于直线法。

(5) 收入确认方法。按收入准则确认的收入较按行业会计制度确认的收入要保守,一般情况下,其利润也相对保守。

(6) 关联方交易。关联方交易的大比例变动往往存在粉饰财务报告的可能。这些影响利润的因素,凡可能增加企业利润的,会增加企业的盈利能力;反之,则削弱企业的盈利能力。

(7) 或有事项的存在。或有负债有可能导致经济利益流出企业，未做记录的或有负债可能减少企业的预期利润。

## 本章小结

(1) 了解证券投资基本的概念和意义；熟悉证券投资基本分析的方法。

(2) 掌握宏观分析的基本方法；掌握宏观经济变量与证券价格的关系；掌握宏观经济政策与证券价格的关系。

(3) 熟悉行业的分类方法；掌握行业的市场结构；掌握行业的生命周期；掌握行业的经济周期影响度；掌握波特五力模型；熟悉影响行业兴衰的因素。

(4) 熟悉公司基本分析；熟悉公司经营能力分析；掌握公司财务分析。

## 翻转话题

### 召开证券公司晨会

5 人分成一小组，选出组长、主持人、主讲人、PPT 制作人、资料搜集人和整理人。制作晨会 PPT 进行陈述，时间为每组 10~15 分钟。内容可涉及但不局限于：国内外经济形势、国内外宏观经济政策、大盘走势回顾与展望、推荐板块、推荐个股、新股申购、分红派息、召开股东大会等信息。

## 课程思政案例

### 财务造假引发的"血案"：千亿药企撕破脸，创始人损失 351 亿身家

从上小学的时候，老师就经常跟我们说，考试不能作弊。因为作弊是不对的行为，而且作弊的后果也很严重。在商业界中，就有这样的一个人，他原本是商场中的"优等生"，却因为一场财务"作弊"而跌落神坛，还因此而损失了 351 亿元的身家。这个人，就是康美药业的创始人马兴田。

对于康美药业，我想大家应该都不陌生，作为医药行业的巨头企业，康美药业一直受到很多消费者和投资者的青睐。然而，2019 年，一场财务造假风波，让这个千亿药企彻底撕破了脸面。其造假的严重程度，更是震惊了整个 A 股，堪称史上情节最恶劣的财务造假事件。

康美药业创始人马兴田 1969 年出生于广东的一个小山村，家庭条件贫苦。也正因如此，马兴田并没有什么很高的学历，很早的时候就外出打工了。恰逢 90 年代，国内掀起一股下海创业的热潮，马兴田就跟着潮流一起，下海创业。

直到遇到妻子许冬瑾，马兴田才找到了方向。许冬瑾出身中医世家，在当地开了一家药铺。改革开放以后，不少国外企业涌入国内，西医治疗也在不断取代中医。很多人开始

觉得中医不行而转行，但马兴田却觉得中医依旧蕴藏着很大的商机。

于是，马兴田通过囤积三七，然后高价卖出，赚了不少钱。1997年，康美药业正式成立。当然最初的康美药业，并没有我们看到的这么大规模，它不过就是一家民办的小药厂罢了。虽然起点不高，但是成长却十分迅速。因为马兴田具备经商的潜能，在他的带领下，康美药业一路狂奔，短短四年时间就成功上市。

上市之后的康美药业，发展的脚步依旧没有停歇，大步向前跨进。2015年康美药业的市值成功突破了千亿元，成为国内屈指可数的千亿药企之一。而康美药业的成功，也成就了马兴田，2017年，马兴田以405亿元的身家，登上了揭阳首富的位置。

原本以为，康美药业会这样一路高歌前行，越战越勇，却不承想马兴田这个商场的"三好学生"竟然偷偷"作弊"了！2018年年底的时候，康美药业收到了证监会的信息披露违规立案调查通知书，揭露了康美药业财务造假的事情。而康美药业在事情败露之后，竟然还想推卸责任，称是财务人员的疏忽。

可惜的是投资者以及证监会并不相信。在经过证监会的调查之后，康美药业的财务造假行为最终被证实，证监会对康美药业责令改正，给予警告，并处以60万元的罚款；对马兴田、许冬瑾给予警告，并分别处以90万元的罚款；对邱锡伟、庄义清等多人给予警告并罚款。此外，对马兴田、许冬瑾、邱锡伟采取终身证券市场禁入措施；对庄义清、温少生、马焕洲采取10年证券市场禁入措施。而康美药业的股价，也随着财务造假的风波一跌再跌。其实，在财务造假事件之前，康美药业就已经被曝光出大股东高比例股票质押以及货币现金过高等问题。康美药业的爆雷，马兴田损失惨重，丢了351亿元的身家，网友戏称他是2019年度最惨的富豪。

(资料来源：财务造假引发的"血案"：千亿药企撕破脸，创始人损失351亿身家[EB/OL].
搜狐财经，http://finance.sina.com.cn/stock/relnews/cn/2020-02-10/doc-iimxxstf0252981.shtml)

**案例点评**

孔子有云："不义而富且贵，于我如浮云。"自古以来，中国就倡导通过正当、合法手段获得财富的价值观。经济高速发展的今天，诚信、守法更是一个企业的立身之本，财务造假这类失信做法在我国的成本将越来越高，2020年3月1日新实施的《证券法》将上市公司信息披露违法处罚由顶格60万元提升到1000万元，失信企业不仅会遭到证监会重罚，也会最终被投资者用脚投票、淘汰出局。

**思考讨论题**

1. 青年人应该树立怎样的财富观？
2. 新形势下，企业价值体现在哪些方面？

**实训项目　行业分析**

实训目的：掌握行业的市场结构分析、竞争结构分析、生命周期分析、与经济周期的关系分析；熟悉影响行业的因素；能够运用行业分析的知识撰写行业研究报告，为投资者提供行业投资建议。

实训内容：任选 A 股市场一个行业进行投资价值分析，内容涉及但不局限于：

(1) 行业现状(销售量、营业收入、生产成本、净利润率等)；

(2) 国家产业政策(扶持或打压)；

(3) 行业发展前景(结合国家、社会发展、居民消费习惯变化等因素分析)；

(4) 行业中个股分析等。

# 复习思考题

## 一、单选题

1. 应收账款周转天数是反映上市公司(　　)的指标。
   A. 获利能力　　　　　　　　　B. 营运能力
   C. 偿债能力　　　　　　　　　D. 资本结构

2. 下列关于通货膨胀的说法，错误的是(　　)。
   A. 通货膨胀有被预期和未被预期之分，从程度上则有温和的、严重的和恶性的三种
   B. 温和的通货膨胀是指年通货膨胀率低于 50% 的通货膨胀
   C. 严重的通货膨胀是指两位数的通货膨胀
   D. 恶性通货膨胀则是货币不断地大幅贬值，人们手中的钱不值钱

3. 商业银行由于资金周转的需要，以未到期的合格票据再向中央银行贴现时所适用的利率称为(　　)。
   A. 贴现率　　　　　　　　　　B. 再贴现率
   C. 同业拆借率　　　　　　　　D. 回购利率

4. 在(　　)情况下，证券市场将呈现上升走势。
   A. 持续、稳定、高速的 GDP 增长
   B. 高通货膨胀下的 GDP 增长
   C. 宏观调整下的 GDP 减速增长
   D. 转折性的 GDP 变动

5. 对于收益型的投资者，可以建议优先选择处于(　　)的行业，因为这些行业基础稳定，盈利丰厚，市场风险相对较小。
   A. 幼稚期　　　B. 成长期　　　C. 成熟期　　　D. 衰退期

## 二、多选题

1. 资产负债率是反映上市公司(　　)的指标。
   A. 获利能力　　B. 经营能力　　C. 偿债能力　　D. 资本结构

2. 短期偿债指标主要有(　　)等。
   A. 流动比率　　B. 速动比率　　C. 现金比率　　D. 应收账款周转率

3. 评价宏观经济形势的基本变量包括(　　)等。

A. 国内生产总值　　B. 失业率　　C. 通货膨胀　　D. 利率

4. 下列不属于防守型行业的有(　　)。

　　A. 消费品　　　　　　　　　B. 公用事业
　　C. 食品业　　　　　　　　　D. 耐用品制造业

5. 增长型行业主要依靠(　　)，从而使其经常呈现出增长形态。

　　A. 技术的进步　　　　　　　B. 新产品推出
　　C. 政府的扶持　　　　　　　D. 更优质的服务

### 三、判断题

1. 国内生产总值的增长速度一般用来衡量经济增长率，是反映一个国家经济是否具有活力的基本指标。　　　　　　　　　　　　　　　　　　　　　　　　　　　　(　　)
2. 在产业生命周期的成熟阶段，行业的利润水平较高，而风险较低。　　(　　)
3. 处于产业生命周期初创阶段的企业适合投资者投资，不适合投机者。　(　　)
4. 当国际收支发生顺差时，流入国内的外汇量小于流出的外汇量，外汇储备就会减少；当发生逆差时，外汇储备增加。　　　　　　　　　　　　　　　　　　(　　)

### 四、简答题

1. 简述财政政策的各种手段。
2. 简述货币政策的工具。
3. 简述行业分析的意义。

# 阅读推荐与网络链接

1. 陈金强. 股市投资进阶：基本面分析的 40 个财务指标[M]. 北京：中国铁道出版社，2019.

2. 曹明成，谭文. 股票投资精解：基本面分析的 30 个黄金财务指标[M]. 北京：中国铁道出版社，2017.

3. 沈凌. 复盘：股海沉浮 30 年之投资笔记——点评中国股市的重大事件和热点现象，阐释股票投资的基本理念和实战技巧[M]. 北京：中国经济出版社，2019.

4. 雷冰. 股票投资的 24 个关键财务指标[M]. 北京：中国宇航出版社，2012.

5. 埃斯梅·法尔博，吴婵琼，邹乐凯. 价值投资入门[M]. 太原：山西人民出版社，2016.

6. 路涛. 证券投资基本分析与技术分析的对比[J]. 现代营销，2018(4)：37.

7. 张瑾哲. 证券投资基本面分析[J]. 经贸实战，2015(9).

8. 新能源汽车补贴政策出台后，特斯拉立即涨价！这些股票又上涨了[EB/OL]. 中国基金报，https://www.heduwang.com/caijing/69122.html.

9. 财务造假引发的"血案"：千亿药企撕破脸，创始人损失 351 亿身家[EB/OL]. 搜狐财经，http://finance.sina.com.cn/stock/relnews/cn/2020-02-10/doc-iimxxstf0252981.shtml.

# 第八章 证券投资技术分析

**学习要点**

- 了解证券投资技术分析的基本概念。
- 掌握技术分析理论的原理及应用。

**核心概念**

证券投资技术分析　道氏理论　各种技术理论　技术指标

**引导案例**

一、背景

1. 中国证券市场已经处在全流通格局下。
2. 退市制度已经启动。
3. 注册制度即将推出。
4. 熊途已漫漫：2007年开始的熊市已经持续到2014年，人心思涨。
5. 降息。2014年11月22日电：时隔两年之后，中国今日再次实施全面、非对称性降息，一年期贷款基准利率和存款基准利率分别下调0.4个百分点和0.25个百分点。给投资者的感觉是：打开了新一轮降息降准的窗口……
6. 沪港通：中国证监会与香港证监会于2014年10月10日早间联合公告，沪港通下的股票交易将于2014年11月17日开始。
7. 上证综指于2014年11月24日(星期一)向上突破得到确认：开始上行。

二、起因

2014年12月2日，沪、深两市继续上演长阳大涨行情。早盘两市股指小幅低开震荡，而后在券商股带动下发力上扬，午后银行、保险等金融股加入领涨板块阵营。受到金融行业三驾马车引领，两市大盘午后一路冲高，双双刷新本轮行情前期高点，沪指创出2777.37点新高，较上一交易日最大上涨97点。而创业板和中小板指数则维持高位横盘，显示资金更加留恋主板市场的大块头。

三、经过

截至收市，上证综指报2763.55点，上涨83.39点，涨幅3.11%；深证成指报9366.95点，上涨271.19点，涨幅2.98%；两市共成交6748.39亿元。创业板指报1565.42点，上涨 13.11 点，涨幅 0.81%；中小板指报 56114.75 点，上涨 60.39 点，涨幅 1.09%。A 股大涨，但许多散户却没能及时抓住热点，眼睁睁错失行情，只能忍受"满仓踏空"的痛苦。

四、结果

两市虽然大涨，但两市仅 313 只个股跑赢大盘，部分题材概念股还逆市下跌，许多散户感叹满仓踏空，白白错失了一轮行情。自然，"满仓踏空"这个词，也就随着这轮牛市而变得非常有名。

阅读四季报发现，虽然上证指数在第四季度上涨了约 37%，但全部基金持有的股票市值只增长了约 14%，大幅落后市场，表明公募基金大部分并未充分享受到蓝筹股板块的上涨。而从基金的重仓股票看，那些重仓的蓝筹股，应该是高位建仓使然。这就是说，公募基金 2014 年第四季度基本处在"满仓踏空"，而后"高仓建"的状态。

(资料来源：2015 年 1 月 28 日《第一财经日报》；百度百科，http://yicai.smgbb.cn/live/100607779.html)

作为中小投资者，以及公募基金的基金经理，从技术分析的角度看，是否可以避免这种"满仓踏空"与"高仓建"呢？

# 第一节 证券投资技术分析概述

什么是年报？.mp4

## 一、技术分析的定义

基本分析和技术分析是证券投资最主要的两种分析方法。技术分析是以证券过去和现在的市场行为(价、量、时、空)的记录，通过图表分析，应用数学、逻辑和心理学等工具，推演出价格未来的发展趋势的一种科学方法。

## 二、技术分析的基本假设

要正确理解技术分析方法，首先要了解技术分析的三大基本假设。

### (一)市场行为涵盖一切信息

技术分析以价格为中心，以市场供求关系为基础。技术分析者认为，证券与普通商品一样，如果供过于求，则价格将下跌；反之，供不应求，则价格将上升。投资者在做出交易决策前，早已仔细地考虑了影响证券供求的各项因素(包括国家政策、宏观经济政策和环境、所在行业的状况、目标公司的基本面等)，从而产生市场行为(价、量、时、空)。所以说，市场行为涵盖了一切信息(即盘口语言反映一切)，只要了解市场行为就能了解目前市场的状况，而无须关心其背后的影响因素。

## (二)价格沿趋势运动

趋势的概念是技术分析的核心。技术分析者认为，价格按一定的规律运动，从而形成一定的趋势。如果没有外力的影响，价格将沿着既有的趋势一直持续下去，直至有外力出现为止。

## (三)历史会重演

这一假设是基于交易者的心理因素来考虑的。不管是过去还是现在，证券市场的游戏规则没有改变，还是"低买高卖"以获利。而人类的心理则"江山易改、本性难移"，在这种心理状态下，人的交易行为将趋于一定的模式。比如，价格的图表形态表示投资者对市场看好或看淡的心理，那么一旦遇到某种价格形态，交易者自然地会采用相同的操作策略。正如 20 世纪初华尔街最伟大的操盘手杰西·利维摩尔所说，华尔街没有新事物，因为投机就像山岳那么古老。股市今天发生的事情以前发生过，以后会再度发生。

历史会重演，换句话说就是用过去已知的结果作为对未来进行预测的参考，即让历史告诉未来。

# 三、道氏理论

道氏理论是资本市场技术分析的鼻祖——查尔斯·H.道(Charles H. Dow 1851—1902)创立的。他创办了著名的财经新闻服务社道·琼斯公司，并被认为发明了股价指数。道氏理论是由查尔斯·H.道发表于《华尔街日报》上的文章中提出的，并由威廉·汉密尔顿和罗伯特·雷亚等人继承和整理而成。

道氏理论是所有市场技术分析最基础、最重要的理论。查尔斯·H.道多次声明其理论不是用于预测股市，甚至不是用于指导投资者的，而是反映一个总体商业趋势的风向标。道氏理论除了可作为一种技术分析手段外，更重要的是其宝贵的哲学思想，投资者可以研习以提升自己。

## (一)道氏理论的主要内容

### 1. 平均价格(股票指数)反映了一切

这一点其实是技术分析的三大假设之一。道氏理论认为，价格走势是市场上各种影响因素合力的结果，而股价指数则反映了无数投资者总体的市场行为。平均价格在波动过程中包含消化了各种已知的、可预见的事情和各种可能影响证券供求的因素，甚至无法预测的自然灾害一旦发生，也将会第一时间反映在价格走势中。所以，平均价格涵盖了一切信息，股市是反映国民经济的晴雨表。

### 2. 市场存在三种趋势

股价以趋势波动，趋势可分为三种：主要趋势(基本趋势)、次要趋势(中期趋势)以及小型趋势(日间波动)。

主要趋势是长期向上或向下的大规模运动，持续时间通常为一年甚至更久，将导致总体股价上升或下跌 20%以上，是三种趋势中最具有参考价值的。主要趋势向上，则称为牛市；反之，则为熊市。次要趋势是价格沿主要趋势运行过程中的重要回调或盘整，正常情况下持续三周到数月的时间，调整幅度一般为前一段主要趋势幅度的 1/3、1/2 或 2/3。小型趋势是短暂的价格波动。道氏理论认为其本身没有什么意义，其投资参考价值最低。通常小于 6 天，很少持续到三周。小型趋势是三种趋势中唯一能够被"操纵"的趋势。

### 3. 趋势需要有成交量的确认

这一点阐述了量价关系。简言之，在牛市中，价格上升必须有成交量同步放大的配合，而在次级趋势向下回调时，成交量应该同步萎缩；在熊市中，价格在下跌过程中，成交量增加，而在次级趋势价格回升时，成交量同步萎缩。但需要注意的是，在实践中，该论述可能与 A 股市场的实际情况有所出入，尤其是熊市中的情况。

### 4. 只重收盘价

道氏理论认为，所有价格中收盘价最为重要。收盘价反映了一天中市场对该股票的最终评价，它也是投资者制订第二天交易计划的基础。

### 5. 应该假设原有趋势继续起作用，直至出现明确的反转信号

当一个主要趋势形成时，价格会沿着原来的方向继续运动，除非有外力出现。这一点告诫大家，一旦趋势形成，应该顺势而为，千万不要自作聪明过早地改变头寸方向。

## (二)对道氏理论的评价

道氏理论是所有技术分析的鼻祖，所有的技术分析都是在该理论的基础上发展起来的。从这点来说，技术分析者应该完全接受并且好好理解它。但是，在实践中，它也备受诟病。比如，有人指责道氏理论"反应太迟"，它虽然比较可靠，但是往往让投资者错过整轮行情的前 20%、后 20%的阶段，甚至更多。还有，由于依赖于投资者的个人理解，道氏理论可操作性太差。最后，道氏理论对于中等趋势的转变没有给出信号，因此不适合中短期投资者。

总而言之，道氏理论作为技术分析的经典理论，虽有缺陷和不足，但也不改其重要性和伟大之处。它不单可以作为一种判断大势的工具，投资者应该更多地理解其中的哲学精髓。新的理论和方法的出现，一定程度上弥补了道氏理论的不足，推动它不断向前发展。

## 四、缺口理论

缺口，指的是一段没有证券交易(换手)的价格区间。注意，这里的缺口不包括股票除权除息形成的跳跃空带，投资者在看图表进行技术分析时，应该使用复权(前复权或后复权)的价格。缺口，可分为普通缺口、突破性缺口、持续性缺口和衰竭性缺口四种。①普通缺口一般出现在形态内部，没有特别的分析意义，一般无须费神研究。②突破性缺口，通常是在有效突破形态(逆转形态或持续整理形态)的边界线时出现的，在技术上，它表示对突破的强调，是一个非常强烈的买入或卖出的信号。③持续性缺口，也称逃逸型缺口，与形态无关，产生于迅速的、直线式的上涨或下跌过程中。在价格运动过程中，可能出现不止

一个持续性缺口。④衰竭性缺口，与持续性缺口一样，产生于迅速的上涨或下跌过程中，当上涨或下跌的能量快速释放，动能不济时，出现的最后一个缺口，而后趋势可能结束。总体而言，出现的缺口越多，则表明趋势越快接近终结。四种缺口的形态如图 8-1 所示。

需要注意的是，市场上有一种说法："缺口必须被回补，并且只有当缺口被回补后趋势才可信。"这是错误的。通常来说，普通缺口和衰竭性缺口短期内会被回补，但是突破性缺口和持续性缺口则需要较长的时间(可能趋势发生了逆转以后)才能被回补。

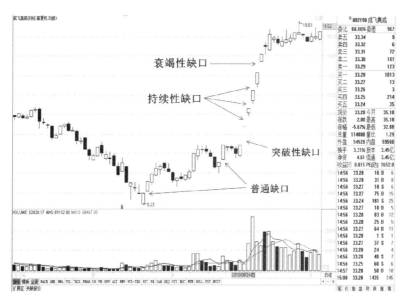

图 8-1　四种缺口

## 五、波浪理论

波浪理论是技术分析方法的重要组成部分。该理论是由艾略特(R. N. Elliot)结合了周期划分、道氏理论和斐波那契数列提出的，并由柯林斯总结完善，写成专著《波浪理论》。其实在道氏理论中，就已经用大自然的波浪来比喻价格波动。它把股价大规模上下涨跌的主要趋势比喻成潮汐，把修正调整的次级趋势比喻成海浪，而日间的小型波动则是涟漪。艾略特的主要贡献在于用周期来划分这些价格波动，找出波动发生的时间和位置的规律，提出了 8 浪结构图。

### (一)价格的基本形态——8 浪结构图

波浪理论认为，价格以波浪形式运动，每一个上升和下降过程构成一个周期，每一个周期都有固定的模式，即上升 5 浪、下跌 3 浪的 8 浪循环模式，而每一个小浪又可分为更小一级的细浪，如图 8-2 所示。

在图 8-2 中，5 个上升浪中，1、3、5 浪为推动浪，2、4 浪为调整浪；3 个下降浪中 A、C 为推动浪，B 浪为回调浪，这是 8 浪循环的基本模式。如果是熊市，则是 5 个下降浪和 3 个上升浪。但由于世界各国的股指基本上都是不断上升的，所以大家都把牛市看作股市的主流(5个上升浪),而把熊市当作是股市的调整(3个回调浪)。

由于波浪理论考虑的价格形态不受时间和空间的限制,因此必然浪中有浪,1、3、5推动浪又各自可以分为上升5浪,而2、4调整浪则可以细分为 $a$、$b$、$c$ 浪;同理,在下降浪中,$A$、$C$ 推动浪可以进一步细分为下降5浪,$B$ 回调浪则可以细分为 $a$、$b$、$c$ 浪,以此类推。波浪的细分与合并的情形如图8-3所示。

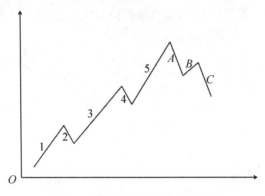

图8-2 波浪结构的基本形态图

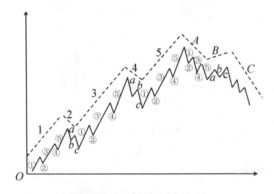

图8-3 波浪的细分与合并

### (二)波浪理论的应用与评价

波浪理论在实践中,常被应用于预测。如果明确了股市现在所处的位置,根据波浪理论的一个大周期8浪循环的全过程,就可以对价格接下来的运行进行预测。事实上,在实际应用中,波浪理论浪中套浪,可以无限延伸,每个人的理解不同,对浪的划分和定位也不一样,因此常常叫人无所适从。

## 第二节 量价关系分析

## 一、技术分析四要素

用量价时空开启股价变动的潘多拉盒子.mp4

前面我们说过,技术分析是抛开背后的影响因素,直接研究市场行为的科学方法。而市场行为的表现就是证券价格、成交量、时间和空间这四个要素,正确分析并理解它们之间的关系是技术分析的基础。

(1) 价，指成交价，在实际应用中，主要指收盘价。价格是四要素之首，是最重要的指标。

(2) 量，指某一时段内具体的交易股数，是股价上涨或下跌的原动力，尤其上涨一定要有成交量的推动。成交量也可以用换手率来衡量。换手率，指单位时间内，某一证券累计成交量与可交易量之间的比率。用公式表示为：

$$换手率 = \frac{某一段时期内的成交量}{流通股股数} \times 100\%$$

(3) 时，时间，指完成某个过程所经历的时间长短。时间更多地与循环理论相联系，研究价格起伏的内在规律和周期变化的特征。此外，时间因素在分析价格上涨和下跌的幅度时，也是需要加以考虑的重要方面。如行话有云：横有多长，竖有多宽，指的是股市在底部建仓时，盘桓时间越长，底部形态的规模越大，未来上涨时的高度将越高；反之，时间短、波动幅度越小的过程对后续价格趋势的影响和预测意义也将越弱。

(4) 空，空间，指价格上升所能达到的幅度。是价格的一方面，由价格累积而成。

在这四个要素的关系中，又以量价关系最为重要。量价关系是一切技术分析的核心，也是技术分析逻辑合理性的基础。

## 二、量价关系理论

量价关系结合趋势理论，可以归纳为葛兰碧八大法则。

(1) 价升量增。上涨趋势中，价格随着成交量的增加而上涨，表示涨势健康，价格将继续向上，这是市场的常态。

(2) 价格呈现波浪式上涨，股价随增大的成交量上涨，突破前一个波峰创出新高，继续上涨；然而新高之后的下一轮上涨的累积成交量低于前一轮上涨的成交量水平，则表示上涨动能不济，新一轮涨势令人怀疑，是股价趋势潜在反转的信号。

(3) 调整中，股价随着成交量的递减而回升，价格上涨，但成交量却萎缩，量价背离，表示回升的动能不济，是股价趋势可能反转的潜在信号。

(4) 有时股价随着缓慢递增的成交量逐渐上涨，突然出现价格急剧拉升、成交量暴涨的垂直上升阶段。继此轮走势之后，成交量大幅萎缩，同时股价急剧下跌，表示涨势已到强弩之末，趋势即将反转，反转所具有的意义将视前一轮上涨的幅度和成交量而定。

(5) 股价下跌，向下跌破上升趋势线、形态下边界线或移动平均线，同时出现大量成交，是股价下跌的信号，趋势即将由多转空。

(6) 下跌趋势中，股价下跌相当一段时间后，出现恐慌卖盘，价跌量增，继恐慌卖出后可能出现反弹，同时恐慌阶段形成的低价将不可能在短时间内突破。随着恐慌而大量卖出之后，往往是空头结束，行情反转。

(7) 在一轮长期下跌形成谷底后股价回升，但成交量并没有随价格上涨而递增，动能不济，再度跌落前一谷底附近或略高于谷底。当第二个谷底的成交量低于第一谷底时，是股价上涨的信号。

(8) 当市场行情持续上涨很久，出现急剧增加的成交量，而股价上涨乏力，在高位大幅震荡，说明多空双方换手频繁，空方开始占优势，股价下跌的因素形成。同理，股价最终连续下跌之后，在低位出现大量成交，股价却没有进一步下跌，价格仅小幅波动，表示多方开始渐渐占据上风。

## 第三节　K 线 分 析

### 一、认识 K 线

K 线是一种能准确有效地记录证券过去和现在市场行为的工具，简洁而直观，虽不具备严格的逻辑推理性，却有相当可信的统计意义。

#### (一) K 线画法

前述 K 线用矩形柱状实体和上下影线表示，记录开盘价、收盘价、最高价和最低价四个价格。当收盘价高于开盘价时，K 线为阳线；当收盘价低于开盘价时，K 线为阴线。对于阳线，市场价格在开盘后曾向下跌过一段时间，直到最低价处，后来曾经涨到最高价处，然后又返回到收盘价附近，形成一根上涨的阳线。阴线中，市场价格在开盘后曾一度涨到最高价处，然后一直跌到最低价处，最后稍微上升到收盘价附近，形成一根下跌的阴线。

#### (二) K 线种类

##### 1. 光头光脚 K 线

这种 K 线没有上下影线。对于阳线而言，开盘价即是最低价，收盘价即为最高价；对于阴线而言，开盘价即为最高价，收盘价即为最低价，如图 8-4 所示。

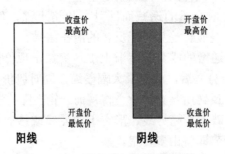

图 8-4　光头、光脚 K 线

##### 2. 带上影线的 K 线

这种 K 线没有下影线。对于光脚阳线而言，开盘价即为最低价，价格上涨过程中曾创出新高，而后下跌收于一个比较高的价格；对于光脚阴线而言，以较高的价格开盘，盘中曾创出新高，但是后续价格回跌至开盘价之下，以最低的价格收盘，如图 8-5 所示。

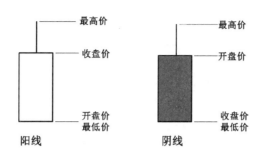

图 8-5 带上影线的 K 线

### 3. 带下影线的 K 线

这种 K 线没有上影线。对于光头阳线而言，以最高价收盘，盘中曾创出比开盘价还低的最低价；对于光头阴线而言，以最高价开盘，价格下行创出最低价，后略有回升收盘，如图 8-6 所示。

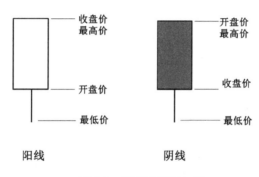

图 8-6 带下影线的 K 线

### 4. 带上下影线的 K 线

带上下影线的 K 线最常见，如图 8-7 所示。

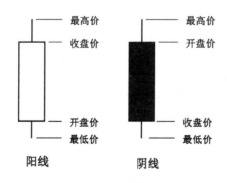

图 8-7 带上下影线的 K 线

### 5. 十字星

十字星表示收盘价与开盘价一样，但是盘中曾创出新高新低，如图 8-8 所示。

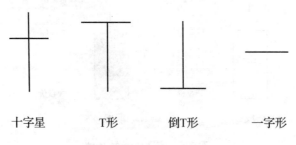

十字星　　　T形　　　倒T形　　　一字形

图 8-8　几种特殊的 K 线

### 6. T 形和倒 T 形

T 形 K 线表示最高价、收盘价和开盘价是同一个价格,盘中曾创出最低价。倒 T 形则表示最低价、收盘价和开盘价是同一个价格,盘中曾创出最高价,如图 8-8 所示。

### 7. 一字形

这种 K 线表示最高价、最低价、收盘价和开盘价都相等,常见于一开盘就涨停或者一开盘就跌停的极端走势中,如图 8-8 所示。

## 二、单根 K 线分析

### (一)分析要领

一般来说,投资者可以从 K 线的形态判断出交易时间内的多、空情况。所谓多,就是多头、买方,表示看涨的意思;空,就是空头、卖方,表示看跌的意思。用单根 K 线分析多空双方力量的要领如下。

总体来说,收盘价最重要。收盘价是多空双方一天交战的最后均衡点,如果收盘价高于前一天收盘价,表示多方强势;反之,表示空方占优。

K 线实体。一般而言,对于阳线,实体越长,表示多方优势越大;对于阴线,实体越长,表示空方优势越大。

上影线:总体来说,上影线越长,则表示价格上涨过程中,被空方打压,多方失势,空方能量越强,是股价上升的阻力。

下影线:下影线越长,则表示在下跌过程中,多头奋起反抗,收复失地,影线越长,多方能量越强,是价格下跌的阻力。

### (二)具体形态

从单根 K 线的具体形态来说,①光头光脚阳线:极端强势上涨,后市看多。②光头光脚阴线:极端强势下跌,后市看空。③大阳线:强势上涨,后市看多,如果影线较短,则和①没什么区别。④大阴线:强势下跌,后市看空,如果影线较短,则和②没什么区别。⑤光头阳线:较强势上涨,影线代表空方开始反击了,需要注意。⑥光头阴线:较强势下跌,影线代表多方开始反击了,需要注意;⑤和⑥如果出现在连续上涨的顶部,并且影线较长，则为上吊线，表示曾遇到过剧烈反击，后市有变；如果出现在连续下跌的底部，为锤子线，表示曾遇到过剧烈反击，后市有变。⑦光脚阳线：较强势上涨，影线代表遇到空方反击了，需要注意。⑧光脚阴线：较强势下跌，影线代表遇到多方反击了，需要注意；⑦和⑧如果影线较长，出现在连续上涨的顶部，为流星线，相比过去，上涨受阻，后市有变；出现在连续下跌的底部，为倒锤子线，表示曾经大涨，后市有变。⑨小阴、小阳、十字星：一般不能确定后市，但在连续上涨后出现，说明涨势停顿，后市有变；在连续下跌后出现，说明跌势停顿，后市有变；如果是长的十字星，则疲软的性质和僵持的意义更强烈。⑩T 字形：出现在连续上涨的顶部，为风筝线，相比过去，曾遇到过剧烈反击，后市有变；出现在连续下跌的底部，为多胜线，相比过去，曾遇到过剧烈反击，后市有变。⑪倒 T 形：出现在连续上涨的顶部，为灵位线，相比过去，摸高受阻，后市有变；出现在连续下跌的底部，为空胜线，相比过去，曾遇到过剧烈反击，后市有变；⑨至⑪都是星形态，说明多、空双方僵持不下，失去了方向感，但在连续涨、跌势的末端，则往往意味着情况不妙。

一般而言，价格短期的走势具有比较大的随机性，而且也是比较容易受操控的，从这个角度来说，单根 K 线分析并不具备太大的意义。

## 三、K 线组合分析

K 线组合指的是由两根或两根以上的 K 线组成的，在实战中，K 线组合可以有成千上万种形态，这里只列举几种最典型的反转形态和持续组合形态。

### 1. 黎明之星和黄昏之星

黎明之星是最典型的底部形态，而黄昏之星是最典型的顶部形态，如图 8-9 所示。对于黎明之星，第一根阴线表明趋势下降，第二天价格向下跳空低开，收盘价与开盘价基本持平，表明后市的不确定性，第三天价格跳空高开，收盘更高，显示趋势反转已然发生。黄昏之星与之对称，不再赘述。

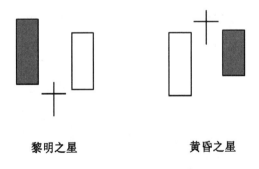

图 8-9　黎明之星和黄昏之星示意图

### 2. 锤头和吊颈

锤头和吊颈如图 8-10 所示。锤头，市场前期已经处于下跌趋势中，市场跳空低开，疯狂卖出，但是经过多头的反攻又回到或接近当天的最高点，预示下跌趋势即将结束。

吊颈，市场前期处于上升趋势中，这天股价跳空高开，出现疯狂卖出，虽然后市被多头收复失地，但是产生了长长的下影线，这根下影线预示了后市的下跌。

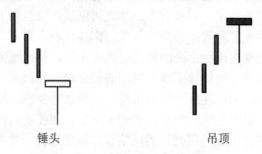

图 8-10　锤头和吊颈示意图

#### 3. 穿头破脚

穿头破脚如图 8-11 所示。穿头破脚的顶部形态，当价格经过较长时间的上涨后，当天股价高开低走，收出的一根长阴线将前一日的阳线全部覆盖，表明上升趋势已经被破坏。

图 8-11　穿头破脚示意图

底部形态则相反，经过长期下跌后，当天股价低开高走，收出一根长阳线将前一日的阴线全部覆盖，表明下跌趋势已经被破坏。

#### 4. 三白武士与三飞乌鸦

三白武士与三飞乌鸦如图 8-12 所示。三白武士发生在下降趋势中，是强烈的底部反转信号。连续三天，价格都呈现低开高走，并且都创出新高，预示后市将看涨。三飞乌鸦则相反，发生在上升趋势中，连续三天，价格都高开低走，并且连续创出新低，表明市场可能接近顶部，是强烈的顶部反转信号。

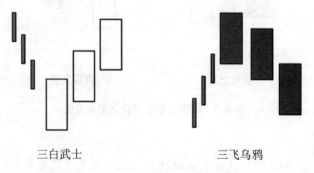

图 8-12　三白武士与三飞乌鸦示意图

## 四、应用 K 线时注意的问题

不管是单根 K 线还是 K 线的两根、三根乃至多根形态，需要注意的是，这些组合形态都是属于短期的价格走势，相对来说，其走势不确定性较大，而且未必会如理论所言般发展。在不完善的市场中，庄家完全能够自如地操控短期价格的走势，因此，短期 K 线组合分析对后市的走势的预测和分析意义不大。

# 第四节 切线分析

均线分析，
简约不简单.mp4

## 一、趋势分析

古语有云：顺势者昌，逆势者亡，说明判断趋势和顺应趋势的重要性。在证券市场，正确分析及掌握眼前的趋势被视为技术分析法入门的基本功。趋势，就是价格运动的方向，分为上升趋势、下跌趋势和水平趋势三种。趋势分析中的最主要的切线就是趋势线。趋势线是找出至少两个决定性的点而画出的一条直线。

### (一)趋势的方向

#### 1. 上升趋势和上升趋势线

上升趋势是由于利好因素的引发，导致市场上买气十足，令价格呈现一浪高于一浪的走势，且后一浪的波峰与波谷均高于前一浪的波峰与波谷，反映出交易者极其看好后市。如图 8-13 所示。

图 8-13 上升趋势

上升趋势线是将呈现上升趋势中至少两个明显的回调低点连接而成的一条直线。上升趋势线对价格具有指引方向的作用，直至后市某一天价格由于外力作用而有效跌破上升趋势线，表示上升趋势即将发生逆转，其对市场指引方向的作用消失。

## 2. 下跌趋势和下跌趋势线

下跌趋势是由于利空因素的影线，使交易者信心丧失，趁价格每次反弹时卖出，从而形成反弹的高点一浪低于一浪、每次下跌的低点一个低于一个的走势，反映出交易者极其看淡后市，如图8-14所示。

图8-14　下跌趋势

下跌趋势线是将呈现下跌趋势中至少两个明显的反弹的高点连接而成的一条直线。同样，下跌趋势线对价格具有指引方向的作用，直至后市某一天价格受外力的作用而有效升破下跌趋势线，表示下跌趋势即将逆转，其对市场指引方向的作用消失。

## 3. 水平趋势和水平趋势线

水平趋势也称横向运动，期货市场称为无趋势。当交易者对市场前景不明朗，就会顿失方向，令价格呈现横向运动，反映出交易者对后市的迷茫，如图8-15所示。

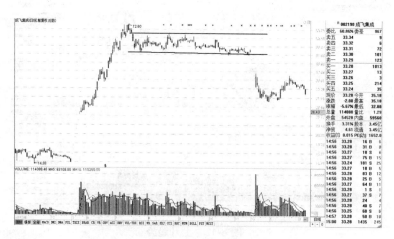

图8-15　水平趋势

水平趋势线由上轨(上边界线)和下轨(下边界线)所构成。将水平趋势中至少两个明显的反弹高点连接而成，即得上轨；同理，将至少两个明显低点连接而成，即得下轨。

同样，水平趋势线对价格具有指引方向的作用，直至后市某一天价格有效突破其上轨或下轨，表明水平趋势终结，其对市场指引方向的作用消失。

### (二)趋势线的突破

如果价格有效突破趋势线，则表示趋势已被扭转，可能是一个买卖时机。

简而言之，如果价格有效升破下跌趋势线或水平趋势线上轨，视为买入信号。相反，价格有效跌破上升趋势线或水平趋势线下轨，视为卖出信号。但有时候价格会呈现短暂突破趋势线走势，但又很快重新回到线上或线下，继续原来的趋势，这就是"假突破"。假突破属于走势陷阱的一种，为避开这种陷阱，需要注意以下几点。

(1) 价格向上突破下跌趋势线或水平趋势线上轨，需要成交量同步放大的配合方为有效，若是同时出现突破性缺口，则有效性最佳。

(2) 价格向下跌破上升趋势线或水平趋势线下轨时，一般不需要成交量同步放大的配合即为有效，若以突破性缺口的形式跌破，则有效性更强。

(3) 突破后一般会有"后抽"出现。

(4) 一般来说，收盘价超过趋势线突破点价格的 3%(价格过滤器)，且连续企稳在突破点上(下)方 2~3 日(时间过滤器)，即视为有效突破。

(5) 尽管想方设法防范"假突破"，但失误还是在所难免，这是市场运行的客观规律。因此必须做好风险防控，即下单后一定要设好止损点。

### (三)趋势线的修正与调校

价格走势瞬息万变，有时由于股价的变动，会发现原来的趋势线已经远远偏离价格，所以必须及时修正以配合市场走势。有经验的技术分析者会随着价格的走势不断调校趋势线使之紧贴价格的走势。

趋势线的调校可以结合股价走势和江恩的几何角度线理论。通常来说，当趋势线与水平线的夹角小于 15 度或者大于 60 度时，其有效性减弱，价格走势可能发生变化；当趋势线与水平线的夹角为 30~45 度时，其有效性最佳。

### (四)轨道线

轨道线又称通道线或信道线，是基于趋势线的一种分析方法。在画出趋势线后，通过上升趋势的第一个峰或下跌趋势的第一个谷即可画出趋势线的平行线，平行线和趋势线就构成趋势轨道。通常，市场人士认为，一旦趋势轨道得到确认，价格将在轨道内变动。一般来说，对于上升趋势轨道，当价格触碰或者尚未触及上轨道线时，就会受阻掉头；对于下跌趋势轨道，当价格触及下轨道线时，也会遇到支撑反弹向上，因此可以利用它进行高抛低吸。但是，利用趋势轨道进行高抛低吸具有相当的局限性。

## 二、黄金分割线和百分比线

### (一)黄金分割线

依据黄金分割率原理计算得出点位，这些点位在价格上升和下降过程中表现出较强的支撑和阻力。其中，0.618、1.618 和 4.236 三个数字最为重要，股价极可能在由这三个数产生的黄金分割线处得到支撑或阻力而进行次级调整。实际操作中，只要找到一个点(通常为上升行情的结束点或下降行情的结束点)，然后画出黄金分割线，这些线用来揭示上升行情中次级调整趋势的支撑位或者下跌行情中反弹的压力位，用法比较简单。

### (二)百分比线

百分比线考虑的是投资者的心理因素和一些整数位的分界点。当价格上涨到一定幅度一定会承压回调，回调的位置是投资者比较关心的。百分比线和黄金分割线一样，都提供了可能的回调价位。技术分析中，最常用的百分比线包括 1/3、1/2、2/3 等。实际操作中，计算方法为上涨开始的最低点和开始向下回调的最高点之差，乘以百分比数就得出未来可能支撑位的位置。下跌行情以此类推。另外，百分比线还有另一层含义：假如股价回调到 1/8 或 1/4 的地方即开始回升，则表明股票属于强势调整；如果股价回调到 1/2，则表明跌幅较深，投资者应该警惕；若回调的深度达到 2/3，则表明趋势极有可能发生逆转。

## 第五节 形态分析

### 一、理解形态分析的内涵

形态是价格走势运行中形成的一种自然而然的态势。形态分析是技术分析的重要组成部分，它通过对市场次级调整(横向运动)时形成的各种图表形态进行分析，并配合成交量的变化，推断价格未来的运动方向。实际上，整理形态表示多空双方力量胶着，二者势均力敌，暂时处于平衡状态，当其中一方占上风时，这种平衡状态将被打破，价格将有效突破形态并呈现上涨或下跌的走势。

技术分析者们经过多年的观察和总结后，归纳出具有相当强的典型意义的图表形态，根据技术分析的三大假设之一，历史会重演，这些图表形态将会重复出现，并被投资者不断应用。

形态分为两类：逆转形态和持续整理形态。

### 二、掌握逆转形态分析方法

逆转形态，又称反转形态，顾名思义，当价格有效突破形态后，原来的价格趋势将发生逆转。具体来说，如果逆转形态出现在相对高位，则为顶部形态，如果逆转形态出现在相对低位，则为底部形态。不论是顶部形态还是底部形态，价格必须有效突破形态的颈线或边界线，形态才最终完成。

典型的逆转形态有以下几种。

### (一)头肩顶及其衍生变种

头肩族是最常见的逆转形态，出现在顶部，则为顶部形态，其发出买卖信号的可靠性较高，对后市也颇具有预测功能。

### 1. 头肩顶

如图 8-16 所示，头肩顶由一个头和左右肩构成，左肩和头部形成阶段，价格呈现上涨趋势，一浪高于一浪。但是当右肩形成时，多头动能不济，价格没能创新高，右肩低于头部，通常而言右肩的交易量会有明显下降，趋势开始转化为横向整理。头两侧回调的低点的连线称为颈线，颈线为关键的支撑位置，但是一旦颈线被向下突破，则该支撑就转换成重要的阻力位置，随后出现的反扑高度也常常仅限于此。之后，一浪低于一浪的下跌趋势开始，标准的头肩顶出现。从操作的角度看，价格向下有效跌破头肩顶的颈线时是一个做空时机。需要注意的是，价格向下跌破颈线不需要成交量放大的配合即为有效。

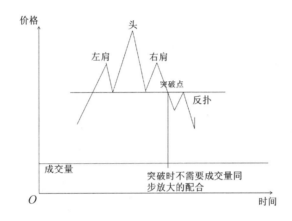

图 8-16　头肩顶形态示意图

### 2. 复合式头肩顶

如图 8-17 所示，复合式头肩顶形态规模比较大，由一个以上的左肩或头或右肩构成，其对于操作的指导意义如同头肩顶。

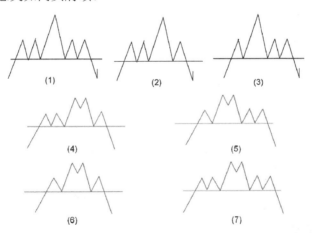

图 8-17　复合头肩顶形态示意图

通常而言，顶部形态规模越大，突破后的跌幅越大。其对后市涨跌幅的预测功能表现为，头肩顶形态的价格突破颈线位后的理论跌幅至少为头部至颈线的垂直距离。

### (二)头肩底及其衍生变种

#### 1. 头肩底

头肩底如图 8-18 所示。

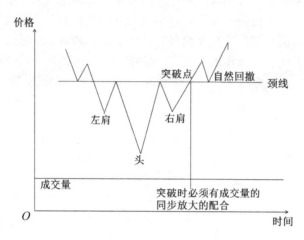

图 8-18　头肩底形态示意图

#### 2. 复合式头肩底

如图 8-19 所示，复合式头肩底形态规模比较大，由一个以上的左肩或头或右肩构成，其对操作的指导意义同简单的头肩底。

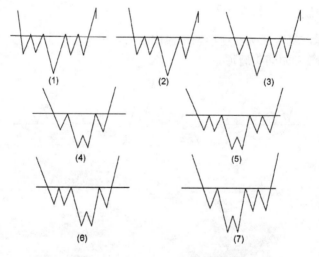

图 8-19　复合式头肩底形态示意图

### (三)双重顶(M 头)

如图 8-20 所示，双重顶也像大写的英文字母 M，也是常见的顶部反转形态。当第一个顶部形成时，价格趋势保持上扬状态，市场上多头买气十足，但是当第二个顶部形成时，由于多头动能不济，在前期高点附近遇阻回落，在颈线位置附近未能获得支撑，突破颈线后价格一路下跌，双重顶形态完成。

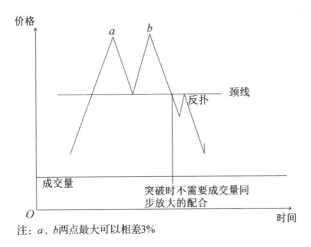

图 8-20 双重顶形态示意图

## (四)双重底(W 底)

双重底如图 8-21 所示。双重底是与双重顶对应相反的图表形态，其走势类似英文字母 W，是一种典型的底部形态。第一个底部，价格趋势保持下跌走势，市场上空头气氛浓厚，当第二个底部形成时，价格没有再创新低，趋势开始转化为横向整理，但是颈线压力明显。当颈线被向上有效突破后，该位置将成为重要的支撑位，之后一浪高于一浪的上升趋势开始，双重底形态完成。

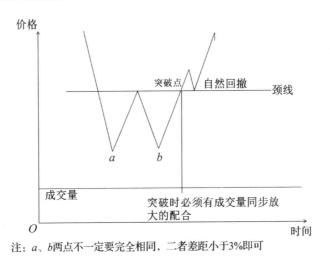

图 8-21 双重底形态示意图

在操作时，当价格伴随同步放大的成交量有效突破颈线时，是一个买入信号，突破后一般会有自然回撤，回撤完毕创新高时，也是一个加仓时机。

## (五)反 V 形顶

反 V 形顶如图 8-22 所示。反 V 形顶又称长钉，通常是由于突发利空所致的一种反转形态，走势突然，常常让人措手不及。这种形态也不常见，但是一旦出现，其杀伤力巨大。

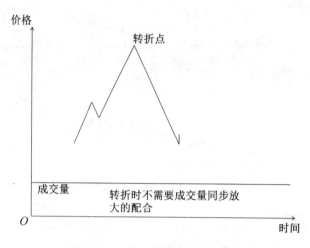

图 8-22　反 V 形顶形态示意图

## (六)V 形底

V 形底同反 V 形顶对应，V 形底走势突然，常常是由于突发利好所致，如图 8-23 所示。操作上，若转折点处成交量同步放大，则视为买入信号。这种买入的原理同趋势线分析法。

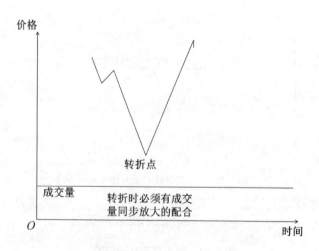

图 8-23　V 形底形态示意图

综上所述，不论是顶部形态还是底部形态，价格突破形态后往往将改变原有的趋势方向。在操作上，对于顶部形态价格突破形态的颈线或下边界线时，则不需要成交量的配合即为有效，视为卖出信号；就底部形态来说，价格向上突破形态的颈线或上边界线时，应该要有成交量同步放大的配合方为有效突破，视为买入信号。对后市的涨跌幅的测算方面，总体来说，逆转形态的规模越大，突破后的涨跌幅度将越大。

## 三、持续整理形态分析方法

前面所述的逆转形态，当价格突破形态时，价格走势从上升趋势转为下跌趋势，或者从下跌趋势转变为上升趋势。

与逆转形态不同，如果价格突破形态后，仍然持续原有的趋势继续运动，则该形态为持续整理形态。持续整理形态是价格趋势在行进中的整理和调整，构成了次级趋势。整理形态在市场上非常常见，典型的有以下几种。

### (一)三角形

三角形是最常见的整理形态。当价格上升或下降到一定幅度，开始进入盘整，形成一个震荡密集区，震荡幅度越来越小，最后价格移出边界线，形态完成。

三角形又可以细分为对称三角形、上升三角形和下降三角形。

#### 1. 对称三角形

如图 8-24 所示，对称三角形由两条聚拢的边界线构成，将反弹的高点连起来形成上边界线，将回调低点连接起来形成下边界线。操作上，当价格在成交量同步放大的配合下向上突破上边界线时，视为买入信号；当价格向下跌破下边界线时，视为卖出信号。其对价格的预测功能，一般来说，从突破点算起，其涨跌幅度至少为三角形的垂直高度。

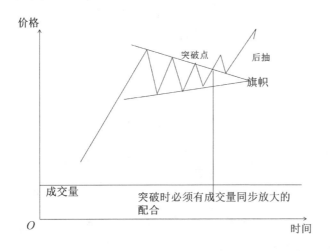

图 8-24　对称三角形整理形态示意图

#### 2. 上升三角形

上升三角形如图 8-25 所示。上升三角形的形成过程同对称三角形一样，只不过上边界线是水平的。操作和预测上同对称三角形。

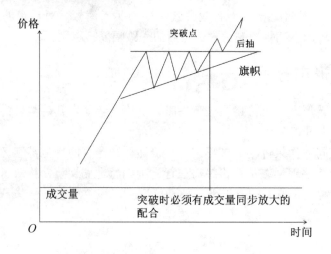

图 8-25　上升三角形整理形态示意图

### 3. 下降三角形

下降三角形如图 8-26 所示。下降三角形同上升三角形相反，其下边界线是水平的。操作和测算方法同对称三角形类似。需要注意的是，三角形形态中，价格一般沿原来的趋势方向突破，视为持续整理形态。但有时候也可能出现反方向突破，则此时三角形就变成顶部或底部的逆转形态。

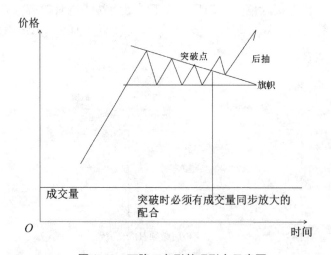

图 8-26　下降三角形整理形态示意图

### (二)扩散三角形(喇叭形)

与三角形不同，扩散三角形在形成震荡密集区时，震荡幅度越来越大，最后价格移出形态的边界线，形态完成。扩散三角形如果细分，也可分为对称、上升和下降三种，如图 8-27 所示。

操作上，同三角形一样，当价格在成交量的配合下向上突破形态上边界线时，视为买入信号，当价格向下跌破形态下边界线时视为卖出信号。

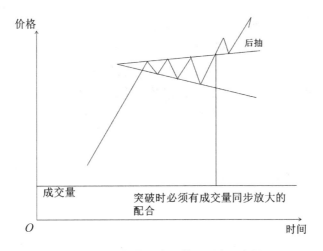

图 8-27　扩散三角形整理形态示意图

与三角形一样，喇叭形也可能出现在顶部或底部，视为逆转形态。如果出现在顶部，则需要警惕，因为其形态本身就意味着震荡幅度越来越大，交易异常活跃，公众情绪已然失控，市场进入狂热状态，一旦向下跌破形态下边界线，则往往预示着很深的跌幅，股灾将至。

### (三)矩形

矩形，又叫箱形，也是一种典型的整理形态。价格在两条水平直线之间上下震动，做横向延伸运动，表示多空双方势均力敌。反弹高点形成的上边界线压力最大，回调低点形成的下边界线处支撑最强。

当价格在成交量同步放大的配合下，向上突破上边界线时，视为买入信号；同理，当价格向下跌破下边界线时，视为卖出信号，如图 8-28 所示。

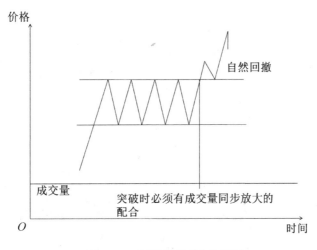

图 8-28　矩形整理形态示意图

## (四)旗形

旗形,从几何角度而言,即为平行四边形,在上升趋势中出现的旗形整理形态一般向下倾斜,称为上升旗;在下降趋势中一般向上倾斜,称为下降旗。在形成旗形前,一般有一个旗杆,这是价格做直线运动的结果。旗形的上下两条边界线起着压力和支撑的作用。操作上,当价格伴随成交量同步放大,向上突破上边界线时,视为买入信号;当价格跌破下边界线时,视为卖出信号,如图 8-29 所示。

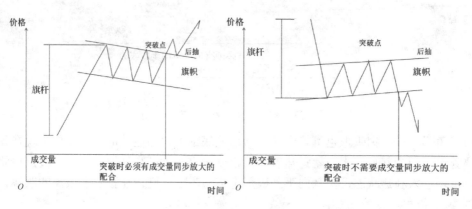

图 8-29　旗形整理形态示意图

## (五)楔形

如果旗形的震荡幅度越来越收敛,将会得到楔形。楔形的上下边界线都是朝着同一个方向倾斜。上升楔形如图 8-30 所示。下降楔形如图 8-31 所示。

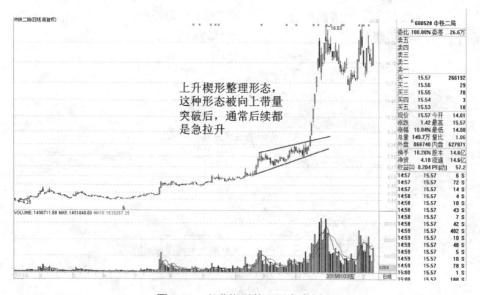

图 8-30　上升楔形整理形态实例

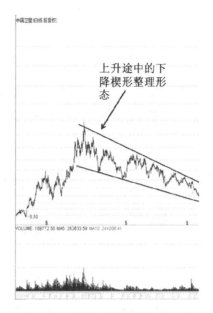

图 8-31　下降楔形整理形态实例

操作上，当价格伴随同步放大的成交量突破上边界线时，视为买入信号；当价格跌破下边界线时，视为卖出信号。楔形也有可能出现在底部或顶部，视为逆转形态。

# 第六节　技术指标分析

技术指标分析是通过建立一定的模型，计算指标值，希望通过定量的方法判断价格未来走势的分析方法。技术指标多产生于美国，且主要来自期货市场。所有的技术指标都是由基本的市场数据(如价格和成交量)经过筛选和计算而得。技术指标非常之多，一般来说，分为三大类：反映市场趋势的趋势追随指标、反映市场是否进入极端状态的摆动指标和能量指标。对于每一类指标，投资者只要选取其中的一两种理解和掌握即可。

## 一、趋势追随指标

### (一)移动平均线 MA

简单移动平均线是连续若干天的收盘价的算术平均。其计算公式为：

$$N 日移动平均线 = N 日收市价之和 / N$$

对于简单移动平均线，有人认为，它对每天的权重都一样，不合理。于是有了加权移动平均线，对越近期的收盘价给予了越大的权重。另外还有指数平滑移动平均线。不过，根据美林公司的研究结果和大多数交易者的经验，简单移动平均线方法总体上胜过加权移动平均线和指数移动平均线。

### 1. 移动平均线的特点

1) 时滞性

移动平均线其实是跟随趋势的，趋势朝上 MA 就朝上，趋势向下 MA 就朝下，趋势不明 MA 则徘徊。由于 MA 就是将几天收盘价进行平均，所以相对于价格来说自然就具备时滞性。即上升趋势形成初期，MA 还朝下或横向徘徊；价格开始向下发展了，MA 还在朝上运行。通常越长期的 MA 越是如此。

2) 助涨助跌性

价格有沿趋势运动的惯性。MA 方向的形成，往往意味着趋势的形成，市场要沿趋势运动一段时间。此时，MA 对价格有助涨或助跌的作用。具体而言，价格在 MA 附近会产生支撑或者压力。当价格从上回落到 MA 附近时，MA 会产生支撑，如图 8-32(1)A 点处所示；当价格从下反弹到 MA 附近，MA 会产生压力，如图 8-32(2)B 点处所示。

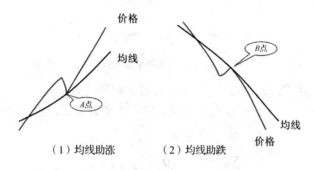

图 8-32　均线的助涨、助跌特性

### 2. 应用

1) 多头排列和空头排列

实际应用中，可以选取多条 MA 线进行应用。如果 MA 线和价格的排列为：股价、短期 MA、长期 MA 依次从上到下排列，则称为多头排列。多头排列表明是多头市场，且做多一方大多数盈利，持股时间越长盈利越多，价格有继续上涨的趋势。相反，如果排列顺序为价格、短期 MA 和长期 MA 依次从下到上排列，则称为空头排列，表明处于空头市场，价格有继续下跌的趋势，如图 8-33 所示。

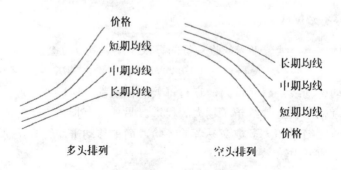

图 8-33　均线的多头(空头)排列示意图

2) 金叉和死叉

当价格长期持续或有较大幅度的下跌后，步入调整阶段，均线从空头排列转为交叉运行。此时，如果长期均线走平或有向上转向的迹象，同时短期均线从下向上穿越长期均线，形成交叉，视为黄金交叉(简称金叉)，表示价格有反转的可能，是买入信号，投资者可以结合价格趋势判断，适当建仓。当价格长期持续或有较大幅度的上涨后，步入调整阶段，均线从多头排列转为交叉运行，此时，如果长期均线走平或开始向下反转，同时短期均线从上下穿长期均线，形成交叉，视为死亡交叉(简称死叉)，表示价格有反转的可能，视为卖出信号。

注意，金叉或死叉也要配合趋势判断才有实际意义，只能作为辅助判断，不能作为唯一的买卖依据。

3) 格兰维尔移动平均线八大法则

格兰维尔移动平均线八大法则是以价格与移动平均线之间的关系作为判断买卖的依据，共有八个买卖信号点，如图 8-34 所示。

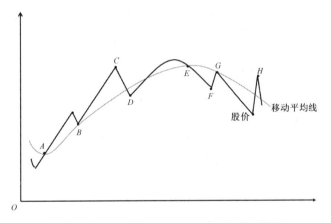

图 8-34　格兰维尔移动平均线八大法则示意图

$A$ 点，移动平均线从下降开始走平，价格从下上穿 MA 时，是投资者买入的信号。$A$ 点还没有确定趋势是否开始，如果单单考虑价格和 MA 的关系就作为买卖信号，未免有失简单，应该结合其他方面考虑才比较稳妥。

$B$ 点，价格上升远离 MA，突然下跌，但在股价下跌碰到 MA 时企稳，并再度上升，表示价格受到 MA 的支撑，是投资者买进的最佳时机。

$C$ 点，价格向上突破 MA，并连续快速上涨、远离 MA，价格将可能出现短期下跌，是卖出信号。

$D$ 点，移动平均线上升，价格也上升，虽然暂时跌破 MA，但是两者距离不远，MA 保持对价格的助涨作用，这时仍是买进信号。

$E$ 点，MA 上升趋势变缓，并开始走平，价格从上向下穿过 MA，表明趋势发生改变，此时是投资者卖出的最佳时机。

$F$ 点，价格跌破移动平均线，经过迅速下跌或大幅度下跌远离移动平均线，价格可能上涨，是投资者买入的信号。在 $F$ 点，下跌趋势已然形成，此时做多有逆势操作的嫌疑，不建议遵循该原则。

$G$ 点，价格连续迅速下跌，已经离开 MA 一段时间后，开始上升，但在上升到 MA 附近再次下跌，显示反弹只是市场对快速下跌的修正，应该在均线附近卖出。

$H$ 点，MA 下降，价格也向下，价格与 MA 距离适当，MA 保持其助跌作用。虽然暂时升破 MA，但是两者距离不远，这是卖出的信号。

### (二)指数平滑异同移动平均线 MACD

#### 1. 定义

MACD 是以快速移动平均线(短期线)与慢速移动平均线(长期线)相对距离的变化提供买卖时机参考的指标。MACD 由正负差 DIF、异同平均数 DEA 以及柱状线构成。DIF 是核心，DEA 是辅助。其计算过程可以忽略，只要能够应用即可。

#### 2. 应用

1) DIF 和 DEA 的值

DIF 和 DEA 同为正值时，表示市场处于多头市场；DIF 和 DEA 同为负值时，表示市场处于空头市场。

2) 金叉和死叉

DIF 和 DEA 同为正值，当 DIF 从下向上突破 DEA 线，形成金叉时，视为买入信号；DIF 和 DEA 同为负值，当 DIF 向下跌破 DEA 线，形成死叉时，视为卖出信号。

3) 背离

价格创新低，而 DIF 和 DEA 却没有同时创新低，反而有转头向上的迹象，称为底背离，视为买入信号；价格创新高，而 DIF 和 DEA 却没有同时创新高，反而有转头朝下的迹象，称为顶背离，视为卖出信号。

4) 柱状图分析

当红柱状线持续放大时，表明处于多头市场，股价将继续上涨，应继续持股；当红柱状线开始缩小时，表明上涨行情即将结束，此时应考虑卖出股票；当红柱状线开始消失、绿柱状线开始出现时，表示股市即将转势，上涨行情即将结束，股价将开始加速下跌，此时应该卖出大部分股票。当绿柱状线持续变大时，表明处于空头市场，股价将继续下跌，应持币观望；当绿柱状线开始缩小时，表明下跌行情即将结束，此时可以考虑建仓买入股票；当绿柱状线开始消失、红柱状线开始出现时，表示空头行情即将结束，股价将开始加速上升，这时应开始加码买入股票。

## 二、摆动指标

前述的趋势追随指标适用于趋势市场，但是很多时候市场处于整理状态，此时，可以用摆动指标来辅助判断市场。大多数摆动指标的构造方法实质含义都相同。摆动指标的峰与谷和价格的峰与谷几乎同步出现，一般将摆动指标的中间值设为零线，把上下边界设为 $-1\sim+1$，或 $0\sim100$。下面就以最常用的摆动指标——相对强弱指标 RSI 和随机指标 KDJ 为例。

## (一)相对强弱指标 RSI

### 1. 定义

相对强弱指标 RSI 的计算公式如下:

$$RSI = 100 - \frac{100}{1+RS}$$

其中,$RS = \frac{N天内上涨收盘价的平均值}{N天内下跌收盘价的平均值}$,通常 $N$ 取值为 14。

### 2. 应用

1) 超买超卖

RSI 的常态分布范围为 0~100。一般来说,RSI >70 称为超买,表明市场在连续上涨之后,可能出现回调;RSI<30,称为超卖,表明市场在连续下跌之后可能出现反弹。

2) 背离

背离是这类极端摆动指标最有用的技术之一。背离需要满足两个条件:一是摆动指标出现在极端值区域;二是价格和指标背离。具体来说,在经历了连续上涨之后,价格持续上涨创出新高,但是 RSI >70 却无力创新高,这种背离称为看跌背离,表明市场可能出现回调;同理,在经历连续下跌之后,价格继续下跌,创出新低,RSI<30 却没能创新低,称为看涨背离,表明市场可能随时向上反弹。

3) 两条或多条 RSI 曲线

可以采用两条或多条参数不同的 RSI 曲线联合使用。同 MA 一样,根据曲线的多头排列和空头排列判断。如果是多头排列,说明市场属于多头市场;反之,则属于空头市场。

在价格上涨的途中,最后几个波浪,价格和指标出现了背离,价格创新高,但是指标却呈现一浪低于一浪的走势,需要警惕。

## (二)随机指标 KDJ

### 1. 定义

KDJ 是由乔治·兰德首创的,其理论依据是,当价格上涨时,收盘价格倾向于接近区间价格的上端,当价格下跌时,其收盘价格倾向于接近区间价格的下端。

其计算过程如下。

1) 对每一交易日求未成熟随机值 RSV:

$$RSV = \frac{收盘价 - 最近N日最低价}{最近N日最高价 - 最近N日最低价} \times 100\%$$

RSV 反映的是现在价格在过去 $N$ 天以来最高价、最低价之间的相对位置。

2) 计算 $K$ 和 $D$ 的值:

$$K = RSV 的 M_1 日移动平均$$
$$D = K 线的 M_2 日移动平均$$

即 K 线是对 RSV 做一点平滑处理,D 线是对 K 线的移动平均线。

3) 计算 J 值：

$$J=3D-2K=D+2(D-K)$$

即 J 是反映 D 和 D 与 K 的差值。

2. 应用

1) 指标值

股价持续上涨，当 K 值高于 80、D 值高于 70 视为超买信号，表明价格可能出现回落；同样，当股价持续下跌，K 值低于 20、D 值低于 30 以下视为超卖信号，表明价格可能出现反弹。

需要注意的是，由于摆动指标适用于盘整市场，在趋势市场中，一旦趋势形成，往往会发现摆动指标都出现超买或超卖的极端情形，甚至长期持续超买、超卖。这就告诫大家，在趋势市场中，摆动指标出现极端情形只是需要警戒，并不能构成买卖信号，尤其是不能将该指标作为唯一的买卖依据。

2) 背离

如果股价持续上涨，一浪高于一浪，创出新高，而 KD 在高位却呈现一浪低于一浪的现象，称为顶背离，视为卖出信号；同理股价持续下跌，创出新低，而 KD 在低位却呈现一底高于一底的现象，称为底背离，视为买入信号。

3) 金叉和死叉

KD 指标出现严重超卖(越低越好)，几次盘桓之后，慢速线 D 开始走平或转为上升，此时快速线 K 从下向上穿越 D，形成金叉，视为买入信号；同理，KD 指标出现严重超买(越高越好)，几次盘桓之后，慢速线 D 开始走平或转为下降，此时快速线 K 从上向下穿越 D，形成死叉，视为卖出信号。

## 三、能量指标

能量指标的原理是将股价的上涨和下跌视为海洋潮水的涨落过程，把成交量视为推动潮水涨跌的能量，如果成交量大，则能量大；反之能量小。最常用的能量指标是能量潮指标 OBV。

### (一)定义

OBV(On Balance Volume)，直译为平衡交易量，其计算公式为：

$$今日 OBV=昨日 OBV+sgn×今日成交量$$

其中，sgn 表示符号，sgn=+1(今天收盘价≥昨日收盘价)，表示今日这一潮属于多方能量的潮水；sgn=-1(今天收盘价＜昨日收盘价)，表示今日这一潮属于空方能量的潮水。

### (二)应用

OBV 的应用比较简单，主要有以下两种。

1. 背离

价格上升，OBV 也相应上升，是对当前上升趋势的确认。如果股价上升，但是 OBV

却未相应上升，出现价格和指标的背离，表明上升趋势没有能量的推动，后劲不足，可能出现逆转。同理，如果股价下跌，OBV也相应下跌，表明对当前下跌趋势的确认。如果股价下跌而 OBV 却未相应下跌，出现价格和指标背离，表明下降趋势后劲不足，可能出现反转。

2. 形态学和切线理论

趋势理论结合形态分析不仅可以应用于价格分析，同样也适用于指标分析。大家可以根据前面的相关理论对 OBV 指标进行应用。

## 本章小结

证券投资技术分析是从研究市场行为开始，以三个假设为前提，重点研究价、量、时、空在证券市场上的表现，主要理论有量价关系分析、K 线分析、切线分析、形态分析、技术指标分析等。在对上述理论加以学习掌握的基础上，经过反复验证，形成一套适合自己操作的投资方法和理念，进而为投资获胜提供技术上的保证。

## 翻转话题

(1) 如图 8-35 所示，2010 年年底至 2011 年年初，美尔雅(600107)的 MACD 柱线和股价形成了底背离形态。这个形态说明在股价下跌过程中其下跌动能越来越弱，是股价将见底反弹的信号。2011 年 2 月 10 日 MACD 指标中的柱线翻红后不断变长。这就说明背离形态已经完全形成。此时买入时机出现。

图 8-35　美尔雅日 K 线

如何理解技术指标与股票价格的背离？

(2) 技术面上，通常可以利用阻力点、支撑点、RSI 走势方向判断和上下行力度、MACD、布林线、K 线、柱形图、盘段等进行分析。技术分析实施过程中，在上面所列技术指标中选定一两个惯用或者是适合自己的技术指标，其他的指标只用来求同或者提供一个大的方向即可。

综合举例：

RSI 的特点是直观，以及容易抓住趋势，对 RSI 的分析，做短线是最好的依据，一般最常关注的是它的小时线和 5 分钟线，有时候为了更准确，可以参照 30 分钟线。RSI 还可以体现一个能量状态，这个能量状态的把握可以判断上下行的力量，以此判断出阻力点或者支撑点的力量，从而缩小对波峰或波谷范围的界定。

柱形图给我们提供的，更多的是一个历史的回顾，通过这个历史的回顾，预测即将的趋势。除了辅助 RSI 的分析，它较为适合把握中长线操作，因为它能够比较清晰地展示一段时间的趋势，这个要从日线和周线上分析。

盘段，国际现货白银分为四个盘面，分别是亚盘、欧盘、美盘以及非盘，四个盘面对应着四个不同的时间段，而四个时间段的衔接，正好构成了 24 小时交易这一优势和特点。判断没有太大的技术含量，但是它却能提供一个有利于判断波峰波谷的趋近值的数据，那就是规律上，四个盘面所对应的波动范围。

另外，在没有充分把握的时候，不妨利用更多的数据，以增强把握趋势的信心。

通过上面的举例，请谈一下，在技术分析中，你是如何综合使用各种技术指标的。

## 课程思政案例

中国证监会 2020 年首场发布会宣布了一起重大操纵市场案，操纵股票 8 只、获利金额达 4 亿元，操纵团伙遭公安抓捕 43 人，12 个非法操盘窝点被捣毁。

该团伙具有公司化操纵特征，不仅有负责操纵的主谋，还有财务人员、操盘人员、风控人员，甚至设立了"保安部"，专门清算债务，应付债主。对操盘手也有专门的"人力资源"培养体系，有专门的机制招聘和培训操盘手。资金来源也更加丰富，除了民间配资，还有大量穿着金融产品"马甲"的筹资渠道，资管、理财、信托各个业态都有涉及。另外，设置的操盘窝点非常隐蔽，还专门制定预案，来"反调查"。在出货过程中，该团伙还勾结"黑嘴"非法荐股。如此"老道"的操纵者，到底是什么人？

迪贝电气的 K 线图如图 8-36 所示。从迪贝电气的 K 线图，可以清楚地看到在 2017 年 5 月至 10 月间，股价经历了多轮急速拉涨和骤然暴跌。从高点掉头向下时，往往就是跌停板连续出现的标志。

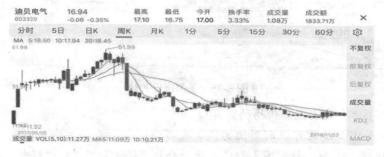

图 8-36　迪贝电气的 K 线图

具体来看，2017年5月中下旬开始，迪贝电气启动上涨，股价从34元左右一路上扬，到8月2日冲上高点达到46.5元/股。但是，涨势尚未站稳，立即掉头向下，当日股价跌停，之后是连续跌停板，直到8月7日，股价已跌至29.69元/股，跌停打开，股价翻红。

紧接着又是一轮"牛市"行情，从8月7日一路上涨至10月12日，迪贝电气创出最高点51.7元/股。同样的形势再次出现，股价立即掉头向下，到10月25日，又跌至37.82元/股。

而调查结果显示，上述开始上涨的时点，恰恰是操纵者建仓的时间，暴跌开始时，正是"庄家"出货的标志。建仓、拉抬、出货，一气呵成。据官方统计，迪贝电气当时的股票总成交量中，超过50%都来自"庄家"账户，最高时占比能达到67%。2020年1月3日，迪贝电气报收于16.94元/股，当前市值仅16.94亿元。

另一只被操纵股票为海鸥股份(603269.SH)，操纵手法类似。该股票目前总市值仅12.86亿元。

迪贝电气只是被操纵的股票之一。这起操纵涉及数百个账户，操纵窝点遍布成都、武汉等多个城市，电脑、手机等设备数百台，筹资数十亿元，以公司化组织方式进行操纵，操盘方与资金方共担风险、共享收益、共同商议决策"搞"哪只票，对市场影响巨大。

该重大操纵案的主角，正是"70后"罗山东与"80后"龚世威。

罗山东的官方身份是湖南东能集团实际控制人(下称东能集团)。他非常注意经营个人形象，"以勤行事，以信立业"是他的公开信条。公司官网宣称，"东能集团成立于2003年，起步于湖南，立足于西南，经过十余年的发展，旗下已形成矿业、地产、金融、资产管理四大核心业务"。但是，综合各方信息来看，该公司主要业务还是地产和投资。

通过天眼查搜索发现，东能集团实际控制企业超过30家，包括四川东能企业管理有限公司、深圳市投资管理有限公司等。但是投资版图如此庞大的一家集团公司，2018年在册缴纳社保的员工却仅有5人。

罗山东并非第一次进入证监会视野，其"热衷"股票交易早在2016年就让他受到监管关注。

2016年1月，因短线交易正虹科技(000702.SZ)，湖南证监局对罗山东等人出具警示函，并将其记入中国证监会诚信档案。而2019年以来，罗山东遭遇众多债主"围攻"。有与东能集团存在合作纠纷的人士近日表示，从罗山东控制的公司企业架构可以看到，东能集团及其各子公司均由罗山东本人或其亲信出任董事长、高管进行控制。

而东能集团存在明显的逃债行为，通过子公司、贸易公司、公司高管等抽逃资金。而罗山东名下公司之间，"完全根据罗山东的个人需要相互调拨资金，时间长、次数多、数额巨大"。

值得注意的是，2019年12月20日生效的《湖南省株洲市中级人民法院执行裁定书(2019)湘02执异128号》显示，法院支持"罗山东有很多转移资产的情况"的说法，对相关方要求中止财产执行的请求进行了驳回。此类纠纷还有多起。

另一位主角龚世威的身份是场外配资中介，目前他也卷入大量借贷纠纷中，其房产已被轮候查封，名下车辆也被查封，已经被法院限制高消费。

上述操纵案经浙江金华市人民检察院提起公诉，金华市中级人民法院已于近日做出一审判决。

(资料来源：http://www.360zbt.cn/news/2188/2020/0414/2695043.html)

**案例点评**

本案是近年来中国证监会与公安机关合力查办的操纵市场重大典型案件。下一步，中国证监会将进一步优化行政与刑事执法协作机制，共同严厉打击各类证券期货违法犯罪，维护市场平稳运行。

**实训目的和要求**

通过制图分析法学会运用K线分析决定买卖品种和投资时机。准确判断和绘制典型图示，判断买入卖出点，为投资策略提供理论支持。通过制图分析法学会运用切线分析(主要是压力线、支撑线、波浪理论、道氏理论等)决定买卖品种和投资时机。通过制图分析法学会运用形态分析(主要是典型反转形态、整理形态等)决定买卖品种和投资时机。通过分析典型形态的方法，预测证券价格变动的方向以及变动幅度，判断买入卖出点，为投资策略提供理论支持。通过技术指标分析法学会运用技术指标分析(主要是MA、RSI、KDJ、MACD等)决定买卖品种和投资时机。准确判断和绘制图示，判断买入卖出点，为投资策略提供理论支持。

**实训内容**

通过证券市场上的各种市场行为数据，进行技术分析——K线分析，确定所要投资证券的时机和买卖点。提取分时图、日K线、周K线中典型的K线组合，分析其典型意义。通过证券市场上的各种市场行为数据，进行技术分析——切线分析、波浪理论分析等，确定所要投资证券的时机和买卖点。提取分时图、日K线、周K线，获得压力和支撑价位，判断证券的时机和买卖点。通过证券市场上的各种市场行为数据，进行技术分析——形态分析等，确定所要投资证券的时机和买卖点。通过证券市场上的各种市场行为数据，进行技术分析——MA、RSI、KDJ、MACD等，确定所要投资证券的时机和买　卖点。

# 复习思考题

1. 简述技术分析的三大假设条件。
2. 图8-37所示证券形成的形态名称是什么？请说出其形成过程、市场含义、对成交量的要求及操作策略。

图 8-37　某证券的 K 线走势图

# 阅读推荐与网络链接

1. 格雷厄姆. 聪明的投资者[M]. 北京：中国邮电出版社，2011.
2. 墨菲. 期货市场技术分析[M]. 北京：地震出版社，1994.
3. 江恩. 华尔街 45 年[M]. 北京：机械工业出版社，2010.
4. 李里. 炒股的智慧——解读盘口语言[M]. 北京：电子工业出版社，2016.
5. 同花顺财经，http://www.10jqka.com.cn/.